高职高专会展策划与管理专业"十二五"规划教材

HUIZHAN FUWU

会展服务

刘晓杰 杜 娟 主 编
顾 静 司晓辉 邵 雯 副主编
崔家善 审

第2版

化学工业出版社
·北京·

本书将项目、工作任务和知识相融合，讲述了会展服务常见的业务操作，具体包括会展与会展服务概述、会展服务礼仪、会展接待准备、会展现场服务、展览会现场服务、会展后续服务、会展的餐饮接待服务及其他接待服务等内容，体现了旅游会展服务与管理专业的基本需求，可以使学习者理解、掌握会展服务的基本理论知识，对会议与展服务有一个比较全面的认识，并能熟悉会展服务的相关技能，解决有关会展服务领域的基本问题和现象。

本书适合高职高专会展策划与管理专业、旅游专业师生学习使用，也可供会展从业人员参考，还可作为非会展专业人士学习参考使用。

图书在版编目（CIP）数据

会展服务／刘晓杰，杜娟主编．—2 版．—北京：化学工业出版社，2017.1（2022.8 重印）
高职高专会展策划与管理专业"十二五"规划教材
ISBN 978-7-122-28601-7

Ⅰ.①会… Ⅱ.①刘…②杜… Ⅲ.①展览会-商业服务-高等职业教育-教材 Ⅳ.①G245

中国版本图书馆 CIP 数据核字（2016）第 290447 号

责任编辑：李彦玲　　　　　　　　　　装帧设计：史利平
责任校对：宋　玮

出版发行：化学工业出版社（北京市东城区青年湖南街 13 号　邮政编码 100011）
印　　装：北京七彩京通数码快印有限公司
787mm×1092mm　1/16　印张 11　字数 285 千字　2022 年 8 月北京第 2 版第 4 次印刷

购书咨询：010-64518888　　　　售后服务：010-64518899
网　　址：http://www.cip.com.cn
凡购买本书，如有缺损质量问题，本社销售中心负责调换。

定　　价：25.00 元　　　　　　　　　　　　　　　　　　　版权所有　违者必究

第二版前言
Preface

在过去的几年中，我国会展业发展迅猛，已在一些经济水平较高、基础设施完善、第三产业发达的城市迅速崛起，中国会展业的蓬勃发展已为世人所关注。

为适应会展业教育的需要，我们以职业能力培养为核心，理论与实践并重，与会展企业积极沟通，共同开发了本教材。本书将项目、工作任务和知识相融合，知识巩固通过实训项目实现，学生通过所学的知识操作实训项目，并要求进行师生互评，使学生变被动学习为主动学习，不断提升学生的会展服务实践技能，最终将学生的能力提升至行业标准和用人单位期望的水平。

本书由校企合作共同开发完成，编写人员具有丰富的会展实践经验，会展公司人员的参与为教材的编写补充了许多实战案例，极大地丰富了课堂教学。

本书由崔家善研究员（黑龙江省会议展览旅游合总会副主席）主审，黑龙江职业技术学院刘晓杰教授、杜娟副教授任主编，黑龙江旅游职业技术学院顾静、济南铁道职业技术学院司晓辉、黑龙江工程学院邵雯任副主编。黑龙江意博商务会展服务有限公司总经理杨雪松参与了本教材部分任务实训内容的指导，并提供了企业一手资料。具体编写分工如下：刘晓杰（项目一、编写大纲的设计和制订、对全书主要观点和内容进行审定和统稿），杜娟（项目八、全书统稿），顾静（项目二）、杜娟、司晓辉（项目四、项目六），顾静、王慧艳（项目五）、邵雯（项目三、项目七），杨雪松（部分实训内容的指导、企业资料的提供）。

本书在编写过程中还凝结着许多业界同仁和友人的关心和帮助，参考和借鉴了许多专家学者的相关著作和研究成果，在此一并表示真诚的感谢！

在本书的编写过程中，我们力求反映最新的行业动态和理论成果，致力于特色建设，但由于会展业是一个不断发展变化的行业，书中难免存在疏漏与不妥之处，敬请各相关高职院校的同仁、专家、读者和业内人士批评指正。

编者
2016 年 11 月

目录
Contents

◎ **项目一　会展与会展服务** **1**
　　任务一　会展的概念与发展 2
　　任务二　会展业与会展服务 5

◎ **项目二　会展服务礼仪** **11**
　　任务一　会展服务礼仪概述 11
　　任务二　会展服务中的基本礼仪 14
　　任务三　会展服务礼仪接待技巧 19

◎ **项目三　会展接待准备** **27**
　　任务一　会展接待前期准备 27
　　任务二　会议接待物品准备 31
　　任务三　展览接待物品准备 40
　　任务四　会展文案准备 45

◎ **项目四　会议现场服务** **52**
　　任务一　会议现场服务概述 53
　　任务二　洽谈会服务规范 61
　　任务三　茶话会服务规范 63
　　任务四　新闻发布会服务规范 66
　　任务五　赞助会服务规范 70
　　任务六　签约仪式服务规范 73
　　任务七　开幕式与闭幕式现场服务规范 76
　　任务八　代表会议服务规范 80
　　任务九　颁授仪式现场服务规范 82
　　任务十　现代远程会议现场服务规范 86

◎ **项目五　展览会现场服务** **90**
　　任务一　礼仪接待服务规范 91
　　任务二　商务服务规范 94
　　任务三　展会物资管理服务规范 99

	任务四	展览中的安全管理	103
	任务五	展览现场危机处理	109

◎ 项目六　会展后续服务　　114

　　任务一　会展后续服务的内容　……………………………………………　115
　　任务二　会展客史档案的管理　……………………………………………　124

◎ 项目七　会展中的餐饮接待服务　　128

　　任务一　餐饮服务基础知识概述　…………………………………………　129
　　任务二　餐饮服务基本技能　………………………………………………　137
　　任务三　中、西餐宴会服务　………………………………………………　143
　　任务四　其他宴会形式的服务　……………………………………………　148

◎ 项目八　会展中的其他接待服务　　154

　　任务一　交通服务规范　……………………………………………………　155
　　任务二　住宿服务规范　……………………………………………………　160
　　任务三　旅游娱乐服务规范　………………………………………………　166

◎ 参考文献　　170

项目一　会展与会展服务

职业能力目标

通过本章的学习，了解会展的产生与发展，熟悉世界会展业的发展现状，理解会展及会展服务的概念，掌握会展服务的内容、基本特征和原则，增强职业修养。

典型工作任务

理解什么是展览
理解会展服务的概念和理念

开篇案例

深圳高交会"一站式个性化"现场服务新理念引领展览业潮流

2015年11月，第十七届深圳高交会开幕，此次展览规模达到15万平方米，3686家展商参展，核心的技术、产品项目1万多项，涵盖了节能环保、智能穿戴、互联网＋、无人系统、智能机器人、大数据、新能源、新材料、物联网、智能家居、光电平板、航空航天、智慧城市和现代农业等领域。28个国家和地区国际组织的128个团参展本届高交会，其中21个"一带一路"沿线国家团组参展"一带一路"专馆。

本届高交会通过观众网上预登记、团体观众邀请、与专业机构合作推出高交会商旅服务等多种方式，吸引了包括来自90个国家和地区58.3万人次观众参观。

本届高交会进一步在提升精细化服务上下工夫，推出了更加贴近参展参会者需求的个性化服务。

一是VI系统在上届的基础上进一步优化完善和提升。大幅增加指示牌的数量，增加显示当前位置的功能，指示信息更加准确、清晰。

二是对现场宣传资料进行了完善。新增了《高交会速递》、《专业技术活动手册》、展区图单页等资料，对会刊进行了改版，并完善了大会和展商资料架服务。

三是对展会功能区进行了改进。优化了贵宾休息区、咖啡休闲区、穆斯林祈祷室、清真餐厅、下届展位预定处等功能区，丰富了国际元素。

四是展会信息化程度进一步提高。升级完善了展商和观众的自助服务系统（CIS）；全面推行现场扫描二维码查询展商信息的功能；高交会手机APP实现了现场路线指引的功能；并推出观众电子票，扫描身份证即可入场，增加了便利性和安全性。

五是观众服务与互动更丰富。增设展会流动咨询人员；提供"互联网＋"、"智能制造"、"绿色家园"等主题参观路线导览服务；现场举办专家沙龙等多种形式的观展互动活动等。

【分析与提示】

1. 深圳高交会的会展服务体现了以"客户服务，以人为本"为导向的经营哲学。

2. 会展从业人员在工作过程中应时刻树立"规范化"的服务理念和工作意识。
3. 创新是我国会展业发展壮大的根本动力。

任务一 会展的概念与发展

一、会展的概念

一般而言，会展的概念有狭义与广义之分。

很多人被问及"究竟什么是会展"时，常常会把会展和展会等同起来，认为会展是"企业产品的展示会"、"产品供需见面会"、"市场信息交流平台"等。也有很多人认为会展就是"会议与展览的统称"。欧美国家通常称之为"C&E——Conference & Exposition"或"M&E——Meeting & Exposition"，甚至直接称之为"Event"。这些其实都是对会展片面、狭义的理解。狭义的会展即是展览会及会议的总称。

那么究竟什么是广义的会展呢？

广义的会展是指在一定地域空间范围内，由多人集聚在一起、定期或不定期举办的经济文化活动。

会展是人类文化交流活动发展到一定阶段的产物，会展的成长史也就是人类生产力和物质精神文化发展的缩影。从传统的集市、庙会，到近代的样品博览会，再到现代展览会和博览会，以及各种类型的大型会议、体育竞技活动、节日盛事、企业为员工或客户策划的奖励性旅游活动，都属于广义的会展范畴。

开创世界会展专业教学的"先驱"——美国内华达大学饭店管理学院旅游会展管理系在网页上介绍它的课程设置时就说："会展包括展示会、会议和节事活动。"

广义的会展（MICE），即会议（Meeting）、奖励旅游（Incentive）、节事活动（Convention）和展览（Exhibition）这四种经济活动的统称。之所以把这四种活动统称为会展，主要有以下原因：一是会议和展览活动举办的场所、设施往往合一，如今的会展中心或展览中心、酒店宾馆，一般都同时具备会议和展览的功能；二是四种活动都是长时间策划、短时间聚集，对餐饮、住宿、旅游等具有较大带动性，具有影响大、规模高、拉动社会综合消费、带动相关产业发展等共性；三是因为近年来这四类活动的发展趋势已表明四者之间的界限在逐渐模糊，往往是展中有会、会中有展，大型活动中既有展又有会，奖励旅游的策划也和大型会展活动紧密结合起来。

可见，四种活动在各自的发展过程中相互影响、相互促进、相互交融、密不可分，因此，我们把四种活动形式统称为会展，而把由会展经济活动引起的相互联系、相互作用、相互影响的同类企业的总和统称为会展业（MICE Industry）。

二、会展的产生与发展

在人类社会文明发展的漫长岁月当中，会展一直扮演着一个极其重要的角色。

1. 原始阶段

人之所以区别于其他动物，最重要的一点就在于人兼具自然属性与社会属性。没有任何一个人能够脱离社会而单独谋求生存和发展。即使是在原始社会自然经济形态下，人们自给自足，但整个部落，包括各个家庭内部也不可避免地需要就如何生产、分配和消费举行或大或小的会议，进行沟通协商，提高劳动效率，维护部落秩序。远古时代的人们"脸朝黄土背朝天"，主观能动性较差，对自然界了解甚少，存在莫名的敬畏。很多部落群体通过定期举办各种形式的祭祀活动来表达他们对天地的臣服和恭敬，以求得来年的风调雨顺、安居乐业。这些会议、节事活动可以说是会展的起源。随着生产力的进一步发展，开始出现了私有制和专业化社会分工，手工业从农业中脱离出来，商品经济应运而生。人们开始尝试专业生产自己有相对优势的产品，并以此交换其他生活消费品。这种早期的交换行为往往是以物物交换为主，没有固定的场所，缺乏专业组织，比较随机和零散。

2. 萌芽阶段

随着社会分工的进一步细化，人们相互之间的交换行为已经成为与生产、分配、消费一样比肩的重要环节。同时，货币从一般等价物的角色成功转化为专门的价值尺度和流通手段，大大促进了商品交换的发展。在此期间，由于某些特定的原因，如风景优美、交通便利、食宿方便等，一部分城镇或地区开始成为市场交换的双方都偏好的固定的交易场所，逐步形成了现代展览会的萌芽——"集市"。

这种集市交易一般有着固定的市场，定期举行，生产商借此机会了解市场需求、勘查行业信息、推介产品、获取利润；而消费者趁此机会打开眼界、了解企业和产品，可以货比三家，实现最优的购买决策，因而对附近区域的商品生产者和消费者具有极大的吸引力，大大促进了当地经济的繁荣发展。

集市交易在我国有较长的历史，但在漫长的封建社会里，我国长期处于自给自足的自然经济状态，社会分工不明显。农耕文明制约了商品交易的充分发展，历代封建王朝大多采用重农抑商政策，使以商品交易活动为主要基础的会展活动发展缓慢。

3. 现代会展

现代会展产生于第二次世界大战以后。现代会展除了展览及各种会议之外，还包括大型体育盛事（如国际奥林匹克运动会、世界杯足球赛等）、节事活动（如服装节、旅游节等），以及由此而衍生的奖励旅游活动。即现代会展是广义的会议、展览、奖励旅游和节事活动的统称。

三、世界会展业的发展现状

随着社会的发展和科技的进步，会展业作为一种经济存在形式，其存在和活动的方式等也都在不断地进行调整和变化。尤其在过去的几十年间，会展业的理念在全球迅速扩展。随着企业全球化和世界经济一体化的发展，会展业早已走上了市场化的发展道路，发展势头亦趋迅猛。

今天的会展业正以无与伦比的魅力、不可替代的作用及崭新的形象，迅速成长为各个国家及地区第三产业中一个举足轻重的行业。

但是从全球来看，会展业的发展由于各大洲、国家或地区的区位优势、经济实力、总体规模和发展水平层次不一，而呈现出不均衡状态。

早在中世纪，欧洲会展业就以举办专业化的展贸会而闻名于世。它可以说是世界现代会展业的发源地，经过数世纪的积累和发展，欧洲会展业整体实力强、规模大。世界60%以上的专业展览会都在欧洲举办，它们在展出规模、参展商数量和质量、国外参展商数量和面积比例、观众参观人数、专业观众比例和质量、贸易效果及相关服务质量等方面，均居世界领先地位。还有，绝大多数世界性大型和行业顶级展览会也都在这个地区举办。德国、意大利、法国和英国都是世界级的会展大国，尤其是德国，更有"世界头号会展强国"之称。

【补充资料】

德国的会展业概况

德国是世界第一号会展强国,被誉为世界展览王国,每年举办约130个国际性贸易博览会,净展出面积690万平方米,每个展览会平均展出面积超过5万平方米。德国每年要举办400多个国际展会,在全世界影响较大的210个专业性国际贸易展览会中,有130多个是在德国举办的,居世界领先地位。在世界会展营业额最多的十大展览公司中,其中有6个位于德国。

全国拥有23个大型展览中心,超过10万平方米的就有9个,另外,还有5个展出面积超过5万平方米的展览中心。目前,德国展览总面积达256多万平方米,世界最大的4个展览中心,德国就占了3个。展览面积居全球之冠的汉诺威国际展览中心,每年举办的会展多达1500个。

北美是世界会展业的后起之秀,虽然起步较晚,但发展较快。美国和加拿大这两个国家的会展业不但发展速度快,而且在发展过程中还形成了独特的办展模式和风格。美国和加拿大最受欢迎的10个会展城市依次为:奥兰多、拉斯维加斯、多伦多、芝加哥、新奥尔良、亚特兰大、达拉斯、纽约、圣地亚哥、华盛顿特区。其次如诺希维尔、丹佛、旧金山、阿拉卓、圣安东尼奥、波士顿、休斯敦、利诺、蒙特利尔、西雅图等城市也很受会展组织者欢迎。

亚洲会展业的规模和水平仅次于欧美,比拉美和非洲要高。但据总部设在法国巴黎的全球会展业联盟的最新数据显示,国际会展产业尤其是欧美国家的会展产业,近些年出现了萧条迹象,参展商和参观人员的数量都急剧下降。许多行业的参展商开始质疑会展投资的收益率,而参观者也开始考虑是否有必要抽出工作日的宝贵时间去参加会展。而与之相对的是,在经济蓬勃发展和亚洲人口在2050年有望达到53亿的情况下,亚洲有望成为世界最大的会展市场。

在亚洲,新加坡、日本、阿拉伯联合酋长国和中国的香港地区凭借发达的基础设施、高质量的服务业、较高的国际开放度以及较为有利的地理区位优势,已成为亚洲的会展大国和地区。以新加坡为例:新加坡会展业起步于20世纪70年代中期,由于政府重视,加之本身所具有的许多有利条件,它每年举办的展览会和会议等节事活动已达到3200个,并连续17年成为亚洲首选会展举办地。曾于2000年被国际协会联盟(UIA)评为世界第五大会展城市。日本自1970年起,先后举办过四次世界博览会,1970年的大阪世博会不仅是亚洲地区最早举办的一次世博会,而且是当时国际上办得最出色、最成功,至今仍有影响力的盛会,入场人数高达6420余万人,创下了当时世博会历史最高纪录,并为此后20年日本经济的高速增长奠定了坚实的基础。

大洋洲的会展业发展水平仅次于欧美,但规模小于亚洲。该地区会展业主要集中于澳大利亚,每年约举办300个大型展览会,参展商超过5万家,观众达600万人次,整体发展势头良好。

近年来,会展业在中美洲和南美洲也逐步发展起来了。据估计,整个拉美会展业的经济总量为20亿美元,其中,巴西位居第一,每年办展约500个,经营收入约8亿美元;阿根廷紧随其后,每年举办约300个展览会,经营收入约4亿美元;排在第三位的是墨西哥,每年举办的展览会近300个,经营收入约2.5亿美元。除这3个国家外,其他拉美国家的会展业规模很小,很多国家尚处于起步阶段。

整个非洲大陆的会展业发展情况基本上与拉美相似，主要集中在经济发达的南非和埃及。南非凭借其雄厚的经济实力和对周边国家的辐射能力，其会展业在整个非洲南部地区遥遥领先。北部非洲的会展业以埃及为代表，埃及凭借其在连接亚非欧和沟通中东、北非市场的有利地理位置，会展业在近年取得了突飞猛进的发展，展览会的规模和国际性大大提高，每年举办的大型展览会可达30个。当然，由于种种条件的限制，大型展览会一般都集中在首都开罗举办。除南非和埃及外，整个西部非洲和东部非洲的会展业规模都很小，一个国家一年基本上只举办一到两个展览会，而且这些展览会的举办还受到气候条件的限制。

任务二　会展业与会展服务

一、会展业主要提供的服务产品

① 策划和举办各种规模、各种性质、各种目的和各种层次的会议、展览（展销会、展览会、交易会和博览会）、奖励旅游、节事活动。

② 提供上述各项会议、展览、奖励旅游和节事活动所需要的各种场馆和软硬件设施。

③ 专业提供会展活动策划及展台设计布置与搭建等服务。

④ 提供上述各项会议、展览、奖励旅游和节事活动所需要的相关配套服务，如货运、仓储、报关、检疫、金融、保险、法律、通讯、信息、翻译、会务等。

⑤ 安排和提供能够令上述会议、展览、奖励旅游和节事活动的参与者满意的，包括餐饮、住宿、交通、游览、娱乐、购物等——简称为"食、住、行、游、娱、购"六要素生活接待服务。

从上述会展业提供的服务产品可以看出，会展业是一个综合性和关联性极强的产业。它由一系列相关企业或行业组成，既包括大小不一的专门主办或承办各种类型、规模、形式和要求的会展活动的展览公司、会展场馆、专业会展服务公司，如中国国际展览集团、上海世博集团、上海新国际博览中心、上海展览中心、上海世贸商城等——称之为狭义的会展业；也包括广大的专业或非专业从事会展配套服务的相关行业，如金融业、保险业、旅游业、通讯业等。这些企业和行业对任何一个国家或者地区来说，基本上都是整个国民经济的中流砥柱，由它们所组成的会展业就不可避免地成为地区经济的支柱性产业。

许多国家和地区都把会展业列为国民经济中的一项重要产业，或把它作为国民经济发展的新亮点，并纳入其社会经济发展的总体规划。如上海市政府在重大课题《迈向21世纪的上海》中，明确提出了"在2000～2010年，首要推出购物旅游和国际会议（展览）及奖励旅游，把上海建设成为亚洲的购物和会议展览中心城市之一"。

二、会展服务的概念

会展服务，是主办方或承办方在会展前的策划和准备、会展期间的实施以及会展后续服务的过程中展现出的一种行业规范。

会展服务渗透于会展的各个环节——会展报名，会展的议题，会场的选择，会展的筹备、策划、日程安排，与会者的膳宿，会展布置，现场服务以及会后的后续工作等（这里的"服务"的范围是广义上说的，不同于以往狭义的含义）。会展服务礼仪则是会展人员在这一系列的服务活动中所表现出来的律己、敬人的良好品行，它涉及穿着、交往、言谈、沟通、情商等内容。

服务亦称"劳务",有以下两种解释。

① 泛指服务性行业工作者的劳动,包括商业、会展业、餐饮业和日用品修理等行业。服务,是会展企业工作的核心,高质量的服务将创造出高效益。服务质量是会展企业参与竞争、赢得会展市场的基础和本领。会展企业出售的最重要商品是服务。

② 以各种形式为他人提供某种特殊使用价值的非生产性活动,如文化艺术、会展、教育、医疗卫生、金融、商店等工作者的劳务活动。不生产物质产品,不创造国民收入,即只有无形的效用,没有有形的成果,商品的分类、包装和保管,是生产领域的继续,能创造价值,属于生产性劳动。

餐饮业以及设备的修理、日用品的修理等,或者生产物质产品,或者增加物质产品的使用价值和价值,也属于服务范围。服务对物质资料再生产,培育人才,提高劳动力再生产的质量,创造物质文明和精神文明等,具有重大作用。其中在上层建筑领域的部分,在有阶级的社会中,主要为统治阶级服务。随着生产力的发展,剩余劳动日益增加,服务部门所占劳动力的比重日益扩大,生产部门所占劳动力的比重则相对下降。

三、会展服务的内容

参展工作是由管理、策划、实施、服务、展台设计与搭建等多方面的特定工作有机结合在一起的一个整体。这些工作相互作用、相互依赖,任何一项工作的欠缺或不正常都会导致整个系统运作的失调。因此,广义上的会展服务,既包括发生在展览现场的租赁、广告、保安、清洁、展品运输、仓储、展位搭建等专业服务,也包括餐饮、旅游、住宿、交通、运输等相关行业的配套服务。

当今科学技术迅猛发展,产品的更新换代不断升级,商家在"以质取胜"的同时还要提升服务水平。在参加各色会展时,面对铺天盖地的广告宣传攻势和五花八门的促销手段,商家要想战胜竞争对手,保持和扩大市场份额,会展服务质量的高低就是直接影响到企业参展目标实现与否的关键。

【案例】

以人为本办会展

一个世界级的展会展示的是什么?又能给主办方带来些什么?

走进第28届世界遗产大会主会场——苏州规划展示馆,迎面是一块醒目的蓝色指示牌,用中、英、法三种文字写着"祈祷室"字样。根据指示牌的指引方向,很快就可以找到专为与会的穆斯林代表做礼拜而设的祈祷室。

祈祷室西面墙上挂着一副绘有麦加大清真寺中心圣殿——克尔白天房的彩色挂毯,地上铺着长方形的单人礼拜垫。

尽管整个会场略显喧闹,位于走廊尽头的祈祷室却独享清静。祈祷室占据了整个会场最靠西的房间,因为伊斯兰教圣地麦加位于中国的西方,麦加是全世界穆斯林一天五次朝拜的方向。

本届苏州的世界遗产大会以人为本的运作方式不仅值得其他城市运作会展项目学习和借鉴,相信在这样的环境举办会展也更容易赢得外商的青睐和更好的国际声誉,因此而受惠的绝不仅仅是苏州一个城市。

来源:中国会展经济信息网,2008年11月23日

【分析与提示】

很多会展项目在操作的时候首先想到的是举办的形式、地点、参展商的范围、传播的媒体、邀请的嘉宾等，这的确是会展的主体，然而，反映会展项目运作的水平高低，有时候不是取决于热烈的场面和大力的宣传，而是体现在主办者独具匠心的人文关怀和细致入微的服务，小到展会现场的导向标识、卫生间和磁卡电话，大则折射出一个地区、一个城市甚至是一个国家的文明和开放程度。

一个会展的周期有时候前后需要一周的时间，除了具备良好的自然环境和经济环境，作为一种社会属性很强、人群高度聚集的活动，良好的人文环境和设施体现出我们对于他们信仰的尊重与关怀，同样也会赢得他们的尊重和更友好的合作，这一点其实是不分国外还是国内的。

四、会展服务的基本特征

会展服务分为分散型和集约化两种。参加会展的企业和个人来自国内外，也有来自同一城市的各个地方，况且参观人群的爱好也各有不同，参展的商品更是五花八门，因此，会展服务具有分散型的特点。对同一会展场馆来说，门口的告示、广告、广播和多媒体显示的内容却体现了集约化，所面对的是全部参展者和参观者。会展服务有以下一些基本特征。

1. 会展服务业绩难以精确度量

会展业是一个劳动密集型的服务行业，会展服务涉及方方面面，从事会展企业人员不仅数量多，而且员工构成复杂。会展服务的业绩难以精确度量，为此，提倡个性服务。所谓个性服务就是有针对性地满足不同参展者和参观者合理的个别需求的服务。如电话、代客留言、挂长途电话、叫醒服务和回答查询内容。

2. 服务的同一性

对会展企业来说，来的都是客户，都应一视同仁，都应按会展行业规范服务达标共同标准来执行，其主要内容有以下一些方面：①态度和蔼讲文明；②挂牌上岗守纪律；③公开制度讲规范；④遵章办事不违规；⑤做好回访重信誉。

对会展企业的服务工作来说，首要的是服务，要以参展者和参观者为服务对象，把为参展者和参观者排忧解难作为自己的主要服务职责，以沟通语言和文化为主要服务，以"热情友好，服务周到"为服务座右铭。

为了更好地做到服务的同一性，会展场馆应在显要位置设立总服务台。值台服务时的最佳位置应做到以下几点：①面对服务对象尽可能正；②视觉夹角尽可能小；③安全系数尽可能大；④干扰参展者和参观者尽可能少。

会展场馆商务中心的主要工作有以下几方面：①提供打字、复印、电传、传真和电报服务；②提供秘书、翻译、会议室出租服务；③为客人代办邮寄和托运服务。

在会展场馆附近的饭店、酒店、宾馆、旅馆等处，电话服务包括接转电话、代客留言、挂长途电话、叫醒服务和回答查询内容。

3. 会展服务的非存储性

现以会展场馆来说，参展者付了费，只能在其中布展；而参观者买了票，只能参观，与参展者一样，不能把会展场馆搬走。

会展产品的不可转移性特点决定了参展者和参观者购买会展产品时，只享有使用权而不享有所有权。面对信息社会的快捷和会展场馆中时常出现的似潮涌般的人群，作为会展场馆接待员，其岗位规范服务达标标准有以下几个内容：①热情主动；②登记准确；③处置及时；④件件落实。

4. 会展服务的无形性

同其他任何一种服务一样，在会展服务中，有许多场合和方式是不能够量化的，至少不能精确量化。然而，会展服务的无形性影响了提高会展业和会展企业的整体质量。因此，从会展企业最高负责人到会展企业第一线的员工，都必须注重会展服务质量。无论是会展企业前台还是后台，都必须通力合作，把会展服务质量搞上去。后台员工是通过前台部门间接为客人提供服务的。在会展企业中，所有的环节都要树立为参展者和参观者服务的思想。

五、会展服务的原则

会展服务作为服务业的一种，具备普通服务业的一般原则，但作为一个具有较强专业性、针对性的新兴服务行业，它还具备一些自己特有的原则。

1. 主题突出、目标明确

会展是一个吸引新客户的好场所。在很短的时间内，参展商就会有幸发现一大群对该公司感兴趣的目标客户群。这些客户对产品感兴趣就表示他们愿意投入时间和精力来了解生产这个产品的公司，参展企业为了能够牢牢地把握住这个绝佳的机会，在激烈的竞争中脱颖而出，就会想到许多新奇、激发访客兴趣、有自身特色的展览企划案。但作为会展工作人员在实行这些生动有趣的企划案时，一定要注意不管什么样的沟通交流活动，都必须事先明确参展的主要目的，不要活动都搞完了，还不知道自己究竟在干什么、是什么目的。

并且，对目的的执行力度要坚定不移。在实践中，有些业务员经常会发生"语言上的腹泻"，滔滔不绝地把自己所了解的产品信息一股脑地"倾泻"给顾客，但最终顾客也弄不清楚他到底要提供什么，这样企业就失去了参展的意义。会展工作人员必须在参展前明确参展的主题和目标，只有把具体的目标和会展联系起来，参展企业才能在会展一结束，就可以查证自己是否达到预定目标，判断此次参展是否成功。

2. 坦诚相待、守时守信

参展企业与顾客之间都是平等互利的，参展企业尊敬顾客，才能得到顾客的尊敬，也只有这样，参展企业才能获得与顾客沟通、交流的机会，这也是顾客以礼相待的基础。不管是新顾客还是老顾客，都要多尊重顾客的意见，要学会多问征求性话语，如："这样可以吗？""您看行吗？""您觉得呢？"。要让顾客觉得您是一个非常真诚且尊重他人的人，这样他们才会愿意与您交往，乐意合作。做任何一笔生意或发展任何一个客户，坦诚相待都是至关重要的。

要思考这样一个问题：客户为什么要和我们合作？在经过激烈的市场竞争后，为什么要接受我们的产品和服务？其中缘由归纳起来无外乎有两点：第一，真诚而有礼貌的交流使客户对参展企业产生了信任感；第二，客户认为与参展企业相互合作是可以获得相应利益和好处的，这也是参展商和客户之间相互合作的关键所在。在会展上，一旦赢得了一些客户的好感，通常都会让他们留下联系方式，以便日后能够加强联系、增强沟通。诸如：定期或不定期地电话问候或咨询产品使用情况，发送电子邮件、寄祝福贺卡、邮寄新产品宣传手册或纪念品等。一旦在会展上承诺过会展后某一个时间将给客户提供一种服务，那么一定要遵守时间、履行承诺，给客户一种守时守信的印象，使顾客有兴趣、有信心与一个信时守约的公司继续合作下去。

3. 专业扎实、与时共舞

会展工作人员的举止是否显示足够的专业性，决定其是否能在片言只语之间就能取得来访者的尊重和敬佩。获得来访者的敬佩，能令今后的沟通和合作更加顺畅。除此之外，在会展里对参观者的态度很大程度上预示着日后在沟通和合作中的态度，显示出真正关心来访客商的需要，可以令他们对日后的合作充满信心。

4. 以人为本、礼貌先行

会展服务也要体现重实效和"以人为本"的思想。参加会展的观众大多数不会在一个展台花费太多的时间，因为还有其他许多展台可看。一个参展观众看商务会展的时间是2～3小时，看消费会展可能会稍长一些，而且会展上分散人们注意力的因素有很多，如噪声、音响、表演者、碰上熟人等，这些都限制了客人对展台的关注，交谈也很容易被打断。所以展台服务人员在策划宣传材料、设计主题活动或调查问卷时要多为顾客考虑，尽量做到省时、省力、主旨明确等，使顾客能在最短的时间内充分了解展台展出的产品和公司的宣传理念。

礼貌是人们进行各种沟通和交流的最佳通行证。古人云："不学礼，无以立。"参展商在展示产品的同时，它的服务人员也是展览的一部分。发自内心的笑容，彬彬有礼的举止，大方得体的言谈会使客户对接下来服务更加有信心，也为今后的后续服务奠定基础。

5. 热情周到、观察入微

在会展上让客户满意是参展的主要理由之一，所以热情周到的服务和细致入微的招待是必不可少的。参展商也许需要为此举办一些游戏活动或发放一些赠品，用来巩固与客户之间的联系。一位参展商这么说：客户是我们参展的理由，也是我们做生意的理由。而会展工作人员就要做到让客户有如沐春风的感觉，要让他们在参加活动或接受赠品的同时愉快地接受所宣传的理念并乐意接受所提供的服务。

另外，入微的观察也是会展服务原则之一。会展工作人员要学会在与顾客短时间的交流中正确了解对方的职业、身份、爱好、兴趣等，做到投其所好。黛丝瑞·奥瓦内尔曾在她的书中这样写道："我走在会展上，经常发现有两种情况：一种为，我几乎得走到柜台里面，才能引起会展工作人员的注意，他们正在一起叙旧、喝酒、吃花生等；另一种为，我几乎从走道里被拖进来，就因为他们自己定下目标要跟尽可能多的客人交谈，因而全然不顾我竭力表明我对此不感兴趣这个事实。这两种方法都不可能奏效！相反，它们往往令人恼火！"

可见，会展工作人员要全神贯注地观察经过展台的每一个人，并快速作出判断，这样才能有的放矢地为那些对你产品有兴趣的顾客服务。

【工作任务】

服务是立会之本

中国出口商品交易会，又称广交会，1957年起每年春秋两季在广州举行。斗转星移间，渗透着几代外贸人心血与汗水的广交会已经走过了50年历程。50年，100届。广交会上演了"百届不间断"的传奇，即使在世界会展史上，也属少见。在其发展过程中，广交会创下了许多项中国之最，是名副其实的"中国第一展"。

中国加入世界贸易组织，向我们展示了前所未有的挑战和广阔的发展空间，促使中国展览业进行根本性的变革。如何应对挑战，提升广交会的核心竞争力，再塑"中国第一展"品牌，使其走向更加辉煌的明天，这是摆在广交会组织者面前的一个重大课题。

广交会组织者坦言："'硬件'没问题，差距在'软件'。"而且，广交会还面临着来自珠江流域周边地区，北京、上海、西安、南京等全国其他地方以及国外同行的激烈竞争，"甚至还有来自国内批发市场的挑战"。广交会将朝着市场化、专业化、法制化、产业化和国际化的方向发展。现在，亟须转变观念、改善体制、提高队伍素质，特别要围绕客户满意度扩大服务范围、延伸服务内容，提升整体服务水平，因为"得客户者得天下。"

首先,要以卓越的服务锻造金字招牌。世界营销大师科特勒针对企业提出的营销"四大法宝",首当其冲的就是"以客户为中心",即"竞争的市场以客户需求为市场导向,不重视客户的企业将逐步被市场淘汰。"广交会是为参展商和买家进行交易提供服务的企业,本质上是依靠服务生存和发展的,但由于长期垄断的历史原因,一度存在"老大思想",认为"客户是有求于我们的"、"摊位供不应求,不怕你不来"等,这些由计划经济时代产生的陈腐观念,严重阻碍了服务水平的提高和经营理念的更新。

随着形势的变化,面对近几年来高交会、华交会、哈交会等各地展会群雄并起的局面,广交会已经在服务方面进行了重大改革。如全馆的信息化建设、展馆改造装修工程、方便客商的办证系统等。在第91届春交会期间,又开展分期办展程序,增加了摊位,降低了价格,促进了快速成交;"一条龙"服务从24小时变为12小时承诺制等。但还要从本质上有根本的转变,即"以客户需求为市场导向",应当在企业运作的每一个方面加以体现。

变被动服务为主动服务。从为客户服务转变到对客户负责,如节省客户筹展的时间,推行"一站式服务";合理制订布撤展规定,从小事做起,最大限度地方便客户;统一保管参展商的样品箱,解决从驻地宾馆往返搬运的辛苦等。

其次,要引入国际展览业先进的经营理念。先进的理念和超前的意识是指导变革的基础。入世将带来国际展览业先进的经营理念。目前中国很多展览业人士都把展览局限于成交或展示产品,而国际展览业更多考虑的是树立企业形象,打开新产品的潜在市场,全方位收集信息,扩大企业知名度,追求的是长期持久的效果。广交会按此思路应向国际化与规模化、综合展与专业展并举的方向发展。

再次,要树立"打造广交会百年品牌"的意识,请国际专业人士做广交会的形象策划;要通过各种形式宣传广交会,提升其在全世界的影响力,真正做到家喻户晓。德国慕尼黑和法兰克福博览会所在城市,把博览会当做城市的名片,通过各种媒体和运用多种手段进行宣传,使博览会本身的知名度和美誉度得以扩大。广交会也要成为广州的名片,地方政府在致力完成"整治环境,美化广州"的"大、中、小"工程时,还要注重培育"软环境",提高市民素质,营造真情接待八方来宾的良好氛围。

随着广州会展中心的建成和投入使用,广州地区的展览业将呈现前所未有的竞争局面。展览业的不断扩张,将催生与其有关的行业高速成长,如展览策划、展会广告、展览评估、展览信息和咨询等都具有诱人的商机;配套的印刷、广告、搬运、装搭工程也有较大的市场。广交会将引入国际通行的招标手段,规范市场,压缩开支,促进展览业质量的提升。

来源:马勇 《会展典型案例精析》

实训要求:

组织一次座谈,谈一谈如何提供更加人性化的会展服务。

实训组织:

1. 教师通过PPT将以上案例展示给学生,引导学生思考。
2. 组成讨论小组,通过查阅相关资料,进行讨论,将讨论记录进行整理,总结出结论。
3. 以小组为单位发言,交流分享。
4. 教师进行小结及点评。

项目二　会展服务礼仪

职业能力目标

通过本章学习，了解会展服务礼仪的涵义、分类；理解服务礼仪的特征、基本功能和基本原则；掌握服务礼仪的基本要求与会展服务礼仪的接待技巧；树立正确的服务意识，以便在今后的会展服务工作中，能够正确运用各种服务礼仪，为服务对象提供标准规范、人性化的优质服务。

典型工作任务

交往礼仪的练习
会议服务接待技巧的练习
展会服务接待技巧的练习

开篇案例

会场上的明星

小刘的公司应邀参加一个研讨会，该次研讨会邀请了很多商界知名人士以及新闻界人士参加。老总特别安排小刘和他一道去参加，同时也让小刘见见大场面。

小刘早上睡过了头，等他赶到，会议已经进行了二十分钟。他急急忙忙推开了会议室的门，"吱"的一声脆响，他一下子成了会场上的焦点。刚坐下不到五分钟，肃静的会场上又响起了摇篮曲，是谁在播放音乐？原来是小刘的手机响了！这下子，小刘可成了全会场的明星……

没过多久，听说小刘已经"另谋高就"了。

【分析与提示】

不管是参加自己单位还是其他单位的会议，都必须遵守会议礼仪。因为在这种高度聚焦的场合，稍有不慎，便会严重有损自己和单位的形象。"人无礼而不生，事无礼则不成，国无礼则不守"，随着社会的进步，经济的发展，人和人之间、国与国之间交往的日益频繁，礼仪已成为人们社会生活中不可缺少的内容。会展服务礼仪在具体的会展活动及会展行业的发展中起着非常重要的作用。

任务一　会展服务礼仪概述

一、会展服务礼仪的涵义

礼仪是"礼"和"仪"的统称，是指在人际交往过程中，人们为了表示尊重与友好而共同遵守的行为规范和交往程序。"礼"指的是礼貌、礼节;"仪"指的是仪表、仪式。在礼学体系中,礼仪是有形的,它存在于社会的一切交往活动中,其基本形式受物质水平、历史传统、文化心态、民族习俗等众多因素的影响。礼仪一般包括语言(书面与口头)、行为表情、服饰器物三大基本要素。

会展服务礼仪与礼仪有着密切的关系。礼仪是会展服务礼仪的基础和内容。会展服务礼仪是礼仪在服务过程中的具体运用,是礼仪的一种特殊形式,是体现会展服务的具体过程和手段,使无形的服务有形化、规范化、系统化。会展服务礼仪的实际内涵是主办方或承办方在会展前的策划和准备、会展期间的实施以及会展后续服务过程中展现出的一种行为规范。

会展服务礼仪可分为日常交际服务礼仪和公共场合的交际服务礼仪。日常交际服务礼仪主要指在非正式的会展服务场合的仪式和礼节,主要包括称呼、迎候、介绍、致谢、告别、拥抱等。公共场合的交际服务礼仪主要是指正式的会展公关交际活动中常用的礼仪,包括宴会礼仪、晚会礼仪,以及会展开闭幕式、现场接待、各种配套服务等礼仪。

【补充资料】

服务是什么

美国市场营销协会(AMA)1960年最先给服务下的定义是:"用于出售或者是同产品连在一起进行出售的活动、利益或满足感。"后来重新定义为:"可被区分界定,主要为不可感知却可使欲望得到满足的活动,而这种活动并不需要与其他产品或服务的出售联系在一起。生产服务时可能会或不会需要利用实物,而且即使需要借助某些实物协助生产服务,这些实物所有权也不涉及转移的问题。"

雷根把服务定义为:"直接提供满足或者与有形商品或其他服务一起提供满足的不可感知活动。"斯坦通指出:"服务是一种特殊的无形活动。它向顾客或工业用户提供所需的满足感,它与其他产品销售或其他服务并无必然联系。"

克里斯蒂·格鲁诺斯认为:"服务是以无形的方式,在顾客与服务人员、有形资源商品或服务系统之间发生的,解决顾客问题的一种或一系列行为。"

服务(SERVICE)由7个字母组成,可以这样形象地理解:"S"是指微笑(smile);"E"是指杰出、优秀(excellence);"R"是指准备(readiness);"V"是指观察(viewing);"I"是指邀请(invitation);"C"是指创造性(creativeness);"E"是指关注(eye)。

二、会展服务礼仪的主要内容

会展服务礼仪以会展服务人员的仪容规范、仪态规范、服饰规范、语言规范和岗位规范为主要内容。

1. 仪容规范

仪容规范指的是会展服务人员在工作岗位上,按照会展行业的要求对自己的仪容进行必要的修饰与维护的要求和标准。主要内容是面部、发部、肢体修饰和化妆修饰四个方面。

2. 仪态规范

仪态规范是指对会展服务人员的身体在工作岗位上的姿态、行为和动作的具体要求。主要包括仪态、举止、风度。

3. 服饰规范

服饰规范是会展服务行业对其从业人员在工作岗位上的服饰提出统一的要求与限制。会展服务人员的服饰问题，主要涉及在其服务工作之中所穿戴使用的服装、饰品、用品等的选择与使用的规范。

4. 语言规范

语言规范是对会展服务人员在工作岗位上使用的礼貌用语及谈话技巧的要求及准则。

5. 岗位规范

会展服务礼仪的岗位规范是指会展服务人员在服务岗位上应遵循的具体要求和操作标准。

会展服务行业是广泛接触社会、接触人的工作。由于参加者所在的国家和地区、民族、文化、语言、宗教、信仰、习俗等不同，会展服务人员为了能做好服务与接待工作，也要学习和了解社交礼仪、涉外礼仪、我国部分少数民族及港澳台地区习俗礼仪、我国主要客源国习俗礼仪、宗教礼仪等。

三、会展服务礼仪的特征

1. 规范性

会展服务礼仪是会展服务人员在自己的工作岗位上应当严格遵守的行为规范。这种规范，不仅要求会展服务单位及员工要按照一定的礼仪规范做好服务与接待工作，而且也约束着会展服务人员在服务过程中的言谈话语、行为举止要合乎礼仪。尽管不同主题的会议与展览会，在接待程序和接待规范上存在着差异，但都是在会展服务接待活动中调节客人与服务人员相互之间最一般关系的，其礼仪基本内涵是一致的。"宾客至上""把尊贵让给客人"应该是会展服务行业全体成员共同遵守的人际交往和社会交往准则。

2. 灵活性

在规范性的基础上注重灵活性。培根说："礼仪是微妙的东西，它既是人们交际所不可或缺的，又是不可过于计较的。"会展服务礼仪的规范是具体的，但不是死板的教条，它是灵活的、可变的。会展服务要求以人为本，强调站在客人的角度考虑问题。在不同的场合下，根据交往对象的不同特点，灵活地处理各种情况。比如，展会的布局完全以展品大类来划分，方便观众参观；展会服务人员要特别注意了解来自不同国家、地区、民族的参展商在文化背景、风俗习惯上的差异，充分尊重他们的礼俗禁忌，更加体贴周到地接待好每一位客人。

3. 可操作性

会展服务礼仪是礼仪在会展服务过程中的具体应用。它既有总体上的服务礼仪原则、操作规范，又在具体的细节上以一系列的方式、方法，细致而周详地把会展服务礼仪规范落到实处。例如，企业参展一般都会制定相应的参展目标，企业参展目标要靠展台工作人员的服务来实现。由于展会时间上的限制，展位的服务人员必须做到主题突出的有效服务。

【补充资料】

101%的服务

有一次，一位顾客在肯德基用餐时，需要服务员为她拿一把汤勺。服务生微笑着答应了。很快，那位员工回来了，手里却不见汤勺，只见一张洁净的白纸巾，顾客有些不高兴。就在这时，那位员工伸出手掌，翻开纸巾的时候，顾客会心地笑了。因为她看到雪白的纸巾上静悄悄地躺着一把汤勺。

无疑，那位员工受到了上司的嘉奖。因为他不只做到了顾客想要什么就给她什么，还想

到了顾客没有要求的。他的小小举动,让顾客看到了一流的服务。他的用心,让客人觉得肯德基的服务超出了自己的想象。虽然只是一个小小的举动,却足以让顾客感动。他超出了100%的服务,做到了101%的服务。

任务二　会展服务中的基本礼仪

一、见面礼仪

见面是人与人之间彼此交往的开始,好的初次见面能够给人留下良好的印象,反之,则会产生恶劣的后果。所以,会展服务人员只有在待人接物、行为举止上彬彬有礼,遵守基本的见面礼仪准则,才能够提高办事效率。

1. 握手礼

在会展活动中,一般在包括问候、致意、介绍、祝贺、表示理解、原谅、尊重、初次见面和久别重逢等场合里会握手。

握手时,两人相对而立,上身略向前倾,右手手掌略向前下方伸出,与地面垂直,四指并拢,拇指张开与对方相握。握手时应双目注视对方,用力适度,上下稍许晃动三四次,一般时间是3～5秒,然后松开手,恢复原状。男士和女士握手,可以只握住对方的四根手指,但不可漫不经心,异性之间最好不要双手捧握。

握手的顺序要体现"尊重为本"的原则,即尊贵的一方有决定握手与否的权力。所以握手的顺序应当是上级、长辈、地位高者、女士先伸手,下级、晚辈、地位低者、男士在与对方见面时先问候,待对方伸出手后再接握过来,后者为了表示自己的谦虚有礼,可以微微欠身,双手捧握。

在握手礼仪中要注意:

① 握手前要摘掉手套、帽子和墨镜。逢在寒冷的室外或其他特殊情况,如双方都不摘亦可,但如有一方摘掉,则另一方必须要回礼。女士如果戴的是装饰性的手套和帽子,那么在包括握手在内的许多礼仪场合都可以不用摘掉。

② 军人在握手前要先行举手礼。

③ 握手切忌交叉。

④ 不要用左手与他人握手。

⑤ 握手前要考虑是否受对方的欢迎,若对方没有握手的意思,可用点头或鞠躬致意的方式表示问候。

⑥ 握手后不能用手帕揩拭自己的手掌。

⑦ 不要拒绝与他人握手。

2. 称呼礼

参加或举办展会时,碰到的第一个问题就是如何称呼别人。我国以往习惯称呼对方"同志"或"师傅",现在看来,这种称呼已经在国际交往及国内商业交往中不合时宜。目前人们常用的称呼方式可称呼对方的职务、职称、职业、姓名。涉外会展活动对外国人的称呼应根据对方的习惯,对男子一般称"先生",对女士一般要根据其婚姻状况而定:对已婚女子可以称为"夫人""太太";对未婚女子称"小姐";如果无法判断其婚否,则可以统称为"女士"。在中国、日本等亚洲国家,对身份地位较高的女性也可以称"先生",如"宋庆龄先生"。

对于君主制国家的王室成员应该用"陛下""殿下"等专门性称呼;对于有爵位的以及

部级以上官员应称"阁下"。"阁下"一词也可以作为泛尊称使用，主要表示对对方的尊重。

3. 介绍礼

在会展活动中，常常能遇到结识新朋友的场合。结识朋友可以第三者介绍，也可以自我介绍。

（1）第三者介绍　为他人做介绍又称为第三者介绍，作为介绍人，介绍的前提是要率先考虑双方有无相识的必要。介绍时，先向上级、长辈、地位高者、女士、官方人士、客人等介绍下级、晚辈、地位低者、男士、非官方人士、主人，保证受尊敬的一方有先了解"对方是谁"的优先权。在语言表达上，要先称呼受尊敬的一方，比如："张女士，请允许我来为您介绍一下，这位是李先生……"。

将个人介绍给群体时，不管双方是什么身份，都要先把个人介绍给其他众多的在场者。如群体人数不多，可以在介绍完个人后，再将群体按照顺时针次序一一介绍给个人，如果群体中有地位特殊者，可以将其不按顺序优先介绍给个人。

在为他人做介绍时，口齿要清晰，发音准确，分清介绍内容主次。介绍人在介绍时可以辅以手势，右手手心向上，四指并拢，以肘关节为轴，指向被介绍者一方，并向另一方点头微笑，切不可用手指头指来指去。被介绍双方，除女士和老人外，一般应起身站立。但在宴会桌上、会谈桌上，可不必起立，被介绍者只要微笑点头，有所表示即可。

（2）自我介绍　在会展活动过程中，有时想结识对方，但缺少适当的介绍人，这时可以自己担任介绍自己的主角，主动把自己介绍给对方。在自我介绍时，一般要介绍出姓名、工作单位、本人身份三方面要素。

无论是主动做自我介绍方，还是由第三者介绍相识的双方，都不可贸然向对方要电话号码，如果确实需要，可以采用主动将自己电话号码送给对方的方式，来探悉对方态度；万不得已时，也只能用"如果你不介意的话，我可以有你的联系方式吗"这种委婉的方式。

4. 名片的使用礼仪

名片是会展活动中举办方与参与方在交际、拜访和感谢祝贺等场合常常使用的工具。

为他人递送名片时，要将名片放在容易拿出的地方。起身站立，面带微笑，友好地注视对方，将名片正面向上、向前面对对方，恭敬地递送过去，并同时配以口头介绍和问候。如果同时向多人递送，可以按照由尊而卑、由近而远的顺序递送，最好不要跳跃式择人递送，给人一种厚此薄彼的感觉。

接名片时，眼睛友好地注视对方，并同时口头表示感谢。接过名片后，要认真地看一遍，如遇不懂之处可以向对方请教。将名片郑重放好，一般是放在名片夹、上衣口袋里。

二、交往礼仪

1. 交谈礼仪

语言是人类表达意愿、交流思想的工具。在交往过程中，交谈是必不可少的。在会展交际场合，与人交谈时的表情要自然，态度要和气可亲，语调适当，重点突出，表达得体。交谈现场超过三个人时，应不时地与在场所有人交谈几句，不要只和一两个人说话，而不理会其他人，不能冷落在场的每一个人；所谈问题不宜让别人知道时，则应另择场合。注意说话技巧，注意说话表情，避免对方产生误解。

在交谈中，学会听，不要只顾自己说，应注意对方的反应；自己讲话时要给别人发表意见的机会，别人讲话时也应寻找机会适时地发表自己的看法；要善于聆听对方谈话，不要轻易打断别人的发言。交谈时，一般不询问妇女的年龄、婚姻等状况；不径直询问对方的履历、工资收入、家庭财产、衣饰价格等私生活方面的问题；对方不愿回答的问题不要寻根问底；对方反感的问题应示歉意并立即转移话题；不对某人评头论足；不讥讽别人；也不要随便谈论宗教问题。若谈话中，有急事需离开，应向对方打个招呼，表示歉意。

2. 交往时的礼宾次序

中国传统的交往礼节一般以右为上、为长、为尊；以左为小、为次、为偏。二人同行，前者、右者为尊；三人并行，中间为尊；三人前后行，前者为尊。进门或上车时应让尊者先行。乘坐轿车时，尊者由右边上车，位低者待尊者上车后，自己从车后绕至左边上车，坐在尊者的左手位。后排中间座位为尊位，右边次之，左边又次之，前排靠司机的座位为最次。主人亲自驾车时，客人应坐在副驾驶座上。一般情况应让女士先行并坐尊位。上楼时尊者、女士在前；下楼时尊者、女士在后。迎接宾客、给其引路时主人走在前，送宾客时主人走在后。在室内交谈时，以面对门口的座位为尊位。

3. 接打电话的基本礼仪

会展服务人员在日常工作中经常会打或接电话，与服务人员日常会话和书信联络相比，接打电话具有及时性、经常性、简洁性、双向性、礼仪性等较为突出的特点。因此会展服务人员必须掌握一些接打电话的规范和技巧，否则就无法为宾客提供满意的电话服务。

(1) 打出电话的礼仪　首先，任何人打电话，总有一定的目的，或表示问候、或商业洽谈、或通知事情。所以，当会展服务人员拿起电话前，就要有一个认真的思考过程，以免在接通电话后出现前言不搭后语、哆哆嗦嗦的现象。

其次，就电话形象而言，声音是个非常重要的因素。在打电话时，会展服务人员的语言应当简洁、明了、文明、礼貌，应注意语言亲切、精练、清晰，音调柔和、自然、甜润，语速适当。即使看不到通话的人，也要像他们就在面前一样对待他们，把全部的注意力投入在电话中。如果想使电话里的声音好听，不妨试一试带着微笑，让声音也跟着微笑起来。

最后，打电话时，会展服务人员开口讲的第一句话，关系到自己给对方的第一印象，所以应当慎之又慎。还需要注意的是，打电话时应首先报出自己的单位和姓名。例如："您好！某某会议服务公司，我是某某某。"在通话时，若电话中途中断，按礼节应由打电话者再拨一次。拨通后稍做解释，以免对方生疑，以为是打电话者不高兴挂断的，当通话结束时，别忘了向对方道一声"再见"或是"谢谢"，在必要时复述宾客的电话内容。电话应由拨电话者挂断。挂断电话时，应双手轻放。

特别提示：

打电话时嘴部与话筒之间应保持1厘米左右的距离。这样容易使对方在接听电话时，能听得最清楚。

(2) 接听电话的礼仪　在接听电话时，亦有许多具体要求。首先电话铃声一响，就立即跑过去接电话，并且越快越好。在国外，接电话有"响铃不过三遍"一说。具体包括以下几点：

① 接听电话语调需亲切，吐字清晰易懂，说话的速度适中，语言简洁而不啰嗦。

② 接听电话人员应熟悉本企业的详细情况，在接听宾客电话时做到有条不紊。

③ 服务人员每人都有义务和责任接听电话，外来电话响铃不超过三声。

④ 接听电话时，必须亲切地说："您好！某某会展服务公司，我是某某某，请问有什么可以帮助您的？"

⑤ 在回答问题时应做到耐心但又不能太详细，以免阻碍其他宾客的电话打进来，回答问题最好不超过三个。

⑥ 在宾客所找人员不在时，应客气地询问对方有何事，可否代为传话，或者记录下来

转告被找的人。叫人接听电话时，不许远距离大声喊叫，而应走到被叫人身边去说。放话筒时动作要轻缓。

⑦ 不许对着话筒咳嗽、打哈欠、叹气、嬉笑。

⑧ 不许在接听宾客电话时与其他人搭话。

⑨ 注意聆听。在宾客讲完之前不要打断也不可妄下结论，对不清楚的地方要复述宾客的话，以免搞错。

如果对方发出邀请或会议通知，应致谢。如对方反映问题或投诉，接待要耐心，回复对方的话要十分注意语气和措辞，显得热情、诚恳、友善、亲切，并使对方能体会到你对他的关注。

⑩ 代客留言。应问清来电者的身份，大概是什么事，再请稍等，弄清有关内容，请对方留下电话号码再复述，然后说谢谢。禁止窃听宾客电话。

特别提示：

接听电话时要仔细聆听对方的讲话，要把对方的重点话语进行重复和附和，应不时地用"嗯""对""是"来给对方积极的反馈。

【补充资料】

电话礼仪的自我评估

请完成下列测评。

评分说明：1——经常如此　2——偶尔如此　3——极少或从来都不如此

1. 我拨打、接听电话时，经常说"喂""谁"　　　　　　　　　　　　　1　2　3
2. 我拨打、接听电话时，没有说"您好"或"早上/中午/晚上好"　　　1　2　3
3. 如果有急事，我会打断别人的话语　　　　　　　　　　　　　　1　2　3
4. 因为一些主客观原因，我常会误解对方的意思，后来才知道　　　1　2　3
5. 我接听电话时，很少准备纸和笔　　　　　　　　　　　　　　　1　2　3
6. 很多朋友都批评我没有礼貌　　　　　　　　　　　　　　　　　1　2　3
7. 我在电话中直接回答是或不是　　　　　　　　　　　　　　　　1　2　3
8. 为了工作方便，我经常能一边听电话一边做其他的事情　　　　　1　2　3
9. 我喜欢和别人聊天，接听电话平均都超过2分钟　　　　　　　　1　2　3
10. 我能解决的问题马上解决，对我不能回答的问题，我让其找其他人　1　2　3
11. 我转电话时，常是将电话转过去之后便将其挂了　　　　　　　1　2　3
12. 我常会碰到我回答不了的关于我本身岗位的问题　　　　　　　1　2　3
13. 我接听电话时很少模仿别人的语气　　　　　　　　　　　　　1　2　3
14. 我平时说话很快，电话中也是如此　　　　　　　　　　　　　1　2　3
15. 当我听不清对方电话时，我会大声地叫"喂，你听到了吗？"　　1　2　3

得分说明：

22分以下，您需要马上接受电话礼仪培训；22～37分，良好；37分以上，优秀。

三、约会和拜访礼仪

在会展活动中，往往需要出面看望与会代表，会展服务人员也常常因联系安排会展活动约见或拜访与会方的代表和随行人员。

一般来说，会展服务人员约见与会代表或参展商时，要事先联系好对方，征求对方同意后会面。约见时从对方利益出发,多为客户着想,最好由客户决定约见的时间、地点等相关事宜。约见时间一旦确定,会展服务人员就应按时到达,绝不可失约。

会展服务人员如果要去拜访一个客户,最好事先通过电话说明拜访目的,并约定拜访的时间。做好准备工作:充分了解拜访对象的情况;准备拜访时需要用到的资料;明确拜访目的;整理服装、仪容;检查各项携带物品是否齐备,如名片、笔、笔记本等。会展服务人员出发前应与拜访对象再确认一次,算好出发时间。注意:宁可早到,也不可迟到。见到拜访对象后,会展服务人员应主动问好,向客户自我介绍,交换名片;客户请人奉上茶或咖啡时,不要忘了轻声道谢。商谈时,应与客户保持适当的距离,坐姿端正,举止大方得体,不要有不良习惯和小动作,称呼及遣词用字,都要注意礼貌。商谈完毕,会展服务人员应感谢对方抽出时间接待;行礼后轻轻关上办公室的门;若对方要相送,应礼貌地请对方留步。

四、赠送礼品的礼仪

在我国的许多会展活动中,当会议或展会结束时,主办方往往会向与会者赠送一些小礼品,以示纪念。礼物的选择要感情第一,因人因事而异。可以以地方特产、具有浓厚地方文化色彩及富有纪念意义的物品为赠送礼品,如中国的手工艺品、茶叶、瓷器、丝绸等。也可以根据此次活动的目的来决定礼品的选择,目的不同,用途不同,礼品各异。展会上,尤其是产品展示会上,往往要为与会嘉宾准备礼品。这些礼品既是实物广告,又是融洽关系的手段,所以宜选用具有宣传性、荣誉性和独特性的馈赠佳品。

选择礼物时要尊重对方风俗习惯、宗教信仰、民族差异、个人禁忌,在礼品的品种、色彩、图案、数目等方面不能出现差池。

如何把选择到的合适的礼品在合适的场合送给对方,是交际礼仪中比较关键的一个环节。

1. 注重包装

礼品的包装十分重要。中国人送礼往往看重礼物本身,对包装并不感兴趣,其实这是不对的。西方人非常看重对礼物的包装,精美、细致的包装外表不仅美观大方,提高了礼物的档次,而且也显示出送礼者对对方的重视程度。在国际交往中,礼品包装的价格要占礼物本身价格的 1/2,也就是占包装后全部礼品价格的 1/3。

2. 赠送时机

赠送礼品时要根据具体情况具体安排,选择好赠送时机。比如选择生日节庆、拜访送别等都是很好的时机,为企业开张竣工赠送贺礼,企业为内部员工赠送慰问性礼品,可以增强联络,加深感情。

3. 送礼的规范

送礼时要起身,双手或用右手递送,要神态自然,大方得体,可以用简短的语言表明送礼的原因;西方人送礼多会附上卡片,也可用名片代替,并在卡片或名片上写上简短的文字,以表达祝福的心愿。

可以辅以对礼物的口头介绍,对于礼物的特殊之处要着重指出。比如送人一本书比较常见,但如是知名作者的亲笔签名、而受赠者又对该作者慕名久已的时候,可以特意向其说明一下礼物的来历。

中国人送礼常常要对礼物发表自谦之词,比如"些须薄礼,不成敬意""顺便捎带,还望笑纳"等;但与西方人打交道时,一般不做自谦之语,最好不要说"随意买的""不是什么好的东西,凑合着用吧"之类的话,因为他们会认为这些东西真的可能是随意买的,觉得送礼者对自己不够尊重和重视。

注意：如礼品上附有价格标签，一般要先拿掉。目前，中国人习惯将在商店购买礼品的信誉卡随礼物包装，这样的目的是如果收礼者对礼物不满意或认为礼物不合适的话，可以持卡去商店更换更合适的礼物。

【案例】

他们为什么拒绝王先生

某会展服务公司要与商务公司谈合作事宜，委派年轻能干的王先生先行商谈，王先生去了不久，对方就打电话过来，要求换人，否则将不再合作。会展服务公司的负责人很惊讶，恳请对方解释原因。对方说，王先生来后，和他们谈话时，翘着"二郎腿"，仰靠沙发；当他们谈自己的想法时，王先生不是玩弄自己的笔，就是东张西望。对方说"虽然事情不大，但是我们不愿意和这种人合作"。

来源：王颖 《商务礼仪》

【分析与提示】

王先生的举动说明他在与对方谈话时心理非常放松，根本不重视，或者说看不起对方公司。因此对方不能容忍与这样轻浮的人合作。

任务三　会展服务礼仪接待技巧

一、会议服务礼仪接待

1. 会议服务礼仪的基本规范

① 服务员为客人倒水时，应站位合理，手法熟练，操作卫生，倒水量适宜，端放茶杯动作轻巧。

② 重要会议使用贵宾接待室的，服务员应提供敬茶服务。敬茶时应使用托盘，按照礼仪次序依次服务。端放茶杯动作轻巧。如果茶几较低，服务员应单腿弯曲采用蹲式服务，蹲姿应优雅大方。

③ 服务员应随时留意会场状况，及时回应客人需求。

④ 会场应设专职清洁员负责卫生间的保洁和服务工作。

⑤ 会场衣帽间应有明显的标志牌，衣架干净完好、数量充足。客人存放衣服时，服务员应礼貌问候，按递物礼仪递接存衣牌，并提醒客人妥善保管贵重物品。拿取客人外衣时，不倒拿，不拖擦。

⑥ 会议间歇，与会客人到休息区休息时，清洁员应暂停工作，适时回避。遇客问候，随时礼让。

⑦ 饭店应为客人提供车辆进出登记服务、计时收费服务和车位预留服务。停车场管理员应礼貌问候客人，并用规范的手势引导车辆。

2. 做好会议服务的细节

对于大多需要会议服务的客户来说，作为专业的会议服务公司，对于会议服务细节的把握应该更专业更到位。会议服务大多经过以下几个环节。

（1）会前

① 与会议主办方洽谈。

② 提供会议所需要的机票、车票、住宿酒店、会议场所、交通等信息，并制定完备的

会议预案书给会议方。

③ 派专人协助客户实地考察会议举办地的吃、住、会议场地、游、娱乐等相关方面的情况。

④ 确定方案，签订合同，预付定金。

（2）会中

① 会议接待：专人负责机场、车站的礼仪、接站、公关等服务。提前在酒店、会议室摆放好欢迎条幅、欢迎牌、签到台、指示牌等。

② 会议场所：专人到会议室检查会议室条幅、灯光、音响、茶饮等。

③ 会议住宿：房间楼层及房间号确认，询问是否有特殊要求。

④ 会议餐饮：用餐时间、用餐标准及特殊客人（回民）的确认。

⑤ 会议旅游：旅游线路行程、用车、导游是否增加景点等确认。

⑥ 会议娱乐：娱乐消费形式、消费标准、娱乐地点的确认。

⑦ 会议服务：会议代表合影留念，为代表提供文秘服务及相关服务。

（3）会后

① 结账：提供会议过程中的详细费用发生明细及说明，专人与客户进行核对并结账。

② 资料：会议后的资料收集，根据客户要求制作会议通讯录或花名册。

会前、会中、会后的各项具体服务在本书其他章节中有所介绍，在这里就不再详细介绍了。本章重点以各级代表会议为例，讲述会议的场内与主席台的服务规程。

3. 会议的场内与主席台服务规程

（1）场内服务　场内服务是指在礼堂场内对与会代表的服务工作。其工作规程有以下几点：

① 整理抽斗，擦桌面，擦椅子、地板，地毯吸尘，搞好场内卫生。保证温度适宜、空气新鲜。

② 按要求摆好指路牌和带有各种标志的指示牌。

③ 入场前一小时，统一着装，仪表整洁入岗、站位。站位时一般在各走道口的一侧，面向与会者。

④ 指路时右手抬起，四指并拢，拇指与其余四指自然分开，手心向着客人，示意所指方向时说"请这边走"或"请那边走。"

⑤ 熟悉场内区域座号，主动为与会者引座，做到准确无误，主动搀扶、照顾年老体弱者入座、站立、投票、上厕所等。

⑥ 大会开始，站到工作位上，站姿端庄、大方，精力集中，认真观察场内动静，如有行动不便的与会者站起，要迅速前往照顾。换班休息时动作轻稳地迅速离开。无关人员一律劝其退场，保持场内秩序井然。

⑦ 会间休息或休会时，要及时打开门帘，按规范要求站立到自己的岗位上，照顾与会者出入或退场。

⑧ 与会者退场后，按分工划分的责任区域认真仔细地进行检查，擦桌面，清理抽斗，如发现与会者遗失的东西，要记清座排号码，及时上交和汇报。

⑨ 认真搞好当日收尾工作，妥善收存各种牌号，准备次日大会的工作。

（2）主席台服务

① 搞好主席台上的卫生，保持台面及抽斗清洁。

② 明确主席台总人数和各排人数、主要领导的座位和生活习惯及招待标准、工作要求。

③ 按人数配齐茶具、棉织品、名签座、排次牌、文具等。认真烫洗茶具，严格消毒，

达到安全、卫生标准。

④ 穿好工作服，着装统一，仪表整洁，入场前一小时上岗，检查桌椅，摆放垫盘、茶杯（加好茶叶）、火柴、毛巾盘、名签座、便签、铅笔、排次牌，要求距离一致，整齐划一。

⑤ 垫盘、茶杯的花色图案要对正主人，茶杯把手向里呈45°。

⑥ 全部摆放毛巾。毛巾的叠法一致，摆放整齐。

⑦ 会前30分钟，从最后一排的服务员开始，按顺序排队，统一进入场内倒水。

⑧ 会前20分钟，统一检查茶杯。检查时用右手指的背面轻靠一下杯子，即可知道是否有水，发现空杯、裂杯和渗水的要及时处理。

⑨ 会前10分钟，按各自分工各就各位，照顾与会者入场、就座。对行动不便的与会者要帮助。

⑩ 奏国歌时，听指挥统一上台，照顾自己所负责的对象，根据情况及时续水。续水时按顺序排队统一上台。

⑪ 第一次30分钟续水一次，以后每隔40分钟续一次，一般续水三次后应该重新泡茶。

⑫ 会议进行中，主席台两侧各设一人观察台上情况，处理应急事务。对中途退场或上厕所的与会者，要跟随照顾。

⑬ 收尾工作按顺序进行，撤杯盖，倒剩茶水，收茶杯，擦收垫盘，收回毛巾、名签座，并做好下次大会的准备工作。

(3) 休息服务　休息服务主要是为与会者在会前或会中休息提供服务。

① 明确本厅活动的人数、主要领导及其生活习惯、招待标准、工作要求。

② 按要求和人数布置沙发、椅子、茶几、衣架，布置形式美观、大方、协调、实用。

③ 擦窗台、椅子、茶几、屏风、陈设品，擦地板、地毯吸尘，搞好厅室清洁卫生，调节室内温度，保持空气新鲜，温度适宜。

④ 按人数和计划要求，配齐各种茶具，按标准认真烫洗，严格消毒。

⑤ 摆好垫盘、毛巾，备好文具，随时提供使用。

⑥ 入场前一小时蒸上毛巾，准备好开水；入场前半小时，茶杯放好茶叶，备好托盘等续茶工具，放好厕所的大小毛巾、梳子、香皂、手纸，放好工作人员休息处的茶杯、暖瓶。

⑦ 适时拉好窗帘、开灯照明。

⑧ 全面检查现场和出入路线，发现漏洞及时弥补。

⑨ 入场前10分钟，茶杯点水润茶，铺好托盘，摆好茶杯。做到人到茶到，茶量适当，浓淡可口，凉热适宜。

⑩ 会议进行中间，一人坐在门后适当处值班，观察会场情况，掌握续水时间，其余人员退至工作间。续水时要轻拿轻放，保持会场安静。

4. 会议中的礼仪接待技巧

(1) 体态语言的运用　会展服务人员整天与客人打交道，时时刻刻离不开沟通。在服务过程中，与客人沟通经常使用的方法是听、说、写及体语，体语就是体态语言。一个动作、一个眼神及面部表情都将影响着与客人之间的每一次沟通过程是否完美。体态语言也称为视觉沟通，在沟通过程中占据55%的信息量，包括目光、身体的姿态、手势动作及面部表情。

在运用体态语言时，需要注意以下内容。

① 必须在非正式的交际场合中运用与正式场合中完全不同的手势、举止和声音来鼓励别人。如果提议引起人们的讨论，仍需注意自己的姿势，不要死板地站在那里，最好能环场

漫步，伸出手来邀请某人做特别的演说，轻松恰当地拍拍别人的肩膀或手臂，以示友好。

② 始终坐在某处听别人的讲话，那么很快就会成为听众的一部分。当别人演说时，作为一个积极认真的听众，必须始终注视着讲话者，好像他们的讲话内容是非常可取的，即便事实并非如此。增强别人阐述意见的勇气，并加以记录。反复强调与会者所提出的要点，当同意演说者的意见时就点点头；如果不同意他的观点，应该把它放在心里而不应该将它表面化；要始终给别人提出相反意见的机会，而不是总是去反驳别人、提出自己的新看法。

③ 主持非正式会议的能力对建立声望和搞好与同事、部下及上级之间的关系有着非常重要的作用。应当寻求一种方法，让与会的每个人即便是在维持主持人的声誉时也对你的这种参与感到愉快、心情舒畅。

（2）就座礼仪　如果受到邀请参加一个排定座位的会议，最好等着服务人员将自己引导到座位上去。通常会议主席坐在离会议门口最远的桌子末端。主席两边是留给参加会议的客人和拜访者的座位，或是给高级管理人员、助理坐的，以便能帮助主席分发有关材料、接受指示或完成主席在会议中需要做的事情。

如果会议中有很特殊的情况，例如，如果有从其他国家的其他公司来的代表，那个公司的高级代表坐在长会议桌的中间，你的公司的高级管理人员坐在他们的对面，自己的身边都坐着自己公司的职员，而会议桌的两端则空着。通常客人坐在面对门口的座位上。座位的次序不像正式宴会上男女交叉着坐那样安排，业务会议不应区分性别，不应男女坐对面。

（3）会场礼仪　就一般与会人员来说，最基本的是要按时到会，遵守会议纪律。开会时要尊重会议主持人和发言人。当别人讲话时，应认真倾听，可以准备纸笔记录下与自己工作相关的内容或要求。不要在别人发言时说话、随意走动、打哈欠等，这是失礼的行为。会中尽量不离开会场，如果必须离开，要轻手轻脚，尽量不影响发言者和其他与会者，如果长时间离开或提前退场，应与会议组织者打招呼，说明理由，获得同意后再离开。

（4）发言礼仪　会议发言有正式发言和自由发言两种。正式发言，一般是领导报告者。发言者应衣冠整齐，走上主席台应步态自然，刚劲有力，体现一种成竹在胸、自信自强的风度与气质。发言时应口齿清晰，讲究逻辑，简明扼要。如果是书面发言，要时常抬头扫视一下会场，不能低头读稿，旁若无人。发言完毕，应对听众的倾听表示谢意。

自由发言，一般是讨论发言，较随意，应要注意：发言应讲究顺序和秩序，不能争抢发言；发言应简短，观点应明确；与他人有分歧，应以理服人，态度平和，听从主持人的指挥，不能只顾自己。

如果有会议参加者对发言人提问，应礼貌作答，对不能回答的问题，应机智而礼貌地说明理由，对提问人的批评和意见应认真听取，即使提问者的批评是错误的，也不应失态。

发言时，应注意以下几点：

① 对于会议的发言者和报告人来讲，发言一定要遵守秩序，如果话筒离自己较远，应精神饱满以不紧不慢的步子走向话筒。

② 在发言之前，应面带微笑环顾一下会场，如果会场里掌声四起，可适时鼓掌答礼，等掌声静落之后再开始发言。

③ 发言或报告一般应使用普通话，并掌握好讲话的节奏。如果会场里交头接耳之声不断，要考虑适当转换话题。

④ 发言时要注意尽量紧凑，切忌兴之所至，长篇大论，任意发挥。

⑤ 不可进行人身攻击。

（5）会议主持人的礼仪　衣着整洁，大方稳重，精神饱满。如站立主持，应双腿并拢，腰背挺直。持稿时，右手持稿的底中部，左手五指并拢自然下垂。双手持稿时，应与胸齐高。坐姿主持时，身体挺直，双肩前倾，两手轻按桌沿。主持过程中切忌出现揉眼、抖腿等不雅观的动作。

言谈应口齿清楚，思维敏捷，简明扼要。应根据会议性质调节会议气氛，或庄重、或幽默、或沉稳、或活跃。在会场上不能与熟人打招呼，更不能寒暄交谈。

二、展会服务礼仪接待

1. 展会服务礼仪的基本规范

（1）展会工作人员的形象　展会的工作人员包括接待员、讲解员、操作演示员及其他有关人员等。理想的工作人员应具备三个条件：一要懂得展览项目的专业知识，能为观众提供专业咨询服务；二要善于交际，讲文明、懂礼貌，能得体地与各类观众交流；三要仪表端庄、大方。展览会的组织者应对所有工作人员进行必要的专业知识和礼仪知识培训。

在展位上的工作人员应穿着本单位的制服，或穿深色的西装、套裙作为出席展会的服装，工作人员的统一着装能充分展示参展单位员工精明、整洁的整体形象。为了说明各自的身份，全体工作人员皆应在左胸佩戴标明本人单位、部门、职务、姓名的胸卡。展会中如果使用礼仪小组，可以说是一道亮丽的风景线，她们可以帮助参展商在最短的时间内吸引来访者的视线。但是，展会的礼仪小姐一定要有过硬的展会礼仪知识，这样才能帮助参展商更好地推广企业形象。最好请其身穿色彩鲜艳的单色旗袍，胸前披挂写有参展单位或其主打展品名称的大红色绶带。

（2）接待观众的礼仪　展会开始后，全体展会服务人员即应各就各位、各司其职，不可以迟到或早退，不允许无故脱岗、东游西逛。展会服务人员要以热情、诚恳、公平的原则接待每一位参观者，特别值得注意的是，应当自始至终面带微笑。当观众进入展位时，要主动与之打招呼以示欢迎，要善于抓住观众的注意力，引导他们关注展台；对于观众提出的问题，要学会倾听，做到百问不烦、认真回答；当观众离开时，应主动与其道别。绝不允许在观众到来时坐着不起，怠慢对方，更不允许以"我不知道""我们做不到"等不礼貌的言行对待对方。对于极个别不守展览会规则而乱动乱拿展品的观众，要以礼相劝。必要时可请保安人员协助，但不许对对方擅自动粗，进行打骂、扣留或者非法搜身。

（3）讲解产品的礼仪　在讲解产品时，要注意语言流畅，声音洪亮。针对不同类型观众的讲解要因人而异，具有针对性。根据观众的基本购买动机（价值、享受、声誉、生活需要、盈利等），向观众提供有用的商品信息，以促成其最终的购买决定。介绍的内容要实事求是，并突出自己展品的特色。必要时，还可做一些现场示范，或邀请现场的观众亲自动手操作。讲解完毕，应对观众表示谢意。在宣传型展会上，解说的重点应当放在推广参展单位的形象上。而在销售型展会上，解说的重点则必须放在主要展品的介绍与推销上。

介绍产品时，有两点要注意。一是要把握时机（希望、空闲等），在销售礼仪中有一个零干扰的原则，就是向客人介绍产品的时候，要在客人想知道或感兴趣的时候再介绍，不能强迫服务，破坏对方的心情。二是要掌握分寸，该说什么不该说什么要明白，一般来说介绍产品要把握三个点：第一，人无我有，产品技术同类产品中别人没有我有；第二，人有我优，我有质量和信誉的保证；第三，人优我新。

2. 展会服务中的礼仪接待技巧

(1) 做好展前的准备工作　首先,确定展会的主题和参展商。任何一个展会都应有一个鲜明的主题,这样才能明确展会的对象、规模、形式等问题,并以此来进行展会的策划、准备和实施。

可根据展会的主题与具体条件,通过分别给相关参展单位发邀请函并以在媒介上登广告等方式召集参展者。在确定参展单位时应注意:第一,要尊重参展单位的意愿,不得强求参展单位参展;第二,要对报名参展的单位的资质和展品的质量,进行审核把关,不给不法厂家和假冒伪劣产品提供可乘之机,以达到对参观洽谈者负责的目的。

然后,分配展台位置。展台位置是否收费合理、面积适当、客流较多、设施齐备、突出醒目,会直接影响参展单位的参展效果,因此,所有参展单位都希望自己能够在展览会上拥有理想的位置。为了充分满足参展单位关于展位的合理要求,可以采用竞拍、投标、抽签和按报名先后等方法对展位进行公平合理的分配,实现展览会的组织者和参加者互利共赢的局面。

最后,做好展会的宣传材料、辅助设备及相关服务。

展会的宣传材料包括文字资料、图片资料、音像资料、实物、模型等。特别是领导人致辞、前言、结束语及解说词等更应认真准备。在布置展厅时,应贴出展览厅的平面图,在入口处设置咨询台、签到处和意见登记处,同时准备好展会会标和纪念品。

展会的辅助设备及相关服务包括文书业务、邮电通信、交通运输、安全保卫、停车场、餐饮场所、业务洽谈场所等。这些辅助性服务项目及参展单位所应负担的基本费用等,最好有言在先,并且对支付方式进行详尽的说明。

(2) 新闻发布工作的礼仪　一场展会要想达到最佳的宣传效果,通常的做法是举办记者招待会发布消息,邀请新闻界人士参加开幕式,尽可能多地在各类新闻媒介上及时地报道开幕式及展会的相关消息,以期在展会开始之前就扩大参展单位及整个展会的影响。

新闻记者是新闻发布会的主宾,为了扩大影响和知名度,可以邀请多种类、多层次的记者,使本次展会发布的重要新闻在社会上形成立体传播的态势。

此外,广告公司、客户、同行等也是发布会受邀请的对象。确定邀请对象后,要拟订详细的邀请名单,提前7～10天发出邀请函,临近开会时还应打电话一一落实。

新闻发布会的主持人和发言人必须由思维敏捷、反应快、有较高文化修养和专业水平、口齿伶俐的人员担任。新闻发布会上,主持人与发言人要配合默契,一要分工明确,二要彼此支持。主持人主要是主持会议、引导提问,发言人主要是做主旨发言、答复提问。若发言人不止一人,事先必须进行好内部分工。主持人与发言人之间、多个发言人之间必须保持一致的口径,不允许公开反驳、相互拆台。

(3) 迎接礼仪　迎接,是给客户良好第一印象的最重要工作。给对方留下好的第一印象,就为下一步深入接触打下了基础。迎接客户应注意以下事项:

① 对来自于外国或外地的参展商,应首先了解对方到达的车次、航班,安排与客户身份、职务相当的人员前去迎接。接站(机)人员应提前到达,恭候客户的到来,绝不能迟到让客户久等。客户看到有人来迎接,内心必定感到非常高兴,若迎接来迟,必定会给客户心里留下阴影,事后无论怎样解释,都无法消除这种失职和不守信誉的印象。

② 接到客户后,应首先问候"一路辛苦了""欢迎您参加此次展会"等。然后向对方作自我介绍,如果有名片,可送予对方。

③ 迎接客户应提前为客户准备好交通工具,不要等到客户到了才匆匆忙忙准备交通工具,那样会因让客户久等而误事。

④ 会展代表到达现场时，迎接人员应提前在门口迎接，体现出主办方的热情，并主动问候。迎接会展活动代表时，应全神贯注，注意与代表保持目光接触。为代表服务时，可遵循先主后次，先女后男的原则。

⑤ 平等对待所有参加展会的代表，无论是国内同胞还是国外客商，应一视同仁。

（4）做好安全保卫工作　主办者应主动将展会的举办详情及时地向当地公安部门通报，求得其理解、支持与合作。制定出防损、防盗、防火、防水、防拥挤以及处理突发事件的相关措施，并在展会入口处或展会的门券上，将参观的具体注意事项正式成文列出，使工作人员和观众都心中有数，以保证展会平安顺利地进行。

（5）处理投诉的礼仪　现场服务接待人员在处理投诉时要做到：耐心倾听、注视对方、向对方道歉并给予安慰、保持微笑、礼貌提问、记录信息、给予答复和感谢对方。

【工作任务】

实训一：展会迎接方案

模拟某一主题的国际展会，如果你是此次展会的迎接人员，你会为接待来参加展会的外国代表团拟定一个什么样的迎接方案？

实训要求：

1. 方案要内容完整，条理清晰。
2. 每个小组独立完成。

实训组织：

1. 组成工作小组。
2. 分析讨论该国际展会所来的各代表团的特点与需求，以 PPT 陈述方式说明，并试做简单点评。
3. 以小组为单位，交流分享。
4. 教师点评。

实训二：首都机场贵宾公司礼仪服务第五届北京国际电影节开幕式

2015 年 4 月 16 日晚，由国家新闻出版广电总局和北京市政府主办的第五届北京国际电影节在雁栖湖国际会展中心隆重开幕。阿诺德·施瓦辛格，吕克·贝松，金基德，让·雅克·阿诺等重磅嘉宾出席电影节开幕仪式。

首都机场贵宾公司凭借着良好的品牌形象和丰富的大型活动保障经验，受第五届北京国际电影节主办方邀请，作为官方礼仪服务提供商为电影节开、闭幕式提供礼仪服务，主要负责主会场的迎宾、引导、咨询服务等工作。

为做好此次服务保障工作，首都机场贵宾公司高度重视，挑选 20 名政治素质过硬、责任心强、形象气质佳的员工组建专项服务团队，并进行了为期一周的外语、礼仪、文化知识等相关培训工作。

保障过程中，尽管巨星云集，但礼仪队员们始终面带微笑，热情、大方、得体地进行着每一次迎宾和引导。她们将第一国门中国服务的魅力展现在世界舞台上。在开幕式会场门口，两名礼仪队员们微笑着迎接国内外嘉宾的到来，不时会有影星询问开幕式的相关问题，礼仪队员们都会及时、准确地回答。法国著名导演吕克·贝松走进会场时，微笑着向礼仪队员们竖起了大拇指。她们的形象、素质和服务水平得到了第五届电影节主办方及国内嘉宾的一致好评。

本次礼仪队队长段薇说，大家都是 90 后，能够"零"距离地接触到平时在电影里才能看到的巨星们真的很兴奋，身着制服，肩负使命，我们要以最优质的服务尽显第一国门贵宾服务的魅力和风采。队员们都说，我们代表的是首都机场，代表的是中国北京。

实训要求：

1. 服务流程正确、礼仪规范。
2. 每个小组独立完成。

实训组织：

1. 组成工作小组。
2. 以小组为单位，进行开、闭幕式接待服务模拟练习。
3. 各小组互相点评。
4. 教师点评。

实训三：会议接待服务

某公司要在哈尔滨月亮湾度假村举办一场有50人参加的分销商会议。

实训要求：

1. 完成会议接站、报到、签到和引导工作。
2. 每个小组独立完成。

实训组织：

1. 组成工作小组。
2. 操作时，可以两个小组互相配合完成。一个小组担任场地布置与扮演到会人员，另一个小组担任会议接待服务工作。
3. 完成后，由各小组选派代表向全班同学做口头总结，指出这四项工作的完成要点。
4. 教师点评。

项目三　会展接待准备

职业能力目标

通过本章的学习，了解会议、展览所需的基本物品，熟悉会展接待前的准备程序，理解关于会展文案准备的各项要求，掌握会议、展览所需物品的正确使用，培养学生的组织协调能力。

典型工作任务

会议接待物品准备
展览接待物品准备
会展文案准备

开篇案例

会议前准备工作的重要性

某公司承办了一个全国性的500人参加的大型会议，大会秘书组在向会议代表分发资料时，才发现大大小小的资料共12份，礼品一份，笔记本与水笔各一个，但准备的文件袋太小，根本装不下，只好让与会人员用手抱着一大叠材料进入会场，场面一片混乱。

【分析与提示】

1. 会务人员将会议所需材料准备齐全后，应该将所有的会议材料（如讲话稿、会议报告、决议草案等）做系统整理。

2. 制作文件资料目录。

3. 将所有的文件材料、物品等统一放在文件袋或手提袋中。

以上工作应该在会议人员到会场前完成。

任务一　会展接待前期准备

一、接受会展预订

当预订部通过传真、电子邮件、商务信函、电话或直接从销售部等渠道接到客户的会议或展览预订单时，计算机会通过程序自动产生会展预订当天的会议厅或展览馆室的使用情况、客房可用数，并根据操作员输入的人数、需要会议厅或展览馆室的面积和间数等条件自动安排会议厅或展览馆室及房间，如果预订当天无法按照客户的要求安排会议室或房间，应该及时向领班或经理汇报，由上级部门根据客户的重要程度与其进行及时的磋商和调节，争取最大限度地满足客户的要求。最后，确定了所有的预订之后，应以传真或正式的商务信函形式向客户发出预订确认。这样，所有关于会展客户预订的信息都会输入计算机并储存，并通过内部网络传送到其他部门的电脑终端上。一旦信息生成，同样的信息便可以在确认预订金、预先登记、结账和记账方面，以及不同部门的终端上使用。打印机会自动打印确认单，这样便可以减少人工操作时间。如中途有任何更改，只需输入变更数据，计算机就可以自动更改相对应的数据。

二、会前协调

会议接待工作涉及饭店的各个部门、各个岗位。会前的准备工作是否到位与完善，不仅关系到会议接待工作能否顺利进行，而且直接影响到会议的成功。

1. 与会议组织者协调

会议接待涉及的事务方方面面，相当繁杂，为了避免在具体安排中出现纰漏，要求会议组织者提供详细完整的资料，并附上最初合同内容以及之前彼此协调的书信、大会日程安排、席位安排等。承办方最晚应在举行会前协调会前 4 周从会议组织者处获取这些资料。

2. 制定会议通知单

会议通知单是有关整个会议进程的时间表，也称会议纲要、会议详细说明表或会议明细单。具体负责该会议项目的承办方项目经理应与会议组织者共同拟订、制定详细的会议通知单，许多信息是从与会议组织者的沟通中获得的，项目经理对这些信息进行整理，然后填入表格。不同会议承办酒店对会议通知单有着不尽相同的称呼方式，但在接待一天以上的会议团体时，他们所用的会议通知单在结构上大体相同，都会在通知单上将会议中大大小小的各项具体活动按照其先后顺序逐日、逐小时地排列出来，包括各类会议活动、体育活动、用餐、休息、茶歇、鸡尾酒会、随行人员计划、预订步骤、结账、展览简介、特别活动及其他需要员工特别注意的事项。会议通知单不仅从总体上提供了会议服务的运行计划，而且保持了各个部门之间的沟通。

会议通知单的长度因会议的规模、天数及具体项目的不同而异，越详细越好。详细列出活动安排将有效地减少相关人员的疏忽和过失，同时也可以明确相关人员各自的责任。

会议通知单最好应在会前的 2~3 周完成，先将两份副本送交会议组织者，然后至少提前一周分发给承办单位的有关会议服务人员和部门，并让有关负责人签名认可。这些负责人包括：总经理、副总经理、财务总监、财务收银员、财务成本核算员、客房部经理、工程总监、保安部经理、销售总监、餐饮总监、管事部总管、西餐行政总厨、中餐行政总厨、酒水部经理、宴会服务经理、前台经理、公关部经理。

在制定会议通知单时，还可以将"摆位平面图""厨房出菜单""横幅制作表"等作为附录，发送会议通知单时可一并发出。每张日程表上都必须按年月日编上序号，以便控制在饭店举行的所有会议活动，特别是当日同时有几个会议举行的情况下。编号也便于留存和今后查找客户资料。

会议通知单如有变动，必须按客人已确认的更改内容修改后重新发出，并注明需要重新做出安排的部门，加盖更改印章于通知单上方。如果相关部门收到客户的更改信息，必须立即通告会议服务经理，由其协调。所有会议服务活动，按最新的更改单执行。如客人取消会议安排，会议服务经理需要新发出一份会议通知单，并在其上方盖上"取消"印章，分派到各有关部门。取消的通知单内容应与原通知单内容完全一致。

由于会议服务涉及部门多，细节多，信息多，所以这项工作必须且只能由项目经理统一指挥、协调、签发通知，只有这样，才能使信息通报、反馈及时和部门间的沟通顺畅，保证会议的圆满举行，否则，如果各部门各自为政地进行更改，会议服务就会脱节、不到位，甚至可能招致客户投诉。

3. 制定会议具体活动表

会议通知单是对整个会议进程的详细介绍，它使员工对会议计划有一个完整的了解，而会议具体活动表涉及的是会议进程中某一具体活动项目的细节安排。当会议通知单最终确定后，承办单位应通过制定会议具体活动表来明确每项活动的服务安排，并尽量使之细化。对细节的重视可以转化为服务效率。与会议通知单一样，会议具体活动表应该至少于会前一周发放到各部门主要负责人手中。

4. 召开会前会

在预订部确认了会展客户的预订之后，承办单位都会安排召开会前会（也就是预备会），这样的预备会对于避免和消除会展活动期间经常出现的一些问题是非常必要的。预备会议并不是一次就可以解决问题的，大型会展的预备会议从开始准备到会展的正式召开前往往要月月开、周周开，倒数几日前更要天天开，积极地进行各项准备工作的任务分配、检查、发现问题、解决问题等。其中检查、发现问题、解决问题又多是循环往复进行的，目的就是为了确保会展开始后的万无一失。

预备会出席人员应该有：会议活动的策划组织者及其属员；具体负责会议服务的项目经理；销售总监和获得此次会展业务的销售人员；餐饮部总监、宴会部经理和厨师长；财务总监；承办单位总经理；多功能厅楼面经理和会议服务秘书；部门代表（预订部、前厅部、客房部、门厅行李迎接服务部、公关宣传部、总机房、保安部、康乐部、工程部、礼宾部）等。会展活动的规模、档次和具体内容将决定哪些部门的负责人应该参加预备会。高层管理人员对会展接待业务的重视与支持是会展接待服务工作取得成功的重要因素，所以总经理出席预备会对于在场的会展客户及双方的工作人员来讲都是十分令人鼓舞的。

第一次预备会的内容一般应包括：会议组织方与承办方双方人员的互相认识；会展客户负责人向有关人员简单介绍即将举办的会展活动；向会议组织方介绍承办方各部门主要负责人并介绍各部门在此次会展活动接待服务中的作用；重申并确认会展活动的主要工作环节和具体细节，如贵宾到达方式和具体接待要求等；按照会展活动可能会产生的最新变化，调整有关工作安排，讨论、协调和解决各部门接待服务准备工作中的有关问题，以落实合同中的细节。

会前会的首要任务是介绍会议组织方人员，并请会议组织方代表对即将召开的会议进行简要的介绍，然后是参加会前会的饭店员工进行自我介绍，并说明其所在部门在会议期间承担的任务。会议议程还应当为各部门代表留出提问时间，以便澄清和明确服务当中的具体问题。

会议组织者通常要求承办方提供关键人员和部门负责人的名单，以便在遇到麻烦时可以找到相关的负责人。关键人员名单应详细列出会议组织者通常需要知晓的人员、职务及其具体的联系方式。

三、展前协调

展前协调主要应搞好内外部两个方面的协调。承办单位内部各部门的有效协调可以参照会前协调的步骤进行。要办好一次大型的展览，协调好与主办机构、主办社区、赞助商、新闻界、合作者、参展商、参观者多方面的外部关系也是决定展览成功的关键因素。只有协调好与各方的关系，才能确保展览活动的顺利进行。

1. 与主办机构的协调

展览活动的主办机构可以是政府部门、公司以及社区,主办机构不同,目的和要求也各异。在为其组织安排举办展览活动时,应搞清楚主办机构的目的,这样才能有的放矢地开展展览接待安排工作。

2. 与相关社区的协调

相关社区包括居民、商人,以及像交通管理、警方、消防和救护队这样的公共事务主管部门,展览活动会对主办社区产生影响,所以应积极协调好和主办社区的关系。

3. 与赞助商的协调

大型展览活动需要很多的赞助商作为活动伙伴,以便获得必要的经济支持,赞助商的需要可能与主办机构以及其他各方的需要不同,承办方要准确地确定赞助商想从所赞助的活动中得到什么,能够为他们提供什么,将赞助商作为活动的伙伴对待,这样就会很容易得到赞助商的支持。

4. 与新闻界的协调

媒体的扩张以及发送系统的多样化(如有线电视、卫星电视、互联网等),引发了一场媒体革命,这种革命使世界显得更小,使世界联系得更为密切。媒体报道的覆盖范围和高调对展览活动的宣传与影响作用不可忽视,它们有能力向社会提供具有可信性的东西。承办单位负责人要考虑不同媒体集团的需要,把他们作为活动中的重要一员,向其咨询,请求合作,把他们当做潜在的伙伴对待,以求得他们的正面支持。

5. 与合作者的协调

一个成功的展览需要将不同专业的人才组织在一起,这就需要相应的挑选工作,如挑选会展服务承包商、正式的合作者,从事如注册、安全保卫和运输等工作;挑选为会展现场服务工作提供帮助的咨询员和自由职业者(零工);吸引并挑选参展商。这些挑选工作需要周密考虑,以保证组成一个优秀的团队。

6. 与参展商及参观者的协调

优质的服务可以赢得参展商的满意,这也是承办方企业发展的基础。承办方要时刻保持与参展商的协调、沟通,只有这样才能掌握参展商的需要,包括他们的物质需要,以及对舒适、安全保险及其他方面的特殊需要,从而与其建立长期稳定的合作关系。

四、会展前检查

会展前检查是会展前各项准备工作的落脚点,是保证会议(展览)能顺利召开(举办)的重要环节。会展前的检查可以帮助工作人员发现问题并及时纠正。会前准备工作任务重、头绪多、事务杂,工作人员责任心再强,也难免会考虑不周,从而出现一些纰漏。会前检查可以及时发现问题,及时加以纠正,有效地防止将问题带到会展中去。会展前的检查还可以帮助工作人员调整计划,改进提高。会议(展览)预案是会前的一种设想,再好的预案,在准备的实践中也会因情况发生变化而产生新问题。会前检查可以及时调整预案,使各项准备工作臻于完备。

会展前检查的内容包括会议(展览)预案中所述的全部项目,主要包括会议室的大小和数量,以及客房种类和数量,能否适应会议程序和目标需要;适合于会议活动的各种有效空间(如展示厅、登记处、办公室、停车场等);餐饮设施;会议所需设备;总体服务水准和信誉;员工素质以及会议组织和管理水平;可提供的有效服务,如复印中心、商场、互联网娱乐活动等。重点的两个方面是会议文件准备情况和场馆的准备情况。会议文件既是会议目标和结果的体现,又是领导和管理会议的依据。会议文件如有差错,小则影响会议进程,大则产生严重的后果。因此,要对文件的起草、校对、印制、分装各个环节进行严格的检查,严防差错。场馆设施是会议(展览)能够正常和顺利进行的基本物质保证。场馆出问题,会展就无法召开。场馆检查的范围包括主会场、分会场以及与会者的住地。检查的内容主要包括:场馆等基本设施是否符合会展的需要、各项安全保卫措施是否落实、会场布置是否体现会展的主题等。

任务二 会议接待物品准备

现代会议活动场所所用的物品与设施应该说是琳琅满目,会议的目的、方式不同,所需的会议用品和设施也不同,会议物品和设施主要作用是记录和表达会议信息、提供舒适和安全的环境、营造会议气氛、克服语言交流障碍、使远程会议成为可能。

会议用品和设施的种类主要有文具用品(如笔、墨、纸、簿册等常用文具)、印刷设备(如打字机、打印机、扫描仪、复印机)、会场基本设施(如桌椅、照明电器、通风机、卫生用具、安全通道、消防设施)、会场装饰用品(如花卉、旗帜、会标、会徽、画像、标语、口号)、视听器材(如扩音机、幻灯机、投影仪、黑/白板、电子书写板、摄像机、录音机、磁带、软盘、光盘、同声翻译系统)、通信设施(如传真机、电话机、电视机、计算机以及相应的通信网络设施)、交通工具、接待用品(如茶水、茶杯、毛巾以及其他食宿用品)、专门用品(如颁奖会的奖品与证书,选举会的选票、投票箱,开幕式剪彩时用的彩带和剪刀)、服务用品(如抹布、扫帚等清洁卫生工作所需工具,杯具、清洁剂、厕所用品)等。会议用品与设备的准备要求有:

① 会前制订计划。计划应当写明所需物品和设备,包括名称、型号、数量;物品和设备的来源,如租借、调用、采购等;所需的费用等。

② 落实专人负责。会议物品和设备的准备、安装、调试和使用是一项责任和技术性都很强的工作,准备是否充分,安装调试是否到位,对会议能否顺利进行影响甚大,不能有半点差池。因此,一定要落实专人负责此项工作,必要时应配备一定数量的技术人员。

③ 提前准备到位。会议用品应当在会前准备妥当,分发到位;有关设备和设施应在会前完成安装、调试工作。

④ 节约成本。实用和节约是准备会议物品和设备的重要原则。要严格按照会议的经费预算执行,提倡节约开会,反对追求豪华、奢侈。

一、会场基本设施

1. 桌椅

桌子一般的标准高度为60厘米,宽度应根据两边是否同时坐人来决定。60厘米宽的方形桌子一般用来布置主席台,或者用来进行表演、展览及他用。1.2米、1.8米、2.4米长的桌子便于进行各种组合。

椅子、扶手椅、折叠椅等各种各样的椅子用在会议室,会议组织者根据会议情况来选择椅子的高度和样式,以便给与会者提供舒适的椅子来让他们将精力集中在会议上。

大型高档宴会或会议当中还经常使用椅套。根据宴会或会议的整体色彩搭配相应的椅套会令宴会厅或会议厅增色不少,还会起到保护椅子的作用。

2. 讲台

大型的全体大会会场通常需要为发言人准备讲台。礼堂中的讲台可能是固定的,但是用途比较广泛的会场常常使用可移动的讲台。搭建讲台的材料多种多样,讲台确切的大小和构造也要根据使用者的多少和活动量而定。当发言人将要在讲台边就座时,讲台上通常应该铺设桌布或使用桌裙。

3. 布件

会议接待工作中所用的布件主要有会议厅室布件和宴会布件,如会议和宴会台布、台裙、椅套、餐巾、筷套等。

（1）台布　会展厅室使用的台布（桌布）由于会议桌型摆设的不同,其尺寸也没有固定的规格,主要是依据会议桌的高度及长宽而定。一般而言,桌布的尺寸以在会议桌上铺好后距离地面2厘米为宜。宴会厅里常用的桌布尺寸为240厘米×240厘米、260厘米×260厘米;西餐厅里常用的桌布尺寸为180厘米×360厘米、280厘米×280厘米、300厘米×300厘米;签到台台布的大致规格为250厘米×130厘米,也要视签到台的规格而定。

（2）台裙　又称桌裙,它是在铺设好台布的会议桌、餐桌上增设的装饰,增设桌裙可以提高会议和宴会的规格和档次,给与会者以高雅、舒适、享受的感觉。台裙的用料应选用颜色高雅、质地华丽、色泽明快的平绒布、丝缎织品等,台裙颜色的选用应根据会议厅的色调、环境来定。

（3）毛巾　会议中使用的小毛巾等布件一般以厚绒小方巾为主,尺寸以30厘米×30厘米为主。客房中用到的各种尺寸规格的大小毛巾、浴巾、床单等布件都属于会议接待饭店方的基本设施。会议及宴会中的常用布件应尽可能用吸水性良好、坚韧耐用的材料制作。

（4）帘幔　会议室的帘幔主要指窗帘、门帘和帷幔。由于窗帘在会议室占有比较大的面积,其装饰效果不可忽视,窗帘的图案、色彩、质感、悬挂方式和开启形式对室内的气氛及格调的形成关系极大。窗帘在会议室的使用,在功能上起到遮蔽、调温和隔音等作用;在审美上又有很强的装饰作用。一般会议场所常用的窗帘多采用同一色调的缎条、缎格、提花布、天鹅绒等质地的材料制成,又以深红、紫、墨绿等深色调为常见,以营造会议庄重、严肃的气氛。大型会议厅室中,目前已经普遍采用红外线遥控技术来控制大面幅窗帘的拉开、闭合。帷幔是一种室内分割物,一般用不透明的织物做成,作用似屏风,把室内空间分割。

4. 席位卡

会议席位卡在涉外会议中通常为中英文双语设计,且正反两面所注内容完全相同,会议前承办者一定要与会议的主办方认真确认席位卡上姓名及摆放位置的正确性。

5. 照明设备

使用合适的灯光是活动成功的一个非常关键的因素。精心设计的现代化会议照明设施除了满足会议照明的需要外,还能起到装饰会场的作用,可以美化环境、营造会议主办者需要的氛围。一般情况下,宜使用白炽灯和日光灯作为会场的照明光源。

6. 地毯

地毯因具有美观、安全、舒适、清洁、吸音、保温等特点,所以被广泛地用于宴会厅、会议室等重要场所。常见的地毯有羊毛、化纤质地,因纤维、构造等方面的不同,在使用区域、美观实用性、耐久性方面的差异也很大。

7. 空调通风设备

利用空调设备对某一空间的空气进行温度、湿度、洁净度和风的速度调节,使空气的质量符合会议的要求。夏天温度要求保持在26~28℃之间,冬天保持在24~26℃之间;相对湿度要求夏天在50%~70%范围内,冬天≥35%;室内要保持一定量的新鲜空气,室内空气流速为0.1~0.5米/秒,以0.1~0.2米/秒为最佳。

二、常用文具的准备

会议进行过程中不可避免地要使用到各类文具，以方便与会代表进行记录，通常，会议接待方也会事先准备好便于书写又有纪念价值的圆珠笔、水笔、笔记本等赠予与会代表。除此之外，进行会议签到的各类笔、墨、纸、簿册等也属于常用文具。另外，在签字仪式中，所使用的签字笔应该专门使用能够体现签字代表身份的高级签字笔，而不能为了节约成本用一般的水笔。

会议开始前应准备好铅笔，如果必要，也可备上圆珠笔。铅笔需事先削好，并统一摆放于与会者座位的右上方，最少每人准备2支，以备交替使用。准备纸张时须注意请示会议组织者，问清是否在会议用纸上事先加上该会议的会标。一般中型及中型以上级会议，其所用纸张，需印有该次会议的会标，以便于会后资料的查找，并且有利于明确此次会议的重要性。如果会议组织者对此无特殊要求，则可直接采用本饭店信笺一类的纸张。纸张的摆放因其需要而定，纸张必须统一摆放，且其质地规格也必须一致。大多数会议就直接使用了接待场所（酒店、会议中心）的自有文具，在这些文具上印刷的是接待场所的名称。如果是社会影响很大的高级会议，以上所有的常用文具都应该专门印上会议的名称，以体现会议承办者对于会议的重视程度。

三、生活用品的准备

1. 茶具

茶具是会议接待服务必备的服务用具之一，主要指茶杯、茶碗、茶壶、茶盏、托盘等饮茶用具。芳香美味的茶叶配上质优、雅致的茶具，更能衬托茶汁的液色，保持浓郁的芳香。我国的茶具，种类繁多，主要有陶器、瓷器、漆器、玻璃和金属茶具等种类，在会务接待服务中使用最为广泛的主要为瓷器茶具。

如果选择矿泉水、果汁作为会议用饮料，一般应根据会议规格使用中高档的玻璃水杯。

2. 饮料

（1）矿泉水　矿泉水纯净、清洁、无色、无味，是适用范围最广、最容易被人们接受的饮料，也是会议中使用最多、最普遍的饮料，特别是在现代的大型会议、外事会议上，绝大多数的与会者都青睐矿泉水。矿泉水还具有运输方便、价格低廉、选择余地大等方面的优点，在比较正式的场合，还是应该选择知名品牌的产品更为可靠。注意在会议中不要使用"运动装"瓶口的矿泉水，以免造成饮用上的不便。

（2）茶水　中国的传统饮料，适用于大型、比较隆重正式的会议场合。茶叶的品种很多，在会议中使用的大多是花茶或绿茶。为与会者提供茶水时，最好选用白色瓷制茶杯，一定要清洗干净；还要有专门的服务人员负责准备开水、换茶、续水等工作。

（3）其他饮料　还有其他可供选择的饮料，例如果汁、椰汁等，要依据具体情况慎重选择。涉外会议中，除准备茶水外，还要准备咖啡等饮料，以满足不同国家与会者的需求。

3. 烟灰缸和"请勿吸烟"标志

烟灰缸也是会议必备的物品之一。有时由于会议的时间比较长，有的与会者需要在会议期间吸烟。这时如果没有烟灰缸的话就会使与会者感到很不方便，也不利于保持会议室的清洁。一般选择玻璃制或瓷制的烟灰缸，这种烟灰缸美观干净，很适合在会议室使用。

如果会议不允许吸烟，在会议开始前应该在每一个与会者都能够看到的地方摆放"请勿吸烟"的标志，提醒与会者不要吸烟。如果会议的时间比较长，可以给吸烟的客人专门开辟一个吸烟室。

四、会场装饰用品

1. 花卉

鲜花常作为友谊、幸福、爱情与和平的象征。在日常交往中，人们往往以赠花的方式表示敬意和礼节。会务接待厅室的花木布置则是一种礼遇规格，是对客人欢迎和尊敬的一种表示。会场内外适当布置花卉，能点缀会议的气氛，给人一种清新、活泼的感觉，并能减轻与会者长时间开会的疲劳。布置花卉要注意的有，花卉的品种与颜色要符合会展的整体格调。如气氛热烈的庆祝会以红、黄等颜色较为浓烈的花为主，纪念、追悼性会议则以颜色较为淡雅的花卉为主。主席台前和会场入口处是花卉布置的两个重点区域。

【案例】

鲜花的正确使用

A公司与B公司在深圳香格里拉酒店举行合作签约仪式，酒店服务人员按酒店例行规定，在主席台摆放了以红色为主的色彩绚丽的几盆鲜花，A公司公关部秘书王小姐提前来检查会场的布置，她觉得这几盆鲜花有些俗气，就让服务人员换了几盆素雅的鲜花，摆上后，左看右看，感觉与会场的气氛不配，只好请服务员将原来的鲜花摆上。

来源：葛红岩 《会议组织与服务》

【分析与提示】

庆祝大会的会场，可利用暖色调布置得醒目、鲜亮些。例如悬挂旗帜、会标会语等，摆放鲜花，渲染出热烈喜庆的气氛。

2. 旗帜

隆重的会议宜在主席台及会场内外升挂一些旗帜，以增加会议气氛。旗帜有国旗、会旗、党旗、团旗、队旗等之分。国旗是一个国家的象征和标志，人们往往通过悬挂国旗，表示对祖国的热爱或对他国的尊重，在国际交往中悬挂国旗已成各国所公认的惯例。在国际会议上，除会场悬挂与会国国旗外，各国政府代表团团长亦按会议组织者有关规定在一些场所或车辆上悬挂本国国旗（也有不挂国旗的）。有些体育比赛、展览会等国际性活动，也往往悬挂有关国家的国旗。

国际性会议中国旗的升挂要注意的问题如下。

（1）同时升挂中外国旗的场合

① 外国元首、副元首、政府首脑、副首脑、议长、副议长、外交部长、国防部长、总司令或总参谋长、率领政府代表团的正部长、国家元首派遣的特使以本人所担任公职的身份单独或率领代表团来访时，在重大礼仪活动场所，如欢迎仪式、欢迎宴会、正式会谈、签字仪式，以及其住所和交通工具上可以升挂中国国旗和来访国国旗。

② 国际条约、重要协定的签字仪式、国际会议、文化体育活动、展览会、博览会，可以同时升挂中国国旗和有关国家的国旗。

③ 外国政府经援项目以及外商投资企业的奠基、开业、落成典礼和重大庆祝活动可以同时升挂中国国旗和有关国家的国旗。

④ 民间团体在双边和多边交往中举行重大庆祝活动时，可以同时升挂中国国旗和有关国家的国旗。

（2）升挂国旗的规则

① 旗幅一致。中国国旗与外国国旗并挂时，各国国旗应按照各国规定的比例制作，尽量做到旗的面积大体相等。

② 主左客右。在中国境内举办双方活动需升挂中国和外国国旗时，凡中方主办的活动，外国国旗置于上首（右侧）；对方举办的活动，则中国国旗置于上首。即以旗的正面为准，右方挂客方国旗，左方挂主方国旗。这里所谓的主方和客方，不是以活动在哪个国家举行为依据，而以由谁举办活动为依据。例如，东道国举行欢迎宴会，东道国为主人；与会者举行答谢宴会，与会者是主人。轿车上挂国旗，在驾驶员左手的一边挂主方国旗，右手一边挂客方国旗。

③ 不能倒挂或任意竖挂、反挂。悬挂国旗一般应以旗的正面面向观众，不能随意交叉悬挂或竖挂，更不得倒挂。有的国家规定，国旗如需竖挂，必须另外制旗，将图案或文字转正。如不加注意随便竖挂，会产生外交麻烦。

④ 在中国境内，多国国旗并挂时，旗杆高度应该一致，但中国国旗应置于荣誉地位。一列并挂时，以旗面面向观众为准，中国国旗在最右方；单行排列时，中国国旗在最前面；弧形或从中间往两边排列时，中国国旗在中心；圆形排列时，中国国旗在主席台或主人对面的中心位置；升挂时，必须先升中国国旗；降落时，最后降中国国旗。

⑤ 在建筑物上，或在室外悬挂国旗，一般都应日出升旗，日落降旗。如需降旗志哀，则先将旗升至杆顶，再下降到离杆顶约为杆长的1/3处；日落降旗时，需先将旗升至杆顶，然后再降下。国际上有些国家志哀时不降半旗，而是在国旗上方挂黑纱表示。不能使用破损或污损的国旗。平时升国旗一定要升至杆顶。

【案例】

国旗不能倒挂或任意竖挂

比如，2000年2月23日法国总理若斯潘率政府代表团访问以色列时就差点因国旗的竖挂产生麻烦。当时，为欢迎若斯潘的到访，耶路撒冷的市政工人连夜在该市的主要交通干道上悬挂起红、白、蓝三色旗。23日一早，立即有熟知各国国旗的人士提出质疑：明明是法国总理来访，为何要挂荷兰国旗？原来法国国旗和荷兰国旗都是由红、白、蓝三色条纹组成，所不同的是，法国国旗的三色条纹是纵向排列，而荷兰国旗的三色条纹却是横向排列。耶路撒冷大街上飘扬的都是横向排列的荷兰国旗。于是，耶路撒冷的市政工人不得不紧急出动，进行紧张的、工程浩大的"换旗"行动。事后，以色列方面将责任推到了法国驻以大使馆身上，说他们在向法国使馆就国旗问题进行咨询时，使馆光说是红、白、蓝三色，却没有提醒条纹的排列方向，结果才会闹出如此笑话。可见，当需要竖挂和反挂国旗时，一定要向有关方面问清楚细节，千万不可粗心大意。

来源：丁萍萍《会展实务》

【分析与提示】

悬挂国旗一般应以旗的正面面向观众，不能随意交叉悬挂、反挂、竖挂，更不得倒挂。如有必要竖挂或使用国旗的反面，必须按照有关国家的规定办理。如有的国家规定，国旗如需竖挂，必须另外制旗，将图案或文字转正。不加注意随便竖挂或反挂某一国家的国旗，会产生外交麻烦。

3. 会标

会标，即以会展名称为主要内容的会展信息的文字性标志。会标可以直接揭示会展主题、性质、主办者等，还可以体现会展的庄重性，激发与会者的参与感、积极性和责任感。

会标一般以醒目的横幅形式悬挂于主席台上方的沿口或布景板上,或用计算机制成幻灯图片,映射于天幕上,以增强会展的现代感效果。会标的格调要与会议的主题相一致,如代表大会的会标格调应当凝重,联欢会的会标格调应当活泼。会标应当醒目,具有视觉冲击力,给人以深刻的印象。会标主要表现会展的名称,如会展名称较为简洁,也可以在名称下面标出会展的主办者、承办者、赞助者以及会议的时间、地点。国际性会展的会标可以用中文和外文同时书写,也可以用英文书写。

【补充资料】

制作会标的方法

(1) 粘贴法　按照设计打印好的字形在颜色适当的黏纸(不干胶纸)上剪出或刻出会议名称,粘贴在横幅上。

(2) 书写法　最简便的是将会议的名称用广告色书写在纸张上,然后将纸张均匀地排列并固定在横幅上,但是这种方法要求书写人的书法基础较好。现在也有直接用打印纸将文字打印好后将纸张排列固定在横幅上的做法。

制作会标时,要根据主席台的台口宽度和会议名称的字数确定,会议名称的字数根据广告心理学的原理,一般情况下,字数不宜超过13个字,否则,接受度明显下降。具体规格可按下列公式进行计算:

会标的每个字的规格＝(台口宽度－间隔)÷(字数＋2)

例如:主席台的台口宽度为15米,会议名称为11个字,计划每个字的间隔是0.3米(10个间隔共计3米),这样按以上公式算出的每个字的宽度为:

$$(15-3) \div (11+2) = 0.9 \text{ 米}$$

4. 会徽

会徽即体现或象征会展精神的图案性标志,一般悬挂在主席台的天幕中央,形成会场的视觉中心,具有较强的感染和激励作用。在布置主席台时,把会徽悬挂在台幕正中黄金分割线处为宜。

5. 台幕

台幕即主席台的背景,一般用紫红色或深蓝色面料做成。红色色调热烈,蓝色色调柔和宁静,可视会议性质分别选用。一般的台幕都用单色,也可采用分割法,配以两种颜色。

6. 标语条幅

会场内外适当的标语同样可以起到烘托会展主题、渲染会展气氛、影响与会者情绪的作用。会议标语是一种书面符号系统,与会徽、画像、旗帜等装饰物相比,能直接张扬会议主题,因而具有更加显著的宣传效果。会议标语应当切合主题,体现会议的目标;亲切感人,使人们对标语口号产生认同感;简洁工整,简洁的标语更能引起与会者的视觉注意,也更容易记忆和流传;标语口号也要尽可能工整,朗朗上口,有助于扩大会展的社会效果。标语条幅的制作方法可以参照会标的制作方法。

7. 画像

画像主要用于纪念追悼性的会议,可以在布置栏或天幕上悬挂纪念或追悼对象的画像,以烘托会议的主题和气氛。

8. 模型标志

模型标志是一种叠立在会场内的立体型的形象标志,具有较强的视觉冲击力。

9. 会场的整体色彩与色调

不同的色彩与色调能使人产生不同的心理感受。比如红、橙、黄等颜色给人以热烈、辉煌、兴奋的感觉；青、绿、蓝等颜色给人以清爽、娴静的感觉。因此，时间较长的会议，会场可用绿色、蓝色的窗帘，布置绿、蓝色的花草、树木等，以消除与会者的疲劳；代表大会、表彰庆祝大会，会场的色调布置要鲜亮、醒目一些，以显示热烈、庄严、喜庆的气氛，如在主席台摆一些五彩缤纷的鲜花，两侧排列鲜艳的红旗，周围悬挂一些红底黄字的标语。在我国，一般认为：红色象征着火热、豪迈、奋进；黄色象征着温暖、高贵、辉煌。当人们走进用这样的色彩、色调布置的会场时，就会感到心情振奋、激昂，就会很快将自己的情绪融进会议的气氛中。

五、视听器材的准备

随着社会的进步和科技的发展，现在人们可以借助音频设备在很大的空间内开一个大型会议，也可以借助视频设备更清晰准确地说明，视听设备成了现代会议中的一个重要因素。

各种类型的会议都需要使用视听设备，尤其是国际会议，在视听设备方面的要求更是严格，对音响、麦克风、放映机、银幕等都要有一定的质量要求，往往需要由专业人员协助安排。

1. 视听环境

（1）视听环境的布置　在会议进行过程中，会场内外各种声响的汇合会给人造成持续和综合性的影响。为会议创造良好的听觉环境，可以从以下几个方面来进行努力：

① 讲话人的音量控制。若会议使用扩音设备，首先扬声器的位置要安放合理，以便会场内呈现最佳的音响效果；其次，音量的控制要得当。

② 环境音响的控制。会场要保持安静，同时举行多个会议时，要特别注意隔音，以免各种喧闹声音的打扰使与会者难以集中精力思考问题。

③ 调节性音响控制。如果在会议开始之前播放一些与会议主题和会场气氛相和谐的音乐，可使与会者的情绪达到与会议相协调的状态。

④ 会议厅的容量、座位与舞台的安排都与视听设备之间产生直接的关系。

（2）视听器材的空间要求　估计视听器材所需要的空间，要先了解视听的两项原则，即1.5米原则与2∶8原则。

① 1.5米原则：是从地面到银幕底层的距离为1.5米，一般来说人坐下来的高度为1.4米。

② 2∶8原则：最佳的视觉范围是不近于2倍银幕的高度也不远于8倍银幕的高度。例如银幕高度为4米，那么第一排位子应该放在距离银幕8米的地方，而最后一排位子不要远于距离银幕32米的地方。

（3）座位安排对视听的影响　有些座位安排对视听产生良好效果，有些则相反。对视听最适合的座位安排是剧院型、教室型或马蹄形。椭圆形的座位安排无法使每一位观众清楚看到投影，某些人必须移动座位。圆桌约有半数的人必须移动座位，有时候为了配合会后用餐，来不及变换座位安排时，也可以利用圆桌形的座位安排。

2. 视听器材

（1）放映设备

① 幻灯机。在会议中，35毫米的幻灯机最常被用于幻灯片放映。镜头将幻灯片影像放大投射到银幕，镜头大小则取决于投射距离和银幕大小。目前在大中型会议展览中幻灯机的使用率并不高，在此其操作服务规范略。

② 投影仪。投影仪在会议中使用很普遍，最先进的多媒体投影仪可以与电脑连接，将

电脑中的资料、图片直接投射到屏幕上，无须将电脑中的资料打印出来制成幻灯、胶片，再使用幻灯机、投影仪放大给会议观众看，从而节约成本、减少中间环节，使用快捷，又具有动感，可以通过电脑播放 VCD/CD-ROM，通过录像机放映录像带等。电脑中资料需要更改时，可使用电脑直接操作，如书写、画图、制表等，观众可以立即在银幕上看见，对于需要强调的部分可通过在电脑上进行局部的字体放大，提示与会观众。再者，多媒体投影仪体积小，搬运、安装、储藏方便。多媒体投影仪的应用，已经可以替代传统的幻灯机、投影仪、白板、录像机、VCD 等，减少了饭店的投资，为客人服务更快捷。

【补充资料】

投影仪操作服务注意事项

① 熟悉投影仪操作说明，正确掌握投影仪操作规程。
② 在会议正式开始前 30 分钟，投影仪要准备就绪。
③ 开机后一般有 3 分钟的预热时间，耐心等待并检查投影仪电缆传输的信号是否正常。
④ 将信号电缆放置到外力无法接触到的位置，例如墙沿处、天花板上等。
⑤ 不要让投影仪工作在灰尘太多的环境中，及时清除镜头上的灰尘，保证投影画面的清晰；散热风扇的进风口和出风口处如有灰尘覆盖，必须及时清除干净；发现镜头表面中有太多灰尘时，必须使用专业的镜头清洁纸来擦除灰尘，而且在擦拭时按照先中心后边缘的原则来进行。
⑥ 根据会议放映的要求进行必要的调试。
⑦ 不要强烈震动或挤压投影仪。
⑧ 不能带电插拔各种连接线缆，不能频繁地开通和关闭投影仪。
⑨ 关机后还需要 1～2 分钟的散热时间，不能在关机后立即切断投影仪电源，否则容易造成灯泡损坏。

③ 银幕。使用银幕首先要决定的是银幕尺寸，其次要考虑的是型号、规格和材质。最常见的活动式银幕为三脚架式银幕。银幕材质有白色、珠光和透明背投可供选择。

④ 电视大幕墙。电视屏幕墙的高科技特点体现在其图像大且十分清晰上，其色彩鲜艳，声音效果好，具有质感，而且由于科技的进步，电视屏幕墙由有缝变为无缝，体积超薄，重量减轻，外观越来越优美，其功能也逐步增加，可连接电视、录像机、摄像机、电脑、VCD 机等。与多媒体投影仪相比，电视幕墙放映的图像巨大，适合大型会议，让距离较远的与会人员看得清楚，还能同步播放现场会议情况。

⑤ 电子书写白板和镭射笔。电子书写白板用电脑控制，写完一页后，按动电钮，自动翻出新的一页。想看前面的内容，可以倒退回来，非常方便。其形状、大小与普通的白板一样，也有轮子可拉动。镭射笔即电子指示笔，只有一支香烟大小，是利用激光原理制成的，可以发出红色光点，投射到白板、银幕或其他对象物上，起指示作用。它光束集中，投射距离可达 100 米以上，不阻挡视线，可以替代教鞭，让使用者在会议厅移动的范围大，灵活。它需要使用纽扣电池。相对一般影像上的白色箭头，镭射笔的红色光点更能吸引大家的注意。

⑥ VCD、DVD 及录像机。录像机是传统的放像设施，在今天仍然有很大的使用价值。而 VCD 和 DVD 则用于放映光盘，取代录像机。其自身体积小，操作方便，所放的光盘小而薄，可压缩进大量图文、声像信息，而且清晰、保存时间长。

(2) 音响系统 会议活动中使用音响设备的主要目的，是使观众们可以清楚地听到音乐、演讲和感受不同的音响效果。音响系统是多数会议场所拥有的最主要的视听设备。音响必须保证声音逼真，所有与会者能听清楚，麦克风架、音控台和音箱是会议室最基本的音响设备。高质量的扩音系统是办好会议的关键。

(3) 特殊视听系统

① 多媒体设备。计算机、互联网、电视会议、光缆、ISDN、液晶显示板都可以进入会场，形成丰富多彩的多媒体会议设备。

② 可视电话。可视电话会议系统在近年来被越来越多的会议场地配备，这种集声音、数据、图像于一体的通信设备，就是可视电话会议系统。它可以在两个或两个以上地点实时传递点对点或一点对多点的活动图像和声音，还可以传递文件、图表、照片和实物的图像，能将彼此相隔很远的多个会议室联结起来，使各方与会人员不仅可以听到声音，还可看到图像，可以"面对面"交谈，适合于召开各种会议和进行现场交流。

③ 同声传译设备、同声传播和表决系统。同声传译设备有红外线译音、有线译音（只适合固定会场使用）和无线译音（具有体积小、重量轻、携带方便、安装操作简单等特点）三种类型的设备可供选择。

以上所有的视听设备都应该在会议开始前的准备工作中先进行必要的预演，以保证设备的使用性能完好。

六、专门用品

专门性会议上所使用的物品，如颁奖会的奖品与证书、选举会的选票和投票箱等、开幕式剪彩工具和彩带等，都应该在会议开始前准备到位。

【工作任务】

实训一：会议接待物品准备

某公司要举办一场50人的公司年会，试分析该年会所需会议物品。

实训要求：

1. 会议准备物品清单要完整。
2. 每个小组独立完成。

实训组织：

1. 组成工作小组。
2. 分析讨论该年会所需各类物品，以PPT陈述方式说明，并试做简单点评。
3. 以小组为单位，交流分享。
4. 教师点评。

实训二：第××届中国旅游论坛筹备方案

一、论坛宗旨

本论坛旨在为旅游政策决策人、研究人员、教育工作者、旅游业从业人员等提供一个互动平台，讨论中国的旅游发展，探讨影响旅游发展趋势的因素，检视旅游业界在人力资源方面的需求，以及对灾后旅游重建及管理分享意见。

二、论坛时间

2015年5月12~13日

三、论坛地点

中国·四川锦江宾馆

四、论坛主题
开创旅游新局面
五、主办单位
联合国世界旅游组织、香港理工大学、四川省旅游局
六、论坛组织
（一）论坛组委会
论坛联席主席由世界旅游组织徐京先生、香港理工大学田桂成教授和四川省旅游局局长张谷先生担任，议程联席主席由香港理工大学宋海岩教授和四川省旅游局副局长宋铭先生担任。
（二）参会人员
- 旅游政策制定者
- 旅游管理部门领导
- 旅游局和市场营销组织
- 旅游管理学者及教育工作者
- 酒店及餐饮业经营管理者
- 旅游业研究人员及顾问专家
- 旅游和酒店研究专业的本科及硕士研究生
- 旅游业界专家
- 新闻媒体

共计250～300人。其中，我局负责邀请的国内参会人员包括：国家旅游局领导1名，随行人员2名；各省、市、自治区、直辖市旅游局局长（34人）；省外从事旅游管理、研究知名专家（5人）；省内市（州）及扩权强县旅游局局长（48人）；省内旅游骨干企业代表（64人）；省内从事旅游管理、研究知名专家（5人）；新闻媒体人员（20人，其中中央新闻媒体5人），约180人。

（资料来源：http://travel.sina.com.cn）

实训要求：
1. 会议准备物品清单要完整。
2. 每个小组独立完成。

实训组织：
1. 组成工作小组。
2. 分析讨论该论坛所需各类物品，以PPT陈述方式说明，并试做简单点评。
3. 以小组为单位，交流分享。
4. 教师点评。

任务三　展览接待物品准备

展览，是指举办单位（包括主办单位和承办单位）以招展方式在固定的场馆及预定时期内举办，通过物品、技术或者服务的展示，进行信息交流，促进科技、贸易发展的商业性活动。主办单位，是指负责制订展览的实施方案和计划，对招展办展活动进行统筹、组织和安排，并对招展办展活动承担主要责任的单位。承办单位，是指根据与主办单位的协议，负责布展、展品运输、安全保卫以及其他具体展览事项的单位。

展览与会议对场馆服务范围的要求不同，会议依赖于场馆提供的全面服务，包括音响、通信、信息系统、场地布置、餐饮宴会服务等，而展览的一些服务如展台的搭建、运输等，多数由参展商自己或雇佣展览承包商负责完成，展览区只提供基础设施，所以展览的接待物品在数量和品种上要简单些。

一、展览道具

随着会展业的日益繁荣，各种形式、涉及各个行业背景的展览日益增多。因此，现代展览设计的观念、展具、施工工艺的创新越来越符合高速高效、易于拆装的要求，标准化、组合化道具已经成为大型展览、博览会普遍采用的展览道具，使空间分割灵活方便，施工周期大大缩短。

现代展具设计的原则可概括为：将标准化组合部件的规格、数量降低到最小值，以组合、变化丰富、便捷、互换性强、多功能、易保存、易运输、优美、耐久等因素为出发点。同时，还要重点研究和选择各类连接构件、连接材料，突出牢固、耐久、可反复使用、一物多用、装拆便捷等优点。展览道具已从不能拆装的、粗笨的铁木结构，发展为标准化、规范化、可任意拆装组合的轻质铝合金和复合塑料结构。这样既可使展出形式丰富多变、简单明快，设计施工简便易行，又便于储藏运输。

1. 展览用具的种类

现在流行的展览用具主要有三大类：一次性使用展具、循环租用式展具及循环便携式展具。

（1）一次性使用展具　一次性使用展具一般是由较有实力和较具创意的展览工程公司为客户量身定做，所选材料多为木制品，优点是可因地制宜，通过千变万化甚至超越想象的造型，充分体现企业和产品的形象。由于它具有个性化特点，因此造价成本较高，一旦成型就不易改变，不可多次使用。

（2）循环租用式展具　循环租用式展具通常由于材料昂贵，不易携带，使用者并不会拥有器材的物权，而是向展览工程公司租用。优点是结构坚固，器材耐用，在三维视觉上丰富多变而且可随时更改造型，即使在同一次展会里也可每日变样。

（3）循环便携式展具　循环便携式展具是目前使用最普遍的展具。以其造型新颖、线条简洁、轻巧便携、方便运输、容易存放、安装简单、即装即用而受到欢迎。

2. 展架的组装结构

早期的展架多采用钩挂或螺钉加固的形式，既费力又影响效果，已被逐渐淘汰。现代新型展架主要有插接组合式、球形节点多向螺栓紧固式、沟槽卡簧式、节点夹固式、套管与插座拼联式等。

3. 展板的连接结构

展出空间版面的连接组合，采用体积小且结构简单的组合连接构件，既便于储放、搬运，又便于安装操作。连接结构主要有多向夹接式、两片瓦夹接式、合页夹子式、八向卡盘式等几种。

4. 展台展柜的组装结构

展台与展柜采用可拆装式或折叠式结构，一是展台或展柜底座部分采用折叠式框板，展开后上面可镶盖台面，展柜的玻璃可插入台面的沟槽，四个角隅以包角或托角构件联结；二是可在以沟槽式或插接式构成的展梁上插玻璃或加白板构成展柜；三是可用组装后的展架，以弹簧钢卡子、塑料卡子和角隅卡托夹固玻璃或展板，或承托玻璃与白板。

二、照明设施

展览厅的照明设施的目的是运用各种光、色为展览空间、环境营造舒适的、主次分明的、安定平静的、具有幻想或其他色彩的展览气氛。合理地使用照明可以将参观者的注意力吸引到展台,可以使展品显示出最佳状态,可以创造良好的环境气氛。照明除了提供亮度还会产生不同的环境气氛,或温暖、或清凉、或热烈、或幽静。为追求热烈的气氛,在大型的会议厅或展览厅,往往采用高强度的华丽吊灯;为追求柔美神秘和优雅的气氛,往往采用隐蔽光源或幽暗的散射照明。

1. 照明种类

照明设备种类很多,效果也不同。设计人员要熟悉光源的色调、密度和效果。首先是灯光照射方式,主要有两种,即泛光照明(flood light)和聚光照明(spot light)。泛光照明是一种散射的光线照明,用于大面积均匀的照明。聚光照明是一种狭窄的集中的光线照明,用于小面积或者集中的照明。其次是灯光质量,在展示中广泛使用的光源基本有三种:钨丝灯、日光灯和卤灯,其中钨丝灯和日光灯是普通光源。

【补充资料】

展示中使用的光源

钨丝灯也称作白炽灯,可以制成泛光灯,也可以制成聚光灯。钨丝灯发出温暖的黄光,这种半硬的光线能产生明显的黑影,特别适合照射食品、木质品和陶器。钨丝灯能降低被照物的蓝色调,其弱点是产生热量太强,不能太靠近易燃物品。

日光灯为直的或曲的管状灯,因此只能制成泛光灯,不能制成聚光灯。普通日光灯产生"冷"光——一种带有蓝调的光,与日光的质量相距甚远。日光灯不适宜照射皮肤、红地毯、咖啡、番茄酱以及其他很多物品,它使这类物体看起来灰暗、不舒服。日光灯只会产生非常柔和的阴影,同时,减弱物品的立体感,因此一般只用作普通背景灯。若在展台上使用,一般需要有其他光源配合。

石英卤灯也有泛光灯和聚光灯之分。石英卤灯的光线很强,会产生硬光,非常适合照射需要高亮度的物品,以突出显示物品的表面质地。石英卤灯发出非常浅淡的黄光,基本上只产生中性的色彩效果。它的缺点一是会产生非常高的温度,因此要通风好,不能靠近易燃的材料和脆弱的表面;二是石英卤灯的价格相当贵,不宜大规模使用。

展览设计还可以考虑使用霓虹灯、激光、纤导光、黑光等。霓虹灯是典型的装饰用光源,可以变色、变形,色彩鲜艳,动态感强,有相当强的吸引力。但是霓虹灯也有不利因素,一是用电量太大时,危险增大;二是展场一般照明很强,使霓虹灯的强光效果减弱;三是很多展览会限制使用霓虹灯。使用玻璃或塑料纤维传导的光,可以在小范围内营造出梦幻般的效果,适合作背景。纤导光比较弱,从严格意义上讲是装饰,而不是照明。

2. 照明安排

设计人员在安排照明时要协调考虑两方面的照明:整体照明(overall lighting)和个体照明(individual lighting)。整体照明也可以称作展台照明,个体照明也可以称作展示照明,这两个方面的照明是相互关联的。

照明安排的原则是:用光要充足;要隐蔽,以免造成阴影及反光;要经济,不仅是费用上的经济,而且是效用上的经济,每一个灯都要尽量达到最大效用。

整体照明也就是场地照明或者展台照明。明亮的展台能吸引注意并能使展示显得有观费性。场地照明要保证光照充足，要注意安全，注意光源的散热，用电量不得超出供电负荷，以确保展览如期顺利、安全地进行。

个体照明可以吸引或分散人的注意力。任何物体，只要有形状、质地，就可以在精心安排的灯光下显得更好、更有趣。展示中，钨丝聚光灯使用很广泛，它产生的明显的黑影能够强调展品的立体感。对于放在桌上和墙上的展品，使用钨丝聚光灯效果比较好；对于放在展柜和展架里的展品，使用安装在展柜和展架里的日光灯效果比较好。

照明可以创造气氛，选择照明方式时，要考虑环境因素，北方寒冷地带喜欢白炽灯，因为白炽灯的光是暖光，接近日光，而不喜欢白色的日光灯，因为日光灯的光是冷色的；在南方温暖地带则正好相反。

安排照明必须注意，不论是散光灯还是聚光灯，都要避免光线直射人眼或光线反射入眼。展台照明必须事先有计划，要在设计平面布局和展架结构时考虑。电源点、电压电流限制等也必须注意，要事先安排，到展台建完后再考虑照明，一般不会有很好的效果。

使用合适的灯光对于活动的成功是一个非常关键的因素。在展览策划中也必须考虑到展厅照明，展台、展板及展品展示等局部照明的形式和范围，复杂的照明系统需要由专职人员负责并配合参展商进行设计、控制。在展览活动举行之前，应检查一下照明设施的情况，并就照明设备的布置达成一致。使用多媒体设备时应该考虑到电流的类型和电量，承办者并不需要精通电工知识，但至少要知道设备电流和电力支持等方面的问题。

三、色彩

色彩是设计的重要因素和手段之一。色彩和灯光配合使用可以创造一个良好的感觉和气氛。色彩要为整体展示效果服务。

在用色规律上，要注意色彩种类宜少不宜多；色彩使用要服务于展台或展品的整体效果；还要尊重民族和地方对色彩的禁忌和习惯，考虑参观者对色彩的反应，不要使用可能引起抵触情绪的色彩。

色彩选择上的颜色搭配、使用要谨慎，要从灯光照明、展品展具的质地、展台的整体设计效果出发选择色彩，否则容易破坏展台的统一协调，影响整体色调，应该只有一种或两种主色调，其他颜色作为配色，应当与主导颜色相配，至少应当是互补的。

色彩要结合展品考虑选择、使用，主要原则有：展品与色彩相配；色彩衬托展品；用色彩与展品进行对比，以突出展品。

四、视听设备

展览会上使用幻灯、电影、录像、计算机等设备的情况很普遍。恰当地使用声像设备可以吸引观众，加强展品的展示效果。展览中使用的视听设备大部分与会议视听设备相同，需要特别指出的是：

1. 要考虑声像设备的用途

不同的声像设备和不同的使用方法可以达到不同的展出目的。它们可以用来吸引观众，也可以是展品的组成部分；它们可以是短暂的，也可以是长时间的；可以是反复播放的，也可以是定时播放的。要根据展出需要安排不同设备和不同的使用方式。

展览所需要的音响系统与会议音响设备的要求不太相同，展览馆都有一个音响主控室，主要任务是播放背景音乐、介绍展览范围、参展企业情况或播放寻人启事等。参展商在各自的展台上播放产品介绍或音乐等,其目的主要是使参观者充分感受到其企业文化并达到身临其境的促销效果。扩音系统必须保证声音逼真、无声音失真或尖鸣等现象,使参观者都能听清楚。必须事先检查音响系统的质量和可调性,还要测试展览厅各处扩音器的音响效果,以防有的扩音器不能正常工作。音响效果还可能受到展厅装修、规模、形状、天花板的高度等因素的影响,这一点承办方应该在监督音响设置时提醒电工注意。必要时还应该准备同声传译装置等。

2. 要考虑设备位置

如果是为了吸引参观者,设备最好放在走道旁,或面向走道;如果是为少数选择的参观者播放或播放时间比较长,播放设备最好放在展台里,甚至放在专门的隔离间里。展览中需要使用的可视设备主要有大幕墙显示屏、投影仪等,大型展览可能需要使用比较复杂的设备,如多媒体或多屏幕投影仪等,其中悬挂式投影仪的安装会需要较长时间,应该制定一个细致准确的日程安排,规定出布置展览厅的时间。

3. 要考虑观众位置

设计时应考虑预计的观众数,应考虑他们站在哪里或坐在哪里。必须为观众提供充足、舒适的空间。

4. 要注意控制人流

好的声像节目可能会吸引参观者驻足围观,这容易堵塞展台入口,妨碍通道人流通过。要预先估计环境情况,相应安排声像设备,控制好人流。

5. 注意控制音量

幻灯、电影和录像大都配有声音甚至音乐。这将加强播放效果,吸引注意。但是声音过大,可能影响周围展台,造成矛盾和麻烦,最严重的是展览会组织者会干预,封闭制造噪声的展台。同时声音过大也会影响自己,尤其是需要进行贸易洽谈的展台,高音量会使洽谈双方疲乏、急躁,对成交不利。因此,要合理地放置喇叭,合理地控制音量。

6. 专业制作声像节目

声像制品从内容到制作尽可能地安排专业人员,以确保质量。好的声像节目可以给参观者留下好的和深刻的印象,反之,为节省费用而牺牲档次和质量,可能给参观者留下反面印象,是得不偿失的。

五、展厅的装饰用品

展览前的准备是一个十分细致而繁琐的过程,展前工作是筹备工作的最后冲刺阶段,也是展台工作的前奏,还需要准备的物品有:咨询桌、签到桌、各类桌椅、商贸架、网格、绒布、台布、地毯、挂钩、托板、各类灯具、电源插板、电器、馆牌、指路牌、前言牌、展板、电话、饮水机、贵宾席、升降机、太空网架及球形展架、家具、花草、国旗、彩旗、楣标、会标、话筒音响、剪彩工具、绿色植物、礼宾杆、黑板等。

通过运用家具、花草、国旗、彩旗、楣标等展厅的装饰用品,配合灯光和颜色,来营造一种梦幻般的氛围,增强展厅展示的效果。

六、相关服务设施设备的准备

在展览前及展览期间可以为参展商及参观者提供的相关服务还包括:

① 商务服务。激光照排、打字、复印、传真、喷绘、电脑刻字、电脑徽记、代购 IC 卡等服务;快递、托运及其他邮递邮政服务。

② 工程服务。布展施工用电、展期动力电源；设备用上下水；设计、制作、安装标准展位或特装展位。

③ 信息服务。负责报到登记、信息咨询、投诉受理、证件管理等；电子邮件的收发；提供宽带网络接口。

④ 租赁服务。一般物品租赁，如家具、电器等；展具租赁；花卉租摆及楣板刻字。

⑤ 预订服务。汽车、火车、飞机票的预订；住宿、餐饮的预订，按照要求预订星级饭店。

⑥ 运输仓储服务。提供各种吨级的汽车、吊车、铲车、仓储。

⑦ 通信服务。为国内外展商提供本市、国内、国际电话等服务。

⑧ 生活服务。零售，各种饮料、食品及工程、办公、生活用品的出售；咖啡厅，品味酒和咖啡，为商务洽谈提供轻松、幽雅的环境；快餐，快餐工厂化，一次性供应经济、营养快餐；彩扩，为客户提供现场照片冲印服务。

⑨ 劳务服务。文秘，进行文秘的各类专业服务；翻译，现场的口译及书面的翻译；律师，提供法律咨询、拟定合同书等服务；讲解员、礼仪服务员、保安服务等。

因此，要更好地为参展商服务，必须在展览前将所有为客人提供服务的相关硬件设施设备准备齐全并保证正常的使用。

承办方或展览场馆除充分利用工程部各类人员外，对大型产品展示还需外聘专业人员来负责安装、拆卸等工作。这些工作人员主要是：

① 木工。启封展览箱、展示材料、安装拆卸展览品，包括小隔间、家具固定装置、隔板架等（有些地方这些工作由装配工完成）。

② 美工。挂帘布、布置标语等。

③ 电工。安装电源、灯、电子屏幕、电视、音响、录像设备、空调等。

④ 管工。安装水暖等装置。

⑤ 计算机、电话安装工。安装和维修电话、计算机。

任务四　会展文案准备

会展文案又称会展文书，是围绕各种会议或展览活动而产生的各种书面文字材料的总称。会展文案涉及法律合同文案、各类表格文本、广告文案、宣言、声明、计划总结文案、各种主持词和演讲稿等多方面。会展文案可以记载会展信息，这是会展文案最基本的功能，另外还可以便于会展组织者、承办者实施对会展的领导和管理，向与会者或参观者提供信息，促进交流与沟通，宣传会展精神，掌握会展的方向和进程，记录会展的过程与成果等。

只要是在会展中讨论、审议、传阅、交流、宣读、使用的文案，或者经会议讨论、磋商、表决而通过的文件以及根据会议决定的事项或达成的协议、共识而形成的文件或文案，都可以称为会展文案。

会议、展览服务中涉及的文案主要有：

① 各类文件。议案、报告、发言稿、通知、备忘录、开幕（闭幕）词、议案和提案等。

② 广告类。海报、公告、会标、会徽、标语、模型标志、指示牌等。

③ 各类表格。签到统计表格、报名表、会展内容记录表、会展简报、会展日程表、选举表决统计表、住宿饮食安排分配统计表、展位分配表、客户意见反馈表等。

④ 各类规范条例。工作人员岗位职责表、合同、条约、协定、议定书等。

⑤ 各种计划、总结。会展策划文件、会展实施计划、会后或展后总结、客户档案等。

一、会展文案写作的要求

会展文案是指能提供会展方面真实信息的书面材料,有很多形式,如会展设计文案、信函、致谢信、总结报告等。

1. 会展文案的特征

(1) 清楚、明晰　与会者或参观者能否较容易地阅读、理解、吸收书面材料所提供的信息,很大程度上取决于写作的文本是否清楚、明晰。具体要求是:语法正确、标点符号正确;格式符合惯例且遵循固定模式;句子流畅、连贯,过渡自然,尽量使用短句、简单句;充分考虑读者理解能力,不能过于专业化;主题集中,目的明确;每段开始应有主题句,且每段只表达一个意思。

(2) 简洁、精炼　具体要求是:避免赘词,杜绝重复;用单字而不用短语。

(3) 准确、贴切　具体要求是:词语、标点运用准确;逻辑结构连贯合理;图表数据运用准确等;避免使用抽象词语;避免逻辑结构混乱;正确使用数据和图表等。

2. 会展文案的写作技巧

(1) 明确文案的写作意图　明确写作意图是写作的一个关键步骤,它可能影响写作的风格及文书的结构形式,也能促进写作者对文书主题和范围做出决定。作者应清楚明了地确定文案创作的目的。

(2) 确认所需材料　根据文案的写作意图,把所拥有的资料进行分类。在收集整理必要的信息资料时,必须保证遵循以下原则:只收集有关的、准确的信息资料;将客观事实与主观意见、推论相分离。

(3) 会展文案写作的技巧　把重要的内容放在开头及结尾;将结论以简洁易懂的语句写在第一段或最后一段;将行动要求写在最后一段或第一段;为方便阅读,可以在文件每个段落前加上标题;可为读者留出地方写反馈;保持写作的连续性。

3. 会展信函的写作

信函通常用于与外界相关方面进行书面交际沟通,它是会展文案中的一个重要组成部分,其写作也有特定要求。

(1) 书信的风格　使用清晰、简洁而又准确的语言;避免使用行话、抽象的词语和不必要的话;使用短句;使用自然、友好而又惹人喜爱的语言。

(2) 信件的布局　布局安排一般按企业组织内的信件惯例来进行。

(3) 写作技巧　写信当如面谈,尽量使用口语而不必拘泥于形式或使用一些过于正式的书面措词。信的结尾一般应向收信人表示友好的祝愿;书写字体应该整洁干净,工工整整。在书写信函时,须用钢笔,以表示尊重,一般不用圆珠笔,更不能用铅笔,那样显得不严肃。墨水应选择黑色或蓝色,红色则表示绝交的意思,这是尤其要注意的。

(4) 信封书写　信封有一定的格式,一般应按规定格式写,书写信封一般应写明收信人的详细地址,收信人的姓名或公司、企业、团体的全名,以及寄信人的详细地址和姓名。

问候信、致谢信和招待信有时也称问候函、致谢函和招待函,其他还有送货单、申请借款条、订货单等,它们都有固定的格式,只需填上相关的事项就可以了。而且这些商业函件的措词、风格比较严肃、讲究,行文采用直叙式,用简朴的词句陈述事项,还常作为凭证,留存在档案之中。

二、会展文案的格式

会展文案的格式分为两种,一种是以国家技术监督局制定的《国家行政机关公文格式》

有关规定印制；另一种是不作为正式文件对外发出，仅在会议内部讨论、审议、交流的文件，可以采用会议内部文件的格式，其组成要素和标注方法如下。

1. 公文的格式

(1) 会展文件系列编号　如果会展文件较多，且成系列，可将其连续编号，以显示各份文件之间的有机联系。这种编号方法既能使单份的文件系列化，也便于分发、管理、查找和阅读。系列编号一般置于文件首页的左上角。

(2) 份数序号　如同一会展文件印发的数量较多且要求保密，可以在首页的右上方标注份数序号，即印制顺序号，以便分发和清退文件时登记和核对。

(3) 保密要求　需要保密的会展文件应当在首页的右上角标注保密要求。属于国家秘密的，须标明密级和保密期限，属于会展内部文件的，标明"内部文件，注意保密"或"内部文件，会后清退"等字样。

(4) 标题　标题标注要注意：发文单位要用全称或规范化简称；标题中的事由部分应当准确、简要地概括该文案的主要内容，并注意语法的规范性和语义的准确性；文案的标题宜用较大的字体居中标注于首页上方约1/3处，以示醒目；排列时，要做到排列对称、间距恰当、醒目美观；字数多的标题可排成若干行，但回行时，不应将双音节词或固定词组拆开置于不同行的首尾，"的"字不排在行首；如有副标题，再另起一行，前置破折号标注。

(5) 题注　顾名思义就是对标题的注释，主要用于在会议上表决通过的文件（如决定、决议等）和法律、法规、规章等。

(6) 作者或报告人姓名　以单位的名义所作的发言或经验介绍材料，一般标明单位名称；在会议上所作的工作报告、述职报告、领导讲话、演讲报告要标明讲话人或报告人的姓名。标注作者或报告人姓名应注意：单位名称要写全称；在国际性会议或跨地区性会议上所作的政治演讲、学术性报告、个人事迹报告应在报告人姓名前标明国名、单位名称以及职务或学衔；作者和报告人一般标注在标题的下方，字号要小于标题。

(7) 称呼或主送机关　称呼主要用于讲话类会议文件，如领导人讲话、致词、代表发言等文件。称呼要根据会议的目的、性质、与会者等情况确定。主送机关即公文的主要受理机关。称呼和主送机关位于标题之下空1行处，左侧顶格，回行时仍须顶格，中间根据称呼对象或主送机关的类型使用顿号或逗号，末尾标冒号。

(8) 正文　正文是完整表达公文内容的载体，是公文的主干。一般分为开头、主体、结尾三部分。

① 开头。开头主要说明制发公文的目的和依据，揭示公文的主题和背景。

② 主体。一般说明情况、经过、任务、要求、办法、意见等。

③ 结尾。结尾主要有总结归纳全文、提出希望和号召、表示信心和决心、提出请求、表达祝愿、激励斗志等几种方式。

正文的位置在称呼或主送机关下一行，每个自然段开头左侧空2字，回行顶格。正文中的数字、年份不能回行。

(9) 落款、签署、盖章

① 落款。即在正文右下方标注发文机关的名称，一般用于会展日程表、会展须知等管理性文件。

② 签署。签署是用以证实公文的效用的，或是以领导人名义发出的请柬或邀请信，由领导人亲笔签字，其位置在正文之下空2行，右侧空4字，前面标注签署人的职务，空2字由签署人签名。

③ 盖章。盖章一律用红色，加盖印章应当上不压正文，但与正文或附件标志的距离不能超过一行；下要骑年盖月，方式有两种：一种是当印章下弧无文字时，采用下套方式，即印章的图案和文字不压成文时间，仅以印章的下弧压在成文时间上。这样做，一是完整地显示印章中的图案，以体现印章的庄严性；二是增加成文时间的清晰度，防止因图案和文字压在成文时间上而使其难以辨认。另一种是当印章下弧有文字时，采用中套方式，即印章中心线压在成文时间上。

（10）成文时间　成文时间又称成文日期，是指生效时间。成文时间应当结合盖章的方法标注于正文的右下方，右空 4 字。

（11）封面　较为重要的会展文案或文件字数较多，篇幅较长，可以专门设置一个封面，以体现庄重性。封面的组成要素包括会议文件系列编号、份数序号、保密要求、标题（标注于封面上方约 1/3 处，如有副标题，再另起一行标注）、稿件性质、题注、作者及讲话人姓名。会议文件专门设置封面后，不再设首部。从第二页起直接排印正文。

以上会议文件的格式要素并非所有会议文件都必须具备，而是根据会议文件的性质、类型加以合理组合。

2. 会展纪要的格式

会展纪要主要记载和传达会展情况和议定事项。一般会展纪要主体部分包括标题、正文和成文时间三部分。

（1）标题　由主办机关名称、会议名称和纪要组成或由会议名称和纪要组成。

（2）正文　正文包括概况、内容和结尾三部分。

① 概况部分。应当说明会展的名称、时间、地点、主办单位、会议主席或展览会开幕式主持人、参加的单位和主要领导人，作主要发言的单位及发言者的姓名、职务，讨论的主要议题和进行的主要活动，会展的基本成果等。

② 内容部分。这部分应当准确、全面地反映会展的主要精神和议定事项。一种是概述式，把会议讨论的情况综合、概括地加以叙述，适用于小型会议或问题较集中并且意见较一致的会议。另一种是分列式，以使条理清楚，适用于规模较大、问题涉及面较广的会议。

③ 结尾部分。提出希望和要求，亦可省去不写。

（3）成文时间　会议纪要成文时间可以领导人签发或上级机关领导人审批同意的日期为准；也可以会议实际召开的日期为准；还可以与会各方共同签署会议纪要的日期为准。

3. 公告的结构

公告的结构由标题、正文和成文时间三部分组成。公告不写主送机关。

（1）标题　一般由发文机关、事由和公告组成，有时也可省略事由。

（2）正文　包括公告的依据、公告事项。如果是公开发布会议上通过的文件，应说明所发布文件的名称、批准或通过文件的时间及会议名称、文件生效或施行的具体日期。如果是宣布重要事项或法定事项，应具体说明事项的性质、内容、批准或通过的法律依据以及法定程序。最后可用"特此公告"、"现予公告"等词结尾。

4. 报告的结构

报告的结构由标题、题注、报告人、称呼、正文几部分组成。报告的正文包括开头、主体和结尾三部分。开头一般先说明代表谁作报告，并提出审议请求，然后回顾总结所做的工作，所取得的主要成绩和经验。主体部分主要分析存在的问题和今后的打算、对策和具体措施。结尾部分发出呼吁或号召。

三、各类会展表格

1. 会展预订登记表

会展预订登记表是收集与会者信息的最佳途径之一。会展预订登记表的项目设计取决于组织者需要了解多少参加者信息。如果组织者与饭店共同设计登记表,登记项目还需包括饭店所需要的信息,主要包括以下内容:

① 登记人姓名。
② 参加组织的名称和头衔。
③ 详细通讯地址,包括邮政编码、电话号码。
④ 登记者类别(演讲者、委员会成员、贵宾、参观者、记者等)。
⑤ 同伴人员姓名、关系。
⑥ 各项目收费的形式或数量。
⑦ 与会者所在单位、地址、电话号码、传真号码。
⑧ 登记的日期和时间。
⑨ 抵达会展地点(饭店)的日期和时间。
⑩ 其他具体要求。

2. 会展预订确认书

在收到客户的预订登记表后,会展组织单位应及时主动地与对方进行沟通和协商,在双方对参加会展的各项问题都达成一致后,组织方要以确认书的形式请对方确认。

会展客人注册登记后,工作人员应该将事先准备好的登记资料袋送与客人,登记资料袋装有会展期间所需要的各种信息,同时也包括便于客人了解会展的资料和闲暇时间娱乐需要的资料。包括以下方面:

① 入场凭证和票证(餐票和多种特殊活动票证,如旅游票等)。
② 会展活动程序(内容要详细、具体、全面)。
③ 活动更正表(对有关信息安排的最新变更)。
④ 会展内容摘要。
⑤ 演讲者的个人简历。
⑥ 会展活动的主要信息。
⑦ 组委会情况。
⑧ 会议室位置、展厅地图。
⑨ 预先登记表。
⑩ 特殊宴会邀请(通常对演讲者组委会成员、贵宾而言)。
⑪ 赞助资料简介。
⑫ 会展所在地地图、主要风景点介绍。
⑬ 展览信息。
⑭ 根据需要还可以包括文件夹、文具、记录纸,甚至公文箱。
⑮ 还有有关酒店提供的信封,包括钥匙牌、欢迎卡等。

四、会展文案资料的管理

1. 印刷数量要保证够用

不能仅仅按照参会人数印刷,一定要有一定数量的备份,以防参会人数的意外增加或代表因遗失而要求再取一份。

2. 商务中心要按质、按量完成印刷任务，并随时提供印刷服务

会展文件资料的准备量很大，而且必须提前准备好以供参与者到达时可以及时获取会展的相关信息，这对商务中心是很大的挑战，既要抓紧时间完成，又要忙而不乱、保证质量，这就需要一个良好的管理系统进行有效的调控。

3. 专人管理、专项服务

专人管理指各项印刷任务应该由商务中心的专人进行负责，并由专人分门别类地进行这些文件资料的摆放和归类，以免互相混淆，造成"想用的时候找不到，不想用的时候倒找到了"的混乱现象。

专项服务是指在对客人进行印刷服务时也要由专人负责接待、印刷，这样才不至于造成例如遗失客户重要资料等容易产生严重后果的事故发生。

4. 文件资料内容的保密要求

很多会展承办方的商务中心为客户提供的商务印刷服务所涉及的文件资料具有很强的政治保密性或商业机密性，如果通过会展接待方的渠道而泄密将可能产生难以预料的后果，甚至会威胁到参展企业的生存。因此，要求员工严格遵守保密条例是很有必要的。

【工作任务】

会展预订登记表设计

中国科协关于举办 2015 世界机器人大会的通知

为贯彻落实习近平总书记在 2014 年两院院士大会上的讲话精神，积极推动创新驱动发展战略，实现我国机器人技术与产业的跨越发展，提升我国机器人产业的国际影响力，中国科协、工业和信息化部将于 2015 年 11 月在国家会议中心（北京）举办 2015 世界机器人大会（以下简称"大会"）。现将有关事项通知如下：

一、大会概况

（一）名称：2015 世界机器人大会（World Robot Conference 2015，简称 WRC）

（二）时间：2015 年 11 月 23～25 日

（三）地点：国家会议中心（北京朝阳区天辰东路 7 号）

（四）主题：协同融合共赢，引领智能社会

（五）承办单位：中国电子学会、中国机器人产业联盟、中国科协青少年科技中心

二、活动安排

大会由 2015 世界机器人论坛、2015 世界机器人博览会、2015 世界青少年机器人邀请赛三大板块组成。

（一）2015 世界机器人论坛（World Forum on Robot 2015，简称"论坛"、WFR2015）

2015 年 11 月 23～24 日在国家会议中心大宴会厅举行。由开幕式、主旨报告会、8 个分论坛和 1 个国际研讨会组成。开幕式安排在 23 日上午，将邀请全球机器人领域著名专家和企业家、国际组织领导、国内有关部委领导等出席，规模 1200 人。拟邀请党和国家领导人出席大会并讲话。开幕式后举行主旨报告会，拟邀请工业和信息化部领导作我国机器人产业发展规划主旨报告，邀请中、德、美、日等国家知名专家、企业家作有关机器人科学、产业前沿主旨报告。按不同主题组织分论坛交流，分论坛委托有关学会和相关政府部门承办。分论坛主题设置见附件。

（二）2015 世界机器人博览会（World Robot Exhibition 2015，简称"博览会"、WRE 2015）

2015年11月23～25日在国家会议中心第1至第3展厅举行，展览面积16500平方米。博览会拟邀请世界机器人领域著名科研机构、高校、企业，集中展示世界机器人领域的最新科研成果、应用产品与解决方案。博览会设开幕式，面向公众开放。

（三）2015世界青少年机器人邀请赛（World Adolescent Robot Contest 2015，简称"邀请赛"、WARC 2015）

2015年11月23～24日在国家会议中心第4展厅举行。包括WRO（国际青少年机器人奥林匹克竞赛）常规赛和VEX机器人工程挑战赛，拟邀请来自全球10多个国家和地区的130支代表队参赛，总规模约550人。为优秀选手颁发荣誉证书。

三、参会要求

请各学会、协会、研究会和各省、自治区、直辖市、副省级城市科协，新疆生产建设兵团科协等采取多种形式，向有关高校、科研院所、企业发放大会通知，组织机器人领域科技工作者以及科研院所、企业报名参会参展。

大会采取申报和邀请相结合的方式确定参会人员和单位。拟参会的科技工作者联系相应分论坛承办单位，并通过大会官方网站了解大会信息，报名参会参展。

四、联系方式

大会网址：http://www.worldrobotconference.com/

实训要求：

1. 根据会议通知内容设计出会议相关预定登记表。
2. 每个小组独立完成。

实训组织：

1. 组成工作小组。
2. 分析讨论该年会所需各类登记表，以表格形式展示出来。
3. 以小组为单位，交流分享。
4. 教师点评。

项目四 会议现场服务

职业能力目标

通过本章的学习,了解会议现场综合服务的内容及规范;掌握常见会议现场服务的基本要素,掌握现场咨询服务;掌握引导服务的内容;掌握会场的布置;要求学生具备现场应变性、周全而到位的服务意识。

典型工作任务

洽谈会服务规范
茶话会服务规范
新闻发布会服务规范
赞助会服务规范
签约仪式服务规范
开幕式与闭幕式现场服务规范
代表会议服务规范
颁授仪式现场服务规范
现代远程会议现场服务规范

开篇案例

篮球决赛颁奖仪式花絮:场面混乱屡出"乌龙"

篮球决赛上半场刚结束,记者就见到穿着鲜红颁奖旗袍的礼仪小姐在体育馆内走来走去。比赛进行到第三节时,看台上的球迷便开始施放礼花;到了第四节时情况更糟糕,八一队篮下落下了不少纸屑,已影响到比赛的正常进行。而比赛还差一分钟时,宁波方面又把巨大的颁奖牌推进体育馆内,几乎挡住了记者席。

颁奖场面更为混乱,一大群球迷挥舞着旗帜混进了体育馆内场。摄像记者、摄影记者和礼仪小姐在颁奖台前混成一团。而体育馆内的显示屏并没有电视转播,球迷们根本看不到颁奖过程。

最激动人心的剪篮网仪式,刘玉栋想剪第一刀时,剪刀竟然打不开!好不容易把剪刀打开了,谁知剪到一半时,剪刀再一次卡壳了……

【分析与提示】

颁奖仪式的现场是混乱不堪的,暴露出活动的组织存在较大的疏漏。从颁奖仪式现场的布置,到各类参与人员的安排,以及物品的准备等都有一定的问题,以致现场几乎是失控的。虽然仪式的配套活动安排别有创意的庆祝仪式——明星球员剪篮网,但又因事先准备不充分,而造成现场的失误。由此可见,相关会场的服务在此是缺失的。优质高效的会议现场服务是保证各类会议活动顺利进行并取得圆满成功的重要环节,对提升会议活动的质量与影响也是不容忽视的一个方面。

任务一　会议现场服务概述

会议，又称集会或聚会。在现代社会里，它是人们从事各类有组织的活动的一种重要方式。在一般情况下，会议是指有领导、有组织地使人们聚集在一起，对某些议题进行商议或讨论的集会。

在社会活动中，会议通常发挥着极其重要的作用：其一，它是实现决策民主化、科学化的必要手段；其二，它是实施有效领导、有效管理、有效经营的重要工具；其三，它是贯彻决策、下达任务、沟通信息、协调行动的有效方法；其四，它是保持接触、建立联络、结交朋友的基本途径。

随着我国会展业的逐步成熟，讲究和提高会展质量观念的增强，认真做好会展筹备期间和实施过程中的服务工作，已成为各地会展组织者的共识。会议现场服务是一个复合词语，包括"接待"和"服务"两部分："会议服务"是一种常见的服务形式，是为会议所进行的各种事务性服务，如倒茶、扫地、清洁卫生、安排食宿等；"会议接待"也是一种服务，属较高层次的服务，如迎宾、会议布置、装饰、安排等。现代会议接待服务，已把政治、文化、礼仪、环境等要求融入服务的整个过程。因此，会议接待服务员必须有较高的政治素质和业务素质。

会议的现场服务与会议能否成功举办有着密切的联系，在会议策划、组织与管理等环节之外，会议现场服务是保证会议顺利进行并取得圆满成功的重要环节，对提升会议的质量与影响也是不容忽视的一个方面。本章主要是对会议现场服务的介绍，内容包括会议现场服务综述及各种不同类型的现场服务规范。

随着会展业的发展日趋成熟，会议的组织也呈现出专业化的趋势，各种类型的会议相继出现，在人们的生活和工作中发挥着不同的作用。比如新闻发布会、洽谈会、茶话会、代表会议等，这些名称各异的会议活动有着不同的性质和功用，或贯彻决策、下达任务，或沟通信息、增强社会交往，或协调观点等。但无论是何种类型的会议，现场的服务在某些方面大体是一致的。下面，首先介绍一下通用的会议现场服务要点。

一、会场布置

必须根据会议的目的、人数、会场的大小等情况布置会场。会场布置应显得庄严、隆重、艺术，会标要醒目、准确，会场的音响、桌椅、茶具都要一一落实。

1. 坐席配置

坐席的配置最好适合会议的整个风格和气氛。主要有以下几种配置方法。

（1）圆桌形　使用圆桌或椭圆形桌子。这种布置使与会者同领导者一起围桌而坐，从而消除不平等的感觉。另外与会者能清楚地看到其他人的面容，因而有利于互相交换意见。这种形式适用于10人左右的会议。

（2）口字形　用长或方桌围成一个很大的口字形。这种形式比圆桌形更适用于较多人数的会议。

（3）教室形　把会议布置得如同教室，与会者彼此不熟悉的情况下，使每个与会者面向讲台一排排就座，会议主持人和上级领导坐在讲台一侧。这种形式适用于以传达报告情况为目的，有很多人参加的会议。

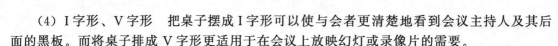

(4) I 字形、V 字形　把桌子摆成 I 字形可以使与会者更清楚地看到会议主持人及其后面的黑板。而将桌子排成 V 字形更适用于在会议上放映幻灯或录像片的需要。

2. 参加者的位置

会议参加者应安排在最容易看到会议主持人和黑板的位置上。会议主持人的对面墙壁最好放置一个醒目的挂钟，会议记录人可根据需要另外使用一张小桌子。另外，在与会者彼此不熟悉的情况下，应在每个与会者面前的桌子上摆放姓名牌，以便他们互相了解、结识。

3. 会议现场布置

开会前的两小时内筹备组必须布置好会议现场，一般中小型的会议现场布置要注意以下几个方面。

(1) 宾客姓名标签的摆放　现在较为流行的是圆桌会议，因为这样宾客不分主次、先后；但是如果正好会场没有圆桌会议室怎么办？那就只好选择长形的，长形会议桌则一定要按宾客的身份、主次把顺序安排好，在这方面多用些心，这个是至关重要的，一般会议主办人应坐在右前方，宾客的主角坐在对面，依次类推，当然也可灵活掌握，但一定要有利于宾客的发言，提升会议气氛。

(2) 投影、扩音设备的提前布置调试　投影幕布尽量不要挡住会议室内会议主题幕布或条幅，扩音设备应于会议前 1 小时调试好。

(3) 鲜花、水果的布置　鲜花一定要鲜艳，水果一定要新鲜、漂亮，这都是为了使沉闷的会议室增添一丝亮点。

当这一切准备工作全部到位后，或许会有提前到的嘉宾，这时一定要做好接待工作，不能让客人感到冷场，给每个与会人员发一份会议资料，包括会议文件袋、笔记本和笔。然后，当嘉宾陆续到齐后，招待各位嘉宾入位，并吩咐会场服务人员倒上茶水。

【补充资料】

创新型会议环境所必备的要素

* 灵活、与会议规模相匹配的空间
* 能够加以重新布置，以满足会议需要的家具
* 可以看到窗外的景观
* 清新的空气
* 可调节的灯光和室温
* 明亮的色调
* 取自天然的建筑材料
* 能触摸并给人带来愉悦感的物体

来源：中国会展，2007 年 19 期

二、会议注册签到(登记)服务

1. 注册材料的准备

会议注册时要将相关材料准备齐全，发放到每一位与会代表手中。注册材料包括下列项目：

① 胸卡。与会代表可以凭借此卡参加会议的各项活动。
② 票证。一般是餐券、参观票，或者是领取相关物品的票证等。
③ 通信录。会议代表的通信录，便于与会代表会后的联络与交流。

④ 参会证书。许多国际会议会给参会人员提供参会证书，参会证书制作精美，其上印有会议名称、举办地点（城市）、时间和会徽。会议参加人员的姓名将被打印在证书上，同时，大会主席亲笔签字，以示对参会人员的尊重。

2. 注册台

注册台是保证现场注册顺利进行的重要因素之一。

（1）注册台的地点　注册台一般设在会议中心或宾馆饭店的大堂。

（2）注册台的标识　可将会议名称（或缩写）、会徽、举办时间和地点等内容以不同的方式展示出来。

（3）注册台的搭建　在有条件的会议中心，注册台最好采用标准展板搭建的方式，可分为前后两个区域，前面的区域为注册区，并分为几个部分，在显眼的位置标明每个部分的功能。

3. 注册签到服务

与会者在到达会议时一般应注册登记或签到，这是一项较为普遍的手续。短期会议，只需办理签到手续。会期持续时间长，会议活动复杂的，在签到之外，还有办理报到登记手续。相关工作人员应在会场入口处设会议签到处，并事先准备好会议证件、文件和纪念品等材料，同时负责注册登记的人员应提前20～30分钟，在与会者正式入场前，于签到处接待桌旁站好等待。

当与会者进入会场时，应主动上前热情问候，细心引导，帮助他们及时准确地完成会议开始前的登记注册，包括签到、领取证件、会议文件和纪念品等工作。这项服务也因会议活动的规模或规格不同而有所区别，小型会议，签到相对简单，只是进行名录登记，发放证件、会议文件等，但规模较大的会议活动，签到则是一项较为复杂的工作。对与会者的细心、周到的服务则是十分重要的，尤其是应正确处理与会者的相关材料。

会议中所需要的文件材料，会议工作人员应及时、准确地分发到每位与会者手中。分发会议文件和材料有两种形式。会前分发文件和材料，可以在与会者进入会场时，由会议工作人员在会场入口处分发给每位与会者，也可以在开会之前按要求在每位与会者的座位上摆放一份文件材料。会中分发文件材料，可以把会议工作人员分派到各组，每人负责每组的文件材料的分发和收退。需要收回的文件材料，一般在文件的右上角写明收文人和收文时间，收文时要登记，以免漏收。对于与会者随身携带的，需要在会议上传阅、交流的材料，现场工作人员应及时统一接收，并上报主办单位，经有关人员审查批示后再统一分发传阅，以免影响会议现场的秩序，甚至是产生其他不必要的麻烦和不良影响。

【补充资料】

会 议 签 到

参加会议人员在进入会场时一般要签到，会议签到是为了及时、准确地统计到会人数，便于安排会议工作。有些会议只有达到一定人数才能召开，否则会议通过的决议无效。因此，会议签到是一项重要的会前工作。会议签到一般有以下几种方法：

（1）簿式签到　与会人员在会议工作人员预先备好的签到簿上按要求签署自己的姓名，表示到会。签到簿上的内容一般有姓名、职务、所代表的单位等，与会人员必须逐项填写，不得遗漏。簿式签到的优点是利于保存，便于查找。缺点是这种方法只适用于小型会议，一些大型会议，参加会议的人数很多，采用簿式签到就不太方便。

（2）证卡签到　会议工作员将印好的签到证事先发给每位与会人员，签证卡上一般印有会议的名称、日期、座次号、编号等，与会人员在签证卡上写好自己的姓名，进入会场时，将签证卡交给会议工作人员，表示到会。其优点是比较方便，避免临开会时签到造成拥挤。缺点是不便保存查找。证卡签到多用于大中型会议。

(3) 会议工作人员代为签到　会议工作人员事先制定好参加本次会议的花名册，开会时，来一人就在该人名单后画上记号，表示到会，缺席和请假人员也要用规定的记号表示。例如："√"表示到会，用"×"表示缺席，用"○"表示请假等。这种会议签到方法比较简便易行，但要求会议工作人员必须认识绝大部分与会人员，所以这种方法只适宜于小型会议和一些常规性会议。对于一些大型会议，与会人员很多，会议工作人员不能认识大部分人，逐个询问到会人员的姓名很麻烦，所以大型会议不适宜采用这种方法。

(4) 座次表签到方法　会议工作人员按照会议模型，事先制定好座次表，座次表上每个座位按要求填上合适的与会人员姓名和座位号码。参加会议的人员到会时，就在座次表上消号，表示出席。印制座次表，与会人员座次安排要求有一定规律，如从×号到×号是某部门代表座位，将同一部门的与会人员集中一起，便于与会者查找自己的座次号。采用座次表签到，参加会议的人员在签到时就知道了自己座位的排数和座号，起到引导的效果。

(5) 电脑签到　电脑签到快速、准确、简便，参加会议的人员进入会场时，只要把特制的卡片放到签到机内，签到机就将与会人员的姓名、号码传到中心，与会者的签到手续就在几秒钟即办完，将签到卡退还本人，参加会议人员到会结果由计算机准确、迅速地显示出来。电脑签到是先进的签到手段，一些大型会议都是采用电脑签到。

资料来源：www.4oa.com

三、会场引导咨询服务

引导咨询服务贯穿会议的全过程，是指在会议期间接待工作人员为与会者指引会场、座位以及详细解答与会者各种咨询（如交通路线、交通方式或商务服务等）的服务。引导咨询服务貌似琐碎平淡，实为一项惠人利己之举。

大多数会议，与会者的座位都是事先安排的，与会者应该对号入座，或者将会场划分为若干部分，以部门为单位集中就座。参加会议的人员事先可能不熟悉会场，因此，会议工作人员要引导座位。这样，既方便与会者，又维持了会场秩序，保证了会议效果。为减轻会议工作人员的负担，可以采用印刷"座次表"，在会场上设立指示标记、在签到证或出席证上注明座次号码等方式，引导与会者顺利地找到自己的座次。会议设立的专职引导咨询人员应用自己细致入微的观察力和灵活的应变力帮与会者解决现场实际困难，并通过自身的行动向与会者展示会议组织者的服务理念。

【补充资料】

贵宾的现场接待

会议开幕式前的半小时，会议组织者要安排级别相当的领导者在会场入口迎接贵宾，并要了解每一位贵宾的姓名、单位、职务和将在哪一个贵宾室休息。贵宾抵达后，负责接待的会议负责人要安排专门的工作人员引路，将贵宾送到贵宾室，会议的主要领导要在贵宾接待室迎接。贵宾在贵宾室的活动主要是在签到簿上题词或签字，佩戴胸花，接见会议代表或与之合影。

当会议代表基本落座后，请贵宾进入会场，先引导将坐在主席台下的贵宾席的贵宾入座，然后再请将上主席台的贵宾入座。按会议的议程，邀请贵宾参加会议的主要活动就是参加开幕式，开幕式结束后，他们通常不参加其他活动。如果会议附设有展览会时，会议组织者也经常邀请贵宾出席展览会的剪彩仪式，然后参观展览。贵宾特别是有关的领导参观展览，对于整个活动将产生积极的影响。

来源：丁萍萍《会展营销与服务》

四、协调组织、维持会场秩序服务

1. 内外联系、传递信息

会议进行中，不是与外界隔绝的，需要会议工作人员进行内外联系，传递信息。如有关部门的紧急情况要转达与会者，传递信件、电报、接电话等。在内外联系、传递信息中，会议工作人员应该注意会议内容的保密，任何保密的会议内容不可泄露出去。

会议进程中，可能发生一些意想不到的临时变动或特殊情况，会议工作人员应及时向相关负责人请示，并根据指示采取应急措施，妥善处理。

2. 维持会场秩序

如制止与会议无关的人员进入会场，保证会议地点安全。会议进行时如发生混乱，会议工作人员要及时制止和调停。特别是重要的保密级较高的会议，防止在混乱中发生意外情况。

五、会议记录

会议记录是指在会议进行的同时，用书面文字的形式将会议的基本情况、议题、决议等有关内容如实地记录下来，以备事后查考的材料。会议记录一般由工作人员或秘书担任，也可由主持人临时指定。

会议记录是会议现场情况的写实。一般会议，特别是重要会议都应有记录。

1. 会议记录的方法

负责文秘工作的工作人员应做好会议记录工作，在会场记录时要注意以下几个方面。

（1）注意所在位置　规模、种类不同的会议，工作人员的记录位置也不相同。一般来说不能靠得太前，喧宾夺主；也不能太靠后，隐而不现。应该坐在台下会场两侧，能听清发言内容，观察会场全貌的位置上。有的例行工作会议、办公会议，工作人员应坐在主持人身后或身旁；有些会议，所在位置由主持人临时指定，因此，工作人员要注意自己在不同会议中的记录位置，不能盲目乱坐。

（2）要集中注意力　记录人员必须精力高度集中，对发言人的原话，要注意记清、记准、记全。记录时，可将会场气氛记录下来。比如，欢迎、鼓掌、笑声等。切忌残缺不全，断章取义，马马虎虎或记录人主观发挥，误解发言人本意。

（3）记录内容要详细　会议名称、时间、地点、参加人、主持人、发言人、会议内容、形成的决议都要记下来。要注意格式和先后顺序，字迹要清楚、美观、大方。

（4）传递会议消息　大中型会议期间，为了交流情况、传递信息，在会议进行期间要迅速及时撰写简报、快报，会议结束后，一般要缩写、印发会议纪要。上述稿件印发前，文秘人员要主动送交有关领导、主管部门审批。通过后，方能印发。对于间接听到、有待查实的内容，要亲自考证，以获得第一手资料。

2. 会议记录的内容

会议记录首先应记录会议名称、开会时间、会议地点、出席人、列席人、主持人和记录人七项内容。如出席人较多时，可只写出席人数。列席人是指没有选举权和表决权的非正式代表。记录内容主要包括主持人的讲话、会议报告、代表们的发言、讨论的问题及会议决议等。记录的简繁程度，应视会议性质等具体情况而定。正式的会议记录，最后要由主持人和记录人签名，并写上签名的日期。

会议记录的综合材料就是会议纪要。会议纪要是指择要记述会议情况、议程和会议基本精神、决议内容的一种书面材料。纪要以记录为基础提炼加工而成。它既可以作为纪实性材料保存，也可以作为报告性材料上报，还可以作为正式文件下发。纪要的写作要将记录的口头语转化为书面语，使文件条理化、理论化，突出中心。

3. 会议记录的基本要求

① 准确写明会议名称（要写全称），开会时间、地点，会议性质。

② 详细记下会议主持人、出席会议应到和实到人数，缺席、迟到或早退人数及其姓名、职务，记录者姓名。如果是群众性大会，只要记参加的对象和总人数，以及出席会议的较重要的领导成员即可。如果某些重要的会议，出席对象来自不同单位，应设置签名簿，请出席者签署姓名、单位、职务等。

③ 忠实记录会议上的发言和有关动态。会议发言的内容是记录的重点。其他会议动态，如发言中插话、笑声、掌声、临时中断以及别的重要的会场情况等，也应予以记录。

记录发言可分摘要与全文两种。多数会议只要记录发言要点，即把发言者讲了哪几个问题，每一个问题的基本观点与主要事实、结论，对别人发言的态度等，作摘要式的记录，不必"有闻必录"。某些特别重要的会议或特别重要人物的发言，需要记下全部内容。有录音机的，可先录音，会后再整理出全文；没有录音条件，应由速记人员担任记录；没有速记人员，可以多配几个记得快的人担任记录，以便会后互相校对补充。

④ 记录会议的结果，如会议的决定、决议或表决等情况。

会议记录要求忠于事实，不能夹杂记录者的任何个人情感，更不允许有意增删发言内容。会议记录一般不宜公开发表，如需发表，应征得发言者的审阅同意。

4. 会议记录的重点

① 会议中心议题以及围绕中心议题展开的有关活动。

② 会议讨论、争论的焦点及其各方的主要见解。

③ 权威人士或代表人物的言论。

④ 会议开始时的定调性言论和结束前的总结性言论。

⑤ 会议已议决的或议而未决的事项。

⑥ 对会议产生较大影响的其他言论或活动。

5. 会议记录的写作技巧

一般说来，有四条：一快、二要、三省、四代。

一快，即记得快。字要写得小一些、轻一点，多写连笔字。要顺着肘、手的自然去势，斜一点写。

二要，即择要而记。就记录一次会议来说，要围绕会议议题、会议主持人和主要领导同志发言的中心思想，与会者的不同意见或有争议的问题，结论性意见、决定或决议等做记录。就记录一个人的发言来说，要记其发言要点、主要论据和结论，论证过程可以不记。就记一句话来说，要记这句话的中心词，修饰语一般可以不记。要注意上下句子的连贯性、可讯性，一篇好的记录应当独立成篇。

三省，即在记录中正确使用省略法。如使用简称、简化词语和统称。省略词语和句子中的附加成分，比如"但是"只记"但"，省略较长的成语、俗语、熟悉的词组，句子的后半部分，画一曲线代替，省略引文，记下起止句或起止词即可，会后查补。

四代，即用较为简便的写法代替复杂的写法。一可用姓代替全名；二可用笔画少易写的同音字代替笔画多难写的字；三可用一些数字和国际上通用的符号代替文字；四可用汉语拼音代替生词难字；五可用外语符号代替某些词汇等。但在整理和印发会议记录时，均应按规范要求办理。

六、其他服务工作

1. 茶水服务

在所有的会议中，都必须准备茶水服务。具体服务规范是：

① 入场半小时前，服务人员备好热茶、开水等。

② 会议开始之前 15 分钟开始为场内桌上的茶杯浸水沏茶，一般只浸 1/3 的水，也称为温茶。

③ 与会者入座时，主动上前欢迎问候，对于年老者、位尊者等要搬椅协助其入座。并给每位与会者斟第一杯茶。

④ 及时续水、清理现场，洗刷、调换用过的茶具、烟具等，按要求摆放整齐。

2. 安保服务

（1）会场安全服务　安全服务部门和工作人员要严格做好会议前的会场安全检查工作，尤其是一些重要的会议，需提前封闭场地，做好出入会场区域人员的验证工作和安全检查工作，做到凭证出入，防止秩序混乱。

（2）会议保密服务　一些会议有保密的要求，因此会场、会议文件等都要采取措施保密。会场和文件等不对外公开发表，限制与外界的交流，一般不安排新闻记者参加。

3. 资料准备

有关会议议题的必要资料应由会议的组织者准备，如大会报告的起草、修改和定稿，发言材料等。文字资料应能做到使阅读者一目了然。在资料数量较大，要求比较详细时，至少应在会议一周前发给与会者。

另外，在准备会议资料时，要注意以下几点：

① 资料要尽可能短，尽量用图表、数字说明问题。

② 资料中要将问题的性质、原因、处理草案等分条款写清，以便阅读。

此外，及时提供与会者所需的物品，如笔、墨、纸张等。保证会场光线，保持会场清洁卫生，会场摄影留念等也是现场服务的内容。

【补充资料】

会议的现场服务

国际会议开会时，会场必须有一些从事现场服务的工作人员，通常被称为"会议官员"（conference officers）。这些人员要通晓外语，熟悉国际会议的程序，一般都经过培训。他（她）们似乎做的都是一些具体服务工作，但却是保证会议顺利进行不可缺少的环节。国际机构的常设秘书处还设有专门负责会议服务（conference service）的部门，对会议官员有一整套严格的要求。

会议服务的业务包罗万象，这里仅举其要者：

① 会议开始前，负责与会人员的注册登记，包括签到和领取代表证件、会议文件及纪念品等。

② 每次会议开始前，在进门处检查与会人员证件；会议开始后，将摄影、文字及摄像

记者请出会议厅室，将会议厅室的大门关上。

③ 迎接嘉宾，引导代表等至指定席位。

④ 记录会议的进行过程及代表的发言内容。

⑤ 对要求发言的代表进行登记，及时将名单按报名先后顺序送交会议主持人或会议秘书。注意记录下代表的姓名，所代表的国家或机构及发言顺序的先后要求。有的代表要求靠前安排发言时间，有的要求靠后，有的要求居中，有的不提要求。

⑥ 在场内分发代表发言稿、声明、提案草案、修正案稿等。发言稿通常在该代表发言期间分发，如稿件未到，可在主持人发言小结时分发，或在下次会议开始前分发。为保证记录的准确性，如代表系临时发言且有手稿，可在其发言后向其暂借，复制后随即退还。

⑦ 随时准备提供必要的会议文件及有关资料，供讨论时参阅。

⑧ 每次会议开始前检查灯光、室温、卫生、名牌、桌椅、纸笔、饮水杯、（主持人用）木槌、投影设备等是否均已符合要求。

⑨ 接听紧急电话并通知所要求的通话人。会议厅室内的电话机通常只闪光而无铃声。秘书接话应轻声。其他人员应在会议厅室外的分机接话，以免干扰会场。

⑩ 会议服务负责人要检查各类工作人员如同声传译译员、警卫、电工等是否均已到位；各种设施如电力、空调、音响、通风、同声传译等是否均已通畅待用。

综上所述，会议官员负有广泛的任务，是会议顺利进行的重要保证，应当派遣训练有素、工作热情、细致的人员担任。会议官员间应有明确分工，由负责人统一调度指挥。他们都应在服务工作中保持不偏不倚的中立立场，不对争论的任何一方表示好恶。

来源：www.fmprc.gov.cn

【补充资料】

商务会议公司服务标准

准备充分

* 接到会议通知后，了解会议名称、性质、开会时间、与会人数及布置要求，落实接站人员及车辆的安排。
* 根据人数和要求，确定会议的台形，也可根据要求摆放。
* 根据要求先将所需的各种用具和设备准备好（会议桌椅、台布、开水、茶叶、茶杯、小毛巾、纸、笔、横幅、鲜花等绿色植物、会议牌等）。
* 按要求将所需设备摆放到位，并调试好相关设备，如麦克风、幻灯机、投影仪等。
* 会议开始前半小时，各项准备工作到位（备好小毛巾、开水，调试音响，开启灯、空调）
* 检查台形是否符合要求，台面要整洁，各种用具干净、齐全，摆放符合标准。
* 根据要求，将指示牌放在特定的位置。
* 开会前15分钟在门口等候。
* VIP会议服务于30分钟前到岗，精神饱满地在门口迎候。

服务到位

* 当客人来到会议室时，礼貌热情地向客人问好，请客人入座。
* 先到达的客人入座后，提供茶水服务，会议人数到齐后，送上小毛巾。
* 通常每半个小时为客人更换烟缸、添加茶水，特殊情况可按客人要求服务。
* 会议期间服务员站于会议室门口直至会议结束。

* 会议中间休息，要尽快整理会场，补充和更换各种用品。

会场收尾

* 会议结束，服务员应站在门口，微笑着向客人道别，并请会务组人员签单。

* 会议结束，仔细检查会场，看是否有遗忘的东西和文件等，设备设施是否有损坏并做好记录。

* 将会议用具、设备整理好，关闭空调、灯、门窗。

* 如是产品订货会，会议结束时服务员协助客人清理会场，保证酒店设备设施没有损坏。

来源：中国会展，2008年第3期

【工作任务】

会议现场服务要点

某组织要举行一次国际性的会议，与会者中有几个国外代表团。为提高会议注册签到的便捷性、准确性，主办方决定采用"事先网上注册，现场签到注册"的会议签到方案。试策划该会议签到方案。

实训要求：

1. 正常操作流程要完整，并要考虑一些突发情况的备案，如由于信息丢失而不能读取注册信息等。

2. 每个小组独立完成。

实训组织：

1. 组成工作小组。

2. 分析讨论该论坛所需各类物品，以PPT陈述方式说明，并试做简单点评。

3. 以小组为单位，交流分享。

4. 教师点评。

任务二　洽谈会服务规范

一、洽谈会服务及其意义

在现代社会交往活动中洽谈会是合作双方或多方围绕特定的目的与利益，彼此深入讨论协调的信息交流活动。所谓洽谈，实际上是观点各异的各方经过种种努力，从而达成某种程度上的共识或一致的过程。洽谈，在社会交往中，存在着某种关系的有关各方，为了保持接触、建立联系、进行合作、达成交易、拟定协议、签署合同、要求索赔，或是为了处理争端、消除分歧，而坐在一起进行面对面的讨论与协商，以求达成某种程度上的妥协。

因为洽谈各方的不同利益追求，有人戏称洽谈是一场你死我活的人与人的"战争"。一位世界著名的谈判大师则直言："所谓洽谈，就是一连串的不断地要求和一个又一个不断地妥协。"由此可见，洽谈会现场的气氛是庄严而肃穆的，甚至是剑拔弩张的。这种特殊的场合就对洽谈现场的服务提出了严格的要求。洽谈无论在什么地点进行，现场灵活周到的服务是十分关键的，富有礼节的迎送、款待、照顾与现场安排，既可营造良好的环境气氛，又可赢得与会者的信赖，得到他人的尊重与认可。

二、服务准备工作

1. 洽谈现场环境布置

洽谈现场环境的布置,应根据事先掌握的洽谈各方人员的具体情况(如身份、数量等)、现场厅室的面积与布局等来安排。其中光线与温度一般要求适中,有时也可根据现场主要宾客的要求和实际情况而定。

洽谈现场环境的布置应追求大方雅致的格调。

2. 相关用品的准备

在洽谈会正式开始之前,要将下列物品准备好:

① 茶点水果等。根据主办单位的要求,可适当地准备茶水、饮料、水果等做招待之用。

② 茶具。一般是茶杯、垫盘等。

③ 文具。洽谈会要准备便签和笔,一般将二者整齐地摆放在每个座位前方桌面的正中,其中便签放在左边,其下端距桌沿约5厘米,笔位于便签右侧。

④ 其他物品。如小毛巾、托盘、烟灰缸等。

3. 现场布局及座次安排

在洽谈会上,应根据参与洽谈的人员背景合理地安排桌椅布局。

(1) 双边洽谈的安排　如果是双边洽谈,一般使用长桌子或椭圆形桌子,宾主分坐于桌子两侧。若桌子横放,则面对正门的一方安排客方人员就座,背对正门的一方为下,属于主方。若桌子竖放,则应以进门的方向为准,右侧为上,属于客方;左侧为下,属于主方。

入座时,应安排各方的主谈人员在自己的一方居中而坐,其余人员遵循右高左低的原则,依照职位的高低自近而远地分别坐在主谈人员的两侧。如果有翻译人员,则安排其就座于主谈人员右侧。

(2) 多边洽谈的安排　国际惯例中,为避免失礼,多边洽谈一般举行圆桌会议,以淡化彼此的尊卑界限。一般是要求与会人员同时入座,这样就不存在座次的尊卑与否。

三、服务流程

① 参与洽谈的主方提前到达现场时,应安排在休息室或厅内周边的沙发上就座,用小茶杯上茶。

② 当宾客到达时,上茶,将杯把手朝向客人右手一侧放于茶杯垫盘中。

③ 上前拉椅安排人员入座,就绪后按照礼宾顺序给双方递毛巾。

④ 洽谈开始后,在适当位置安排一名服务员,以随时服务。不过,绝密性的洽谈除外。

⑤ 洽谈时间较长时,可在中间休息时及时整理桌椅、增补物品等。每隔15~20分钟续一次水,一般用小暖瓶,并带块小毛巾以便擦拭溅出来的水。

⑥ 洽谈结束时,要照顾宾客退席,并做好收尾工作。

【工作任务】

实训:吐鲁番葡萄节重点招商项目推介洽谈会

一、活动背景

为进一步扩大对外开放,深化区域合作,加快结构调整,构建特色经济,转变发展方式,发展特色旅游事业及旅游商品,拟于2020年8月在新疆吐鲁番市举办吐鲁番葡萄节重点招商项目推介洽谈会。

二、活动内容

重点宣传、展示和推介一批项目和产品，使参会来宾感受"甜甜的葡萄"。主要有：葡萄、哈密瓜特色农副产品特色农牧业和文化项目专场对接会、旅游精品线路推介会、各州地市文艺团体"天天演"活动，以及块儿井、葡萄沟等景点民族风情景点介绍等活动，并有来自全国各地的商客与吐鲁番地区各县市签约投资合作协议。投资项目包括：招商引资项目，葡萄、哈密瓜特色农副产品购销合作项目。签约的项目涉及工业项目、农业项目、旅游项目、房地产项目。

三、活动参与对象与规模

为了确保2012中国丝绸之路吐鲁番葡萄节商贸洽谈会圆满成功，活动有主办单位、承办单位、策划单位、协办单位、社会中介组织和其他各参会单位共200多人参与。具体参会对象：①中国丝绸之路吐鲁番葡萄节工作组；②自治区旅游局代表组；③吐鲁番地区金融机构；④疆内外著名企业、投资机构及各商务机构代表；⑤自治区工商联（自治区总商会）代表组；⑥新闻媒体部门；⑦主办单位、承办单位、协办单位、策划单位、社会中介组织和其他各参会单位代表。

实训要求：

1. 洽谈会现场布置与服务环节设计要完整。
2. 每个小组独立完成。

实训组织：

1. 组成工作小组。
2. 分析讨论该洽谈会所需各类物品、现场布置与服务要点，以PPT陈述方式说明，并试做简单点评。
3. 以小组为单位，交流分享。
4. 教师点评。

任务三　茶话会服务规范

【案例】

为老服务志愿者迎春茶话会

在一串串象征喜庆的红辣椒、一盏盏象征圆满的红灯笼的装点下，居委会的活动室被装扮成一派喜气洋洋的景象，与这些景象遥相辉映的是悬挂在墙面周围的200条彩色字谜和大门上的两副对联，映入眼帘的是活动室墙面上悬挂着的三幅老年大学全体学员和离休老干部赠送的字画。在这充满喜气和谐氛围的活动室里，2008年1月17日下午园南一村居委会召开了2008年为老服务志愿者迎春茶话会。

会议首先由居委会主任孙惠敏向各位汇报了2007年为老服务工作开展的情况，并借此机会向各位志愿者在过去一年为老服务工作的辛勤付出表示感谢。街道老龄委非常关心居委会的为老服务工作，陈彩琴老师在百忙之中亲自赶来参加会议。她给到会的志愿者提出了希望和要求：来到园南一村感到为老服务的氛围十分浓厚，过去一年所取得的成绩不是偶然的，是大家努力的结果。2008年各级政府把民生工作放在了首位，长桥街道也出台了许多为老服务的新措施，老人遇到了好时光。和谐的社会需要更多的志愿者去关爱老人，希望园南一村的为老服务志愿者在新的一年里一如既往地做好为老服务工作，因为只有今天我为他人服务,明天大家才会为我服务。志愿者陆斗珠、章文燕、顾桂珍等在会上作了交流发言。

我们将志愿者殷凤琴自己亲手织的34双绒线袜分别交给志愿者,由他们在春节前送到独居老人的手里。一份热情,一声问候,通过我们大家的努力,共同撑起园南一村为老服务的一片蓝天。(选自上海市徐汇区长桥街道办事处网站)

【分析与提示】

上述案例是一次社区茶话会的具体情况,从会场的现场布置、会议的内容与开会方式等方面我们可以看出茶话会所具有的独特之处,相对自由随意的参与、活跃融洽的气氛、新颖的活动等决定了茶话会服务也是有其独特之处的。

一、茶话会及其特点

和其他类型的商务性会议相比,茶话会是社交色彩最浓的一种。

它是为了联络情感、解决问题而进行的具有招待性质的社交性聚会。以不拘形式的自由发言为主,并且备有茶点。茶话会一般不排座次,起码座次安排不会过于明显。会议进行中,与会者边吃边谈,可以自由活动,气氛融洽。

因其自由灵活的举办方式和独特的社交效果,茶话会一直较为风行。

二、茶话会的筹备

茶话会筹备的具体内容主要涉及会议的主题、来宾邀请、时间地点的选择等几个方面。

1. 茶话会的主题

茶话会的主题可以分为三类,即联谊、娱乐、专题。以联谊为主题的茶话会,是最常见的;以娱乐为主题的茶话会,为了活跃气氛,而安排一些文娱节目,并以此作为茶话会的主要内容,以现场的自由参加与即兴表演为主;专题茶话会,是在某个特定的时刻,或为某些专门问题而召开的茶话会,以听取某些专业人士的见解,或是和某些与本单位有特定关系的人士进行对话。

2. 来宾邀请

主办单位在筹办茶话会时,必须围绕主题,来邀请来宾,尤其是确定好主要的与会者。来宾可以是本单位的顾问、社会知名人士、合作伙伴等各方面人士。

茶话会的来宾名单一经确定,应立即以请柬的形式向对方提出正式邀请。按惯例,茶话会的请柬应在半个月之前被送达或寄达被邀请者,被邀请者可以不必答复。

3. 时间地点的选择

时间、地点的具体选择是茶话会取得成功的重要前提。

时间安排包括开会日期、具体起止时间和会期时长等几个因素。一般辞旧迎新、周年庆典、重大决策前后、遭遇危难挫折的时候,都是召开茶话会的良机。另外根据惯例,举行茶话会的最佳时间是下午四点钟左右。有些时候,也可以安排在上午十点钟左右。在具体进行操作时,也不用墨守成规,应该以与会者特别是主要与会者的方便与否以及当地人的生活习惯为准。茶话会往往是可长可短的,关键是要看现场有多少人发言,发言是否踊跃。如果把时间限制在一个小时到两个小时之内,它的效果往往会更好一些。

适合举行茶话会的场地主要有:一是主办单位的会议厅;二是宾馆的多功能厅;三是主办单位负责人的私家客厅;四是主办单位负责人的私家庭院或露天花园;五是包场高档的营业性茶楼或茶室。餐厅、歌厅、酒吧等地方,不合适举办茶话会。

三、茶话会现场服务

茶话会现场服务较其他会议服务要简单一些。

1. 茶点的准备

虽然名曰茶话会，但茶话会重"说"不重"吃"，不上主食，不安排品酒，只提供茶点。在茶话会上，为与会者所提供的茶点，应当被定位为配角。在进行准备时要注意的是：

对于用来待客的茶叶、茶具，务必要精心准备。应尽量挑选上品，不要滥竽充数。还要注意照顾与会者的不同口味。比方说是绿茶、花茶还是红茶。最好选用陶瓷茶具，并且讲究茶杯、茶碗、茶壶成套。

除主要供应茶水外，在茶话会上还可以为与会者略备一些点心、水果或是地方风味小吃。需要注意的是，在茶话会上向与会者所供应的点心、水果或地方风味小吃，品种要适合、数量要充足，并要方便拿，同时还要配上擦手巾或餐巾纸。

按惯例，在茶话会举行后不必再聚餐。

2. 座次的安排

从总体上来讲，在安排与会者的具体座次时，必须和茶话会的主题相适应。安排茶话会与会者具体座次的时候，可以采取下面的办法：

一是环绕式。就是不设立主席台，把座椅、沙发、茶几摆放在会场的四周，不明确座次的具体尊卑，而听任与会者在入场后自由就座。这一安排座次的方式，与茶话会的主题最相符，也最流行。

二是散座式。散座式排位，常见于在室外举行的茶话会。它的座椅、沙发、茶几四处自由地组合，甚至可由与会者根据个人要求而随意安置。这样就容易创造出一种宽松、惬意的社交环境。

三是圆桌式。圆桌式排位，指的是在会场上摆放圆桌，请与会者在周围自由就座。圆桌式排位又分下面两种形式：一是适合人数较少的，仅在会场中央安放一张大型的椭圆形会议桌，而请全体与会者在周围就座。二是在会场上安放数张圆桌，请与会者自由组合。

四是主席式。在茶话会上，这种排位是指在会场上，主持人、主人和主宾被有意识地安排在一起就座，并且按照常规就座。

【工作任务】

实训一：××企业迎新春茶话会

一、活动主题

"新起点、新未来"茶话会

二、茶话会目的

在辞旧迎新之际，为了进一步增强广大干部职工的凝聚力和向心力，丰富企业的文化娱乐生活，表达企业对员工节日的关怀和问候，同时给员工们一个展示自己才华的舞台，增进同事间的友谊和交流，在企业营造出团结友好、文明和谐的良好氛围，让领导员工欢聚一堂，开心快乐地总结过去展望未来，共同迎接新的一年，达到动员大家的积极性的效果。

三、会议程序

1. 由主持人宣布"××迎新春茶话会"开始；
2. 企业董事长致新年贺词；
3. 团队竞赛游戏；

4. 文艺节目表演;

5. 进行有奖游戏活动(在节目中间穿插进行),所有参加活动人员均可参与。

实训要求:

1. 该茶话会会现场布置与服务环节设计要完整。

2. 每个小组独立完成。

实训组织:

1. 组成工作小组。

2. 分析讨论该茶话会所需各类物品、现场布置与服务要点,以PPT陈述方式说明,并试做简单点评。

3. 以小组为单位,交流分享。

4. 教师点评。

实训二:××公司重点客户中秋节茶话会活动

一、活动目的

为展现公司三十年发展历程,让重点客户充分了解公司现状及目前面临的机遇和挑战,积极为公司事业献计献策,拓展与外界的联系和沟通,促进公司与用户之间关系的进一步融洽协调发展,共同努力构建和谐的营销环境。

二、活动流程

1. 公司领导陪同参观公司各生产点

2. 参观结束进入就餐场地

3. 请公司经理讲话

4. 进行问卷调查

5. 来宾发言

6. 发放定制高档纪念品并合影

7. 就餐开始

实训要求:

1. 该茶话会现场布置与服务环节设计。

2. 每个小组独立完成。

实训组织:

1. 组成工作小组。

2. 分析讨论该茶话会所需各类物品、现场布置与服务要点,以PPT陈述方式说明,并试做简单点评。

3. 以小组为单位,交流分享。

4. 教师点评。

任务四 新闻发布会服务规范

新闻发布会,简称发布会,有时亦称记者招待会。它是为了宣布某项重要消息,把有关新闻机构的记者召集在一起,进行信息发布的一种特殊形式的会议。政府、企业、社会团体和个人都可公开举行,邀请各新闻媒介的记者参加。组织新闻发布会的目的是谋求新闻界对某一活动、事件等信息进行客观而公正的报道,以及时公正地向社会公众进行传递。

一、新闻发布会的准备工作

发布会的组织主要包括会议的筹备、媒体的邀请、现场的应酬、善后的事宜等四个主要方面的内容。

1. 会场的布置

发布会的地点往往根据主办单位的目的进行确定,可以考虑在本单位或事件所在地举行,也可在某一特殊地点举行,以扩大影响。发布会现场应交通便利、条件舒适、大小适中。

布置会场应考虑会议的规模大小,小型会议最好用圆形的桌子,大家围成一个圆圈,气氛和谐,主宾平等融洽。大型会议则应设立主席台席位、记者席位、来宾席位等。

主席台背景布置应设背景板,内容含主题、会议日期,也可写上召开城市,应注意颜色、字体设计,尽量美观大方。一般在主席台只设主持人位和发言席,也可将答记者问的所有人员都安排在主席台上就座。

发布会的房间大小主要取决于与会的摄影记者。电视摄像记者比报纸摄影记者所占的空间要大。如果电视摄像机在房间后排,那么发言人就在前排就座;如果只有报刊记者与会,就可以安排发言人坐在记者中,有人提问时就走到前排。这样,近距离地与记者接触,容易营造出友好的气氛。

会场的来宾签到处应设在入口或入场通道处等显眼的位置。

2. 会议资料的整理

主办单位要事先将准备提供给与会者的资料整理好,于会议开始前发给与会者。一般用广告手提袋或文件袋的形式,按顺序整理妥当,顺序依次为:会议议程—新闻通稿—演讲发言稿—发言人背景资料介绍—公司宣传册—主体内容说明介绍资料(一般是新产品、新技术的发布会)—有关图表—企业新闻发言人名片—空白信笺、笔等—纪念品。

发布会的各项资料主要涉及下列内容:

① 发言提纲。发言人正式发言时的内容提要,应准确、全面、真实、客观。

② 问答提纲。在对可能被提问的主要问题进行预测的基础上,形成问答提纲,以做参考。

③ 报道提纲。事先必须精心准备一份以有关数据、图片、资料为主的报道提纲,在发布会上提供给与会者。提纲内容一般应包括:发布会涉及的信息要点;组织发展简史;技术手册(推介新产品或新技术的发布会);发言人个人资料等。此外,联系方式也应列在报道提纲上,便于日后联系。

④ 形象化视听材料。主要是有关的图片、照片、模型、录像、光碟等,可增强发布会的宣传与接收效果。

3. 其他相关物品的准备

现场音响设备的调试也是非常重要的工作,对于同声传译设备、扩音设备等要进行检查调试;此外,主席台列席人士的标识牌要摆放准确、整齐;礼品的准备要到位等。

二、发布会进行过程中的工作

新闻发布会一般时间不长,服务程序也较简单。

1. 会议签到

搞好会议签到接待工作,让记者和来宾在事先准备好的签到簿上登记,留下相关联系方式。而后由专人引领其至会场就座。

2. 分发会议资料

将事先准备好的资料发给来宾和记者。

3. 宣布会议开始

由主持人简要说明召集会议的目的，所要发布的信息或事件的背景和经过等。

4. 发言人讲话，回答记者提问

发言人就某些问题做重点详细的讲述，准确、流利地回答记者的提问。这一过程是最为关键的实质性环节。

5. 宣布会议结束

如果条件具备，还可组织茶会或酒会，以便与记者或来宾进一步沟通，加强彼此的合作交流。

三、发布会的善后事宜

发布会结束后，应在一定时间内对其进行评估善后工作。

1. 了解新闻界的反映

对照与会者签到名单，核实会议参加情况，了解媒体对发布会的意见或建议，以做出总结。

2. 整理会议资料

此处的会议资料主要是包括两方面：一是本次发布会自身产生的图文音像资料，做归档存放，以备查考；二是本次发布会的新闻报道资料。

3. 酌情采取补救措施

万一出现不利的新闻报道，应马上采取行动，说明真相，并与新闻机构协调处理。

四、发布会现场服务技巧

① 现场适当安排与主题内容相关的会议资料。

② 控制会场秩序，保证有序提问。

③ 主持人入场时，要协助主办单位工作人员疏通走道，同时要防止记者抢拍镜头而碰倒厅内陈设和用具。会议结束后，应注意保护发言人迅速安全撤离会场；同时立即清理会场，做好收尾工作。

④ 如确有特殊要求，可另外安排时间进一步采访。

【案例】

发布会现场出现的问题

宏利公司为庆祝新产品研制成功，决定召开新产品发布会。

发布会安排在公司的大会议室举行。3月23日上午9点，会议即将开始，公司经理秘书站在会议室的入口处，一边做着最后的检查，一边计算着嘉宾的人数。突然他发现主席台上的名签有问题，一位嘉宾因故不能前来，上面却摆着他的名签；一位重要的特意邀请的嘉宾，名签上的头衔却是错误的。正在这时，会议秘书组的一位工作人员又匆匆跑来，原来，现场的记者比预计的要多，准备的会议资料远远不够……

【分析与提示】

1. 上述案例出现的问题反映了该企业会议服务中存在的漏洞，发布会主席台嘉宾的邀

项目四 会议现场服务

请与名签的准备、摆放出现错误，是对嘉宾的不尊重。

2. 现场记者邀请组织工作与资料准备不衔接，同样是会前准备工作的疏漏。这就要求在发布会召开之前，主办方应有相当周密的安排计划，以及意外情况应对措施。

【工作任务】

实训一："国宾礼茶·岳西翠兰"合肥新闻发布会

为庆祝岳西翠兰入选国宾礼茶，发挥国宾礼茶宣传效应，提高其知名度，县委、县政府决定在合肥市召开"国宾礼茶·岳西翠兰"新闻发布会。具体的会议议程如下。

1. 岳西县领导宣读外交部礼宾司致安庆市委、市政府关于岳西翠兰茶入选国宾礼茶的感谢信并讲话。
2. 观看"国宾礼茶·岳西翠兰"电视专题片。
3. 安徽翠兰投资发展有限公司总经理介绍"国宾礼茶·岳西翠兰"生产情况。
4. 观看"国宾礼茶·岳西翠兰"茶艺表演。
5. 县领导及安徽翠兰投资发展有限公司代表接受媒体记者采访。

实训要求：
1. 该新闻发布会现场布置与服务环节设计。
2. 每个小组独立完成。

实训组织：
1. 组成工作小组。
2. 分析讨论该新闻发布会现场布置与服务要点，以PPT陈述方式说明，并试做简单点评。
3. 以小组为单位，交流分享。
4. 教师点评。

实训二：××爱心基金会新闻发布会暨启动仪式

一、活动目的

正式启动××爱心基金会，帮助更多需要帮助的人，向全社会发布信息，吸收更多爱心人士、企业的捐款，提高媒体的关注度。

二、会议流程

1. 主持人宣布新闻发布会正式开始；
2. 主持人介绍参加发布会的嘉宾、领导、媒体记者；
3. ××爱心基金会创始人发表讲话；
4. ××领导致贺词；
5. 嘉宾致贺词；
6. 文艺节目表演；
7. 答媒体提问（由媒体记者向发言人提问，从多个角度理解××爱心基金会成立的目的及意义，为报道提供充分素材）；
8. 主持人宣布新闻发布会结束，来宾退场；
9. 来宾在出口处领取纪念品（爱心基金会特别徽章）。

实训要求：
1. 该新闻发布会会现场布置与服务环节设计。
2. 每个小组独立完成。

实训组织：

1. 组成工作小组。
2. 分析讨论该新闻发布会现场布置与服务要点，以 PPT 陈述方式说明，并试做简单点评。
3. 以小组为单位，交流分享。
4. 教师点评。

任务五　赞助会服务规范

赞助，是指企业为了实现自己的目标（获得宣传效果）而向某些活动（体育、艺术、社会团体）提供资金支持的一种行为。赞助会是某项赞助举行时采用的表现形式。

一、赞助的意义

赞助对企业的发展具有特殊而重要的意义。具体表现为以下三点。

（1）提高企业知名度　赞助可以使组织的名字伴随所赞助的事件一起传播。如奥运会是举世瞩目的体坛盛会，收看的公众覆盖面非常广，遍布全世界，这样的赞助活动对企业知名度的提高是可想而知的。

（2）提高组织的美誉度　由于赞助活动所赞助的往往是社会大众所关注的、想支持的事业，因此赞助可以树立组织关心公益事业的良好形象，改变营利性组织"唯利是图"的商人形象。

（3）履行组织的社会责任　救灾扶贫，支持公益事业，对社会每个成员来说，人人有份，赞助活动正体现了组织在建设精神文明、履行社会责任和义务方面的积极态度。

二、赞助的类型

赞助活动的类型很多，常见的赞助类型有以下几种。

（1）赞助体育事业　主要包括为体育馆捐资和赞助大型体育比赛，其中以后者居多，因为体育比赛是当今的社会热点之一，对其进行赞助，往往可使本单位名利双收，一举两得。

（2）赞助文化活动　主要指赞助电影、电视节目的制作，赞助广播节目，报刊开辟专栏，赞助文艺表演，赞助知识竞赛、艺术节、文化节等大型文化活动。这种赞助活动，不仅有助于社会文化事业的发展，有助于全民族文化素质的提高，也有助于培养组织和公众的良好情感，提高组织的知名度。

（3）赞助教育事业　教育的发展是关系到国家千秋大业的大事。赞助教育事业，既有利于教育事业的发展，也会使组织从中受益。赞助教育的方式，主要有赞助设立的奖学金，赞助学校教学、科研经费、仪器设备、基本建设经费及赞助社会办学等。

（4）赞助社会福利事业　这主要指为贫困地区、残疾人、孤寡老人和荣誉军人等提供帮助的活动。这类赞助体现了组织高尚的道德品质，也是组织向社会表明其承担社会义务和责任的手段。

不管赞助对象是谁，赞助单位向被赞助的单位和个人提供的赞助物品主要有四类：一是金钱，赞助单位以现金或支票的形式，向受赞助者提供赞助；二是实物，赞助单位或个人以一种或数种具有实用性的物资的形式，向受赞助者所提供的赞助；三是义卖，赞助单位或个人将自己所拥有的某种物品进行拍卖，或是划定某段时间将本单位或个人的商品向社会出售，然后将全部所得，以现金的形式，再向受赞助者提供赞助；四是义工，赞助单位或个人派出一定数量的员工，前往受赞助者所在单位或其他场所，进行义务劳动和有偿劳动，然后以劳务的形式或以劳动所得来提供赞助。

三、赞助会的现场服务工作

赞助活动实施之际，往往需要举行一次集会，将有关的事宜公告于社会。这种以赞助为主题的集会，在赞助活动中，尤其是大型赞助中，大都必不可少。赞助会一般由受赞助者操办，也可由赞助者操办。

1. 场地的布置

赞助会的整体风格是庄严而神圣的，因此赞助会举行地点的选择与布置也要与之相适应。一般可选择受赞助者所在单位的会议厅，也可租用社会上的会议厅。会议厅的大小要适宜，干净整洁。会议厅内，灯光亮度适宜。在主席台的正上方，还需悬挂一条大红横幅，在其上面，应以金色或黑色的楷书书写着"某某单位赞助某某项目大会"，或者"某某赞助仪式"的字样。前一种写法是突出赞助单位；后一种写法，则主要是为了强调接受赞助的具体项目。一般来讲，赞助会的会场不宜布置得美轮美奂，过度豪华张扬。否则，极有可能会使赞助单位产生不满，因为它由此可能产生受赞助单位不务正业、华而不实的感觉。

2. 人员的选择

参加赞助会的人员既要有充分的代表性，又不必在数量上过多。除了赞助单位、受赞助单位双方的主要负责人及员工代表之外，赞助会应当重点邀请政府代表、社区代表、群众代表以及新闻界人士参加。所以参加赞助会的人士，与会时都要身着正装，注意仪表，个人动作举止规范，以与赞助会庄严神圣的整体风格相协调。

3. 会议的议程

赞助会的具体会议议程应该周密、紧凑，时间不宜超过一小时。其议程是：

第一，宣布会议开始。赞助会的主持人，一般应由受赞助单位的负责人或公关人员担任。在宣布正式开会之前，主持人应恭请全体与会者各就各位，保持肃静，并且邀请贵宾到主席台上就座。

第二，奏国歌。此前，全体与会者须一致起立。在奏国歌之后，还可奏本单位标志性歌曲。

第三，赞助单位正式实施赞助。赞助单位代表首先出场，口头上宣布其赞助的具体方式或具体数额。随后，受赞助单位的代表上场。双方热情握手。接下来，由赞助单位代表正式将标有一定金额的巨型支票或实物清单双手捧交给受赞助单位代表。必要时礼仪小姐要为双方提供帮助。在以上过程中，全体与会者应热烈鼓掌。

第四，双方代表分别发言。首先由赞助单位代表发言，其发言内容，重在阐述赞助的目的与动机。与此同时，简要介绍本单位的情况。然后由受赞助单位代表发言，集中表达对赞助单位的感谢。

第五，来宾代表发言。根据惯例可以邀请政府有关部门的负责人讲话。其讲话主要肯定赞助单位的义举，呼吁全社会积极倡导这种互助友爱的美德。该项议程，有时也可略去。至此赞助会结束。

会后，双方主要代表及会议的主要来宾，应合影留念。此后，宾主双方稍事晤谈，来宾即应告辞。在一般情况下，在赞助会结束后，东道主大都不为来宾安排膳食。如确有必要，则至多略备便餐，而绝不宜设宴待客。

【案例】

信报利群助学捐款仪式举行

　　2003年9月28日,伴随着"阳光总在风雨后"动听悦耳的歌声,100名来自北京大学、清华大学等10所高校的"利群阳光使者"齐聚中华世纪坛。他们每人从北京娱乐信报社常务副社长、总编辑孙瑜女士和杭州卷烟厂党委副书记郭晓英女士手中接过了2000元的助学金。由信报、浙江都市快报、江苏扬子晚报、山东齐鲁晚报和杭州卷烟厂共同发起的"2003年利群阳光大型公益助学活动"终端捐助仪式在中华世纪坛举行,引起了社会的广泛关注。

　　下午2时,在信报总编辑助理刘珲的"只要追求,就有阳光"的开场白后,为期一年的"利群阳光大型公益助学活动"终端捐助仪式在中华世纪坛拉开序幕。(根据新浪网内容编辑)

【分析与提示】

　　赞助仪式因其活动性质的特殊,所以现场的气氛是要用心布置和营造的,本案例中在仪式开始之初便安排背景音乐,柔和的旋律、奋发的语句与现场的活动内容协调一致,相得益彰。本身赞助仪式服务是非常简单的工作,但要做好细节性的工作则可起到画龙点睛的效果。

【工作任务】

实训:××森林旅游节赞助商(××公司)签约仪式

一、赞助会目的

1. 整个赞助会能准确诠释××音乐节的办会主题"绿水青山就是金山银山,冰天雪地也是金山银山"。

2. 整个赞助会能准确诠释××公司的经营理念与特色。

二、赞助会流程

1. 领导嘉宾签到

2. 主持人介绍出席领导及嘉宾

3. 播放××森林旅游节宣传片

4. 播放××公司宣传片

5. 地方领导致辞

6. ××森林旅游节主办方代表致辞

7. 三方签约见证

8. 颁发赞助证书

9. 颁发赞助牌匾

10. 互赠礼物

11. 合作启动仪式

12. 签约仪式结束

实训要求:

1. 该赞助会会场布置与服务环节设计。

2. 每个小组独立完成。

实训组织:

1. 组成工作小组。

2. 分析讨论该赞助会现场布置与服务要点，以PPT陈述方式说明，并试做简单点评。
3. 以小组为单位，交流分享。
4. 教师点评。

任务六　签约仪式服务规范

签约仪式，是社交或商务活动中合作双方或多方经过谈判或协商，就彼此共同关注的事件达成协议，签订合同后，由双方代表正式在有关的协议或合同上签字的一种庄严而隆重的仪式。

一、签约仪式的准备

签约仪式具有较大的新闻价值和影响力，虽然时间很短，但是谈判活动的成果和高潮，要认真筹备，确保圆满。在商务交往中，人们在签署合同之前，通常会竭力做好以下几个步骤的准备工作。

1. 签约场地的布置

签约场地有常设专用的，也有临时以会议厅、会客室来代替的。签约场地的布置要给人庄重、整洁、清净的感觉。

一间标准的签字厅，室内应当铺设地毯，除了必要的签字用桌椅外，其他一切的陈设都不需要。正规的签字桌应为长桌，其上面最好铺设深绿色的台布。

按照仪式礼仪的规范，签字桌的座位，面对正门。在其后，可摆放两把高靠背扶手座椅（左为主方签字座位，右为客方签字座位）。签署双边性合同时，可放置两张座椅，供签字人就座。签署多边性合同时，可以仅放一张座椅，供各方签字人签字时轮流就座；也可以为每位签字人各自提供一张座椅。签字人在就座时，一般应当面对正门。

在签字桌上，应事先安放好待签的合同文本、席位卡、鲜花、话筒，以及签字笔、吸墨器等签字时所需的文具。

与外商签署涉外商务合同时，还需在签字桌上插放有关各方的国旗。插放国旗时，在其位置和顺序上，必须按照礼宾序列而行。例如，签署双边性涉外商务合同时，有关各方的国旗须插在该方签字人座椅的正前方。

各国举行的签字仪式的安排不尽相同。有的国家设置两张方桌为签字桌，双方签字人员各坐一桌，双方的国旗分别摆放在各自的签字桌上，参加仪式的人员坐在签字桌的对面。右至左（主方）地列成一行，站立于己方签字人的身后。当一行站不完时，可以按照以上顺序并遵照"前高后低"的惯例，排成两行、三行或四行。原则上，双方随员人数应大体上相近。

在签署多边性合同时，一般仅设一个签字椅。各方签字人签字时，需依照有关各方事先同意的先后顺序，依次上前签字。他们的助签人，应随之一同行动。在助签时，依"右高左低"的规矩，助签人应站立于签字人的左侧。与此同时，有关各方的随员，应按照一定的序列，面对签字桌就座或站立。

2. 预备好待签的合同文本

依照商界的习惯，在正式签署合同之前，应由举行签字仪式的主方负责准备待签合同的正式文本。待签的合同文本，应以精美的白纸印制而成，按大八开的规格，装订成册，并以高档质料，如真皮、金属、软木等，作为其封面。

举行签字仪式，是一桩严肃而庄重的大事，因此不能将"意犹未了"的"半成品"交付其使用；或是临近签字时，有关各方还在为某些细节而纠缠不休。在决定正式签署合同时，就应当拟定合同的最终文本。它应当是正式的，不再进行任何更改的标准文本。

负责为签字仪式提供待签的合同文本的主方，应会同有关各方一道指定专人，共同负责合同的定稿、校对、印刷与装订。按常规应为在合同上正式签字的有关各方，均提供一份待签的合同文本。必要时，还可再向各方提供一份副本。

签署涉外商务合同时，比照国际惯例，待签的合同文本，应同时使用有关各方法定的官方语言，或是使用国际上通行的英文、法文。此外，亦可同时并用有关各方法定官方语言与英文或法文。使用外文撰写合同时，应反复推敲、字斟句酌，不要望文生义或不解其意而乱用词汇。

3. 安排好签字时的座次

在正式签署合同时，各方代表对于礼遇均非常在意，因而商务人员对于在签字仪式上最能体现礼遇高低的座次问题，应当认真对待。

签字时各方代表的座次，是由主方先期排定的。合乎礼仪的做法是：在签署双边性合同时，应请客方签字人在签字桌右侧就座，主方签字人则应同时就座于签字桌左侧。双方各自的助签人，应分别站立于各自一方签字人的外侧，以便随时对签字人提供帮助。双方其他的随员，可以按照一定的顺序在己方签字人的正对面就座。也可以依照职位的高低，依次自左至右（客方）或是自右而左（主方）就座。

4. 规范好签约人员的服饰

按照规定，签字人、助签人以及随员，在出席签约仪式时，应当穿着具有礼服性质的深色西装套装、中山装套装或西装套裙，并且配以白衬衫与深色皮鞋。男士必须系上深色领带，以示正规。

在签约仪式上露面的礼仪人员、接待人员，可以穿自己的工作服，或是旗袍式的礼仪服装。

二、签字仪式的程序

虽然签字仪式的时间不长，但它是合同、协议签署的高潮，其程序规范、庄重而热烈。

1. 签字仪式开始

有关各方人员进入签字厅，在既定的位次上坐好。签字者按照主居左，客居右的位置入座，对方其他陪同人员分主客两方各自职位、身份高低为序，自左向右（客方）或自右向左（主方）排列站于各签字人之后，或坐在己方签字者的对面。双方助签人分别站在己方签字者的外侧，协助翻揭文本，指明签字处，并为业已签署的文件，吸墨防洇。

2. 签字人签署文本

签字人签署文本通常的做法是，先签署己方保存的合同文本，后签署他方保存的合同文本，这一做法在礼仪上称为"轮换制"。它的含义是在位次排列上，轮流使有关各方有机会居于首位一次，以显示机会均等，各方平等。

3. 交换合同文本

双方签字人，正式交换已经有关各方正式签署的文本，交换后，各方签字人应热烈握手，互致祝贺，并相互交换各方才使用过的签字笔，以致纪念。这时全场人员应鼓掌表示祝贺。

4. 共同举杯庆贺并拍照

交换已签订的合同文本后，礼宾小姐会用托盘端上香槟酒，有关人员，尤其是签字人当场干上一杯香槟酒,这是国际上通用的旨在增添喜庆色彩的做法。有的签约仪式对拍照有限制,只允许此时拍照。

5. 有秩序退场

请双方最高领导者及客方先退场,然后东道主再退场。整个签字仪式以半小时为宜。

【案例】

10个欧洲国家加入欧盟条约签字仪式在雅典举行

4月16日,对建设"大欧洲"的欧洲人来说是一个具有历史意义的日子。当天下午,欧洲10个国家加入欧盟条约的签字仪式在举世闻名的雅典卫城脚下的古代集贸市场举行。

当地时间下午3时30分左右,来自欧洲40多个国家的领导人鱼贯步入由古希腊国王阿塔洛斯在这里建造的双层拱顶楼宇。希腊总理西米蒂斯和外长帕潘德里欧首先在条约上签字。随后,其他欧盟成员国和10个新成员国的国家元首或政府首脑分别发表了简短又热情的讲话,并在各自国家外长的陪同下签字。

这10个欧盟新成员是捷克、爱沙尼亚、塞浦路斯、拉脱维亚、立陶宛、匈牙利、马耳他、波兰、斯洛文尼亚和斯洛伐克。经过有关批准程序后,它们将从2004年5月1日起正式成为欧盟成员国。上述10国的入盟谈判是从1998年3月开始的,2002年10月结束。

初春的雅典风和日丽,屹立在山巅的卫城上的洁白大理石建筑在碧蓝天空的映衬下分外壮观。欧盟轮值主席国希腊把签字仪式设在卫城脚下的古市场具有特别含义。因为这里不仅是古希腊许多著名的哲学家宣扬民主自由的演讲场所,同时也是古雅典商业发展的摇篮。签字地点设在这里体现了欧洲国家建立大欧洲的梦想。

西米蒂斯在签字仪式上发表讲话说,吸收10个欧洲国家入盟是欧盟发展史上的"重大事件",它宣告了第二次世界大战后东西欧"分裂局面的终结"。

这是欧盟历史上第五次扩大成员国,也是扩大规模最大的一次,是欧洲一体化建设的重要进展,为欧盟实现成为世界重要一极的梦想奠定了基础。扩大后的欧盟将从目前的15个成员国增加到25个,即欧洲国家的大多数,人口将增加20%,整体国内生产总值将增加5%,经济总量将与美国不相上下。此前,欧盟先后在1973年、1981年、1986年和1995年4次扩员。

来源:新华社雅典2004年4月16日电

【分析与提示】

签约仪式的场地选择和现场的活动安排是非常重要的,直接影响合作各方的印象,以及合作活动本身在社会上的影响和被关注度。本案例所涉及的欧洲10个国家加入欧盟条约的签字仪式是经过别具匠心的安排的。首先是场地的选择与安排,举世闻名的雅典卫城脚下的古代集贸市场承载了签约各方美好的希望与梦想;仪式的活动程序也体现了友好和谐的合作精神。

【工作任务】

实训:××公司与××公司签约仪式

签约仪式议程安排

1. 主持人宣布签约仪式开始,介绍主要来宾和领导。
2. 签约:主持人作项目友好合作情况介绍,并请助签嘉宾上台,××公司与××公司负责人××分别签约（由礼仪小姐引导并摆放签约文件夹、笔）。

3. 全部项目签约结束后，礼仪小姐斟酒，嘉宾举杯庆贺。
4. 公司代表××致辞。
5. 领导致辞。
6. 主持人宣布签约仪式结束，来宾退场，进入宴会厅进餐。

实训要求：
1. 该签约仪式现场布置与服务环节设计。
2. 每个小组独立完成。

实训组织：
1. 组成工作小组。
2. 分析讨论该签约仪式现场布置与服务要点，以PPT陈述方式说明，并试做简单点评。
3. 以小组为单位，交流分享。
4. 教师点评。

任务七　开幕式与闭幕式现场服务规范

开幕式、闭幕式是各种会展活动正式开始前和结束时的礼仪和庆祝活动。通过开幕式、闭幕式，可以起到扩大社会影响、提高社会知名度、树立主办单位良好社会形象的作用。开幕式、闭幕式一般在活动现场举行。现场可摆放花卉、悬挂彩旗和标语，也可根据内容需要播放音乐，表演舞蹈等文艺演出，以体现热烈隆重的气氛。时间较长或规模较大的开幕式、闭幕式，可设主席台并摆设座位；时间较短和规模较小的，一般站立举行，但事先应划分好场地以便维持现场秩序。主持人、致辞人和主要贵宾应面向观众。如场面较大，应安置扩音设备。涉外的重要开幕式、闭幕式，还应悬挂相关国家的国旗。筹备和举行开幕与闭幕仪式要遵循"热烈、隆重、节约、缜密"的原则进行。

一、开幕式与闭幕式的现场布置

1. 布置要求

开、闭幕式的现场布置很重要，气氛营造要与活动或会议的定位相吻合，尽量追求庄严隆重的格调。具体应注意以下几个方面。

（1）安全是第一位的　开、闭幕式的出席嘉宾一般是政府官员、工商名流、新闻人士等具有较大影响力的人物，因此确保安全、谨防突发事件是最重要的。

（2）签到处醒目，物品齐全　签到是举行开幕式、闭幕式的重要环节，既表示对来宾的欢迎，又可以留作纪念。一般用簿式签到。签到用的笔墨也应准备齐全，签到处要有醒目的标志，并安排工作人员接待引导。庆祝性的开幕式、闭幕式还要给领导和来宾准备胸花或胸带。

（3）舞台搭建稳固，会标协调美观　开、闭幕式的舞台一般是临时搭建的，因为其影响较大，可作为活动的脸面，所以在布置时要注意舞台的稳固美观。会标是开幕式、闭幕式等典礼活动现场最引人注目的装饰，其大小要与会场的大小相协调，色彩要与主题相一致。会标的文字一般应揭示活动的主题，有时也可反映主办单位和活动的日期。

（4）现场的空间布局要适当　在布置开、闭幕式的现场时要安排好人流的进出通道，在舞台与观众之间要留出足够的空间。

(5) 现场设备配置到位　现场的扩音视频设备、照明设备和空调设备等要安排专人控制，以保证仪式的效果。

2. 现场布置

根据仪式举行场地的不同，现场的布置也是有所区别的。

在场馆外举行的开、闭幕式，现场布置要有舞台背板或横幅，背板上的内容主要是活动名称、时间、举办单位等，舞台主持、发言台的布置要简单大方，在场地四周可悬挂横幅、标语、气球和彩带等，来宾赠送的花篮和牌匾要摆放在醒目处。此外，要将赞助单位的广告牌、空飘气球等宣传用具布置在场地合适的位置。

在场馆内举行的开、闭幕式，一般要布置好下列内容：舞台背板或横幅、舞台发言布置，鲜花、绿色植物的装点。此外，室内仪式还应在舞台四周布置活动简介牌、现场平面图、活动宣传推广报道牌、相关活动告示牌等。

如果开、闭幕仪式是站立举行的，要在来宾站立处铺设红色地毯，以示尊敬和庄重。

二、开、闭幕式的程序

开、闭幕式的形式多样，隆重的场合可以安排鸣放礼炮、嘉宾剪彩、领导讲话等。

1. 开幕式的程序

仪式的活动程序一般是：

① 大型活动的开幕式前可安排乐队演奏、表演歌舞等，以增加欢快的气氛。

② 来宾签到留念，并由现场工作人员为其佩戴胸花或来宾证，然后引入主席台贵宾区就座或站立，陌生的来宾应由工作人员向主办单位领导介绍。

③ 司仪介绍出席开幕式的领导并介绍到会嘉宾，而后宣布仪式由谁主持。主持人宣布仪式开始，重要的开幕式应奏国歌，涉外活动奏参与国的国歌。

④ 请有关领导按主宾顺序致辞，一般先由主办单位的领导发表简短的主题讲话，然后由来宾代表致贺词，最后是主办方身份最高的出席者致开幕词。

⑤ 剪彩。剪彩时由身份最高的人员居中，其他剪彩人员，按身份高低先左后右顺序排列；双方联合主办的剪彩仪式，则按主左宾右的惯例排列。剪彩时，播放音乐，参加人员鼓掌祝贺。

⑥ 为使仪式内容更为丰富，可安排相关文艺体育表演，或根据实际需要安排参观、植树等活动。

⑦ 最后还可邀请领导和来宾留言或题词。

2. 闭幕式的程序

① 致辞。举行一般的会议，由主办单位的领导人致闭幕词。闭幕词一般要对会议或活动进行总结，对会议精神的贯彻落实提出要求和希望，最后宣布会议或者活动圆满结束。

② 党的代表大会闭幕时应齐唱《国际歌》。

③ 节庆活动、展览会等大型活动，闭幕式后还可以举行文艺和体育表演，以示庆祝。

3. 现场服务的细节

在开、闭幕式的现场服务中，还要落实一些必要的细节：

① 明确现场工作人员及分工，落实现场总指挥、礼仪人员、安保人员和接待人员等。

② 特殊活动议程及其物品的准备及人员安排。

③ 领导和贵宾的排序及其姓名、职务等信息的核对。

④ 确定致辞人、剪彩人的次序、站位。

⑤ 音响、乐队、礼花等的配置。
⑥ 嘉宾签到簿、胸花、剪彩用品、公关礼品的准备与核对。

一切准备就绪后，将开、闭幕式议程打印出来，于仪式前送达有关领导和嘉宾及司仪。

三、开、闭幕式现场服务与接待

1. 开、闭幕式现场服务

开、闭幕式的现场组织与服务主要是以下几方面的工作：观众的组织；领导及贵宾的接待与引导；现场不同岗位工作人员的临场配合与协调；环境装修与设备监测；危机事件的及时处理等。

开幕式上向来宾赠送的礼品是一种宣传性传播媒介，只要准备得当，往往能产生很好的效果。礼品要突出纪念性，具有一定的纪念意义，让人珍惜，同时也要突出其宣传性，可以在礼品的包装上印上组织标志、庆典日期、产品图案、企业口号和服务承诺等。

2. VIP 接待

VIP（very important person），即贵宾。参加开、闭幕式的贵宾一般是政府官员、商界名流、著名艺人、外国驻华机构代表、重要赞助商等。他们的知名度与影响力较大，可提升活动的社会影响。

对于 VIP，活动主办方要事先确定好名单并及时与之进行多方面的沟通，将活动的相关信息准确告知，并派专人自始至终提供一对一的接待服务。对于特别重要的贵宾，要制订详尽、周到、谨慎的接待计划。

要安排专门的接待室，接待室要求茶杯洁净，茶几上放置烟灰缸，如不允许吸烟，应用礼貌标语标牌放置在接待室中，提示来宾；要准备好来宾的签到处，准备贵宾留言簿，最好是红色或金色锦缎面高级留言册，同时准备好毛笔、砚、墨等留言用的文具。为了便于来宾了解组织的情况，可以印刷一些材料，如庆典活动的内容、意义，来宾名单和致辞，组织经营项目和政策等。

开、闭幕式活动之前，要考虑贵宾的坐席和排位，在有坐席的情况下，贵宾必须要有席卡。需要贵宾致辞、剪彩的一定要安排好顺序，根据需要配备翻译。

在 VIP 接待中，更重要的一项安排是现场的安全管理与服务。需要提供较高要求的安保措施，防止各类突发事件的发生，维护良好的会场秩序，保证会场的安全。

3. 媒体的管理与服务

开、闭幕式现场会有相当多的媒体记者前来采访，进行媒体接待时要注意一些细节：
① 预先确定媒体接待工作小组。在现场负责与媒体的协调，并能与之形成良好的合作。
② 预先确定媒体受访者及要提供给媒体的新闻资料。提供给媒体的资料包括开幕式讲话稿和新闻通稿，尤其是新闻通稿，是各媒体报道活动的基调，要认真准备，注意突出活动及主办单位的宣传，有助于其形象和社会影响的提升。
③ 提供必要的硬件服务，如水、电、灯光、新闻中心等。根据具体的要求和条件，可在场地设立"新闻中心"，并配备相关的物品和设备，以供媒体记者直播或采访使用，这样对于活动的宣传会有很好的促进作用。

【案例】

第四届中国（哈尔滨）国际老年人用品博览会开幕式程序

① 邀请国家、省、市有关领导及专家出席开幕式、剪彩并发表重要讲话。

②老年用品生产、经营、销售、代理等权威企业代表向社会承诺,确保产品质量安全。

③展会开幕式上有省内各大媒体进行现场采访、直播,有军乐队为开幕式助威,展会期间场内有老年服装、舞蹈、歌咏等表演提升展会的文化艺术品位,会场外有多支老年秧歌队为大会助兴同时可作为企业的形象宣传。

④会场内外悬挂标语、口号以及宣传条幅和设置彩虹门、气球等烘托会场气氛。

来源:www.hrblbh.com

【分析与提示】

上述案例是一次展会活动的开幕式安排,虽然简短,但将开幕式的程序、出席嘉宾、仪式的特色活动和场地的布置等要素都进行了具体的安排。尤其是与展会的主题相适应,安排的老年表演和秧歌活动是很有创意的。

【补充资料】

奥运会的开幕式与闭幕式

* 奥运会开幕式

开幕式(Opening ceremony)历来都是奥运会的重头戏。在开幕式上既要反映出以和平、团结、友谊为宗旨的奥林匹克精神,也要展现出东道国的民族文化、地方风俗和组织工作的水平,同时还要表达对世界各国来宾的热情欢迎。开幕式上,除了进行一系列基本的仪式外,一般都有精彩的富有民族特色的团体操和文艺或军事体育表演。

开幕式主要有以下仪式:奥运会组委会主席宣布开幕式开始。国际奥委会主席和奥运会组委会主席在运动场入口迎接东道国国家元首,并引导他到专席就座。各代表团按主办国语言的字母顺序列队入场,但希腊和东道国代表团例外,希腊代表团最先入场,东道国最后。

奥运会组委会主席讲话,国际奥委会主席讲话。东道国国家元首宣布奥运会开幕。奏《奥林匹克圣歌》,同时奥林匹克旗以水平展开形式进入运动会场,并从赛场的旗杆上升起。

奥林匹克火炬接力跑,进入运动场,最后一名接力运动员沿跑道绕场一周后,点燃奥林匹克圣火,然后放飞鸽子。各代表团的旗子绕讲台形成半圆形,主办国的一名运动员登上讲台。他左手执奥林匹克旗的一角,举右手,宣读以下誓言:"我以全体运动员的名义,保证为了体育的光荣和我们运动队的荣誉,以真正的体育道德精神参加本届奥林匹克运动会,尊重并遵守指导运动会的各项规则。"

紧接着,主办国的一名裁判员登上讲台,以同样的方式宣读以下誓言:"我以全体裁判员和官员的名义,保证以真正的体育道德精神,完全公开地执行本届奥林匹克运动会的职务,尊重并遵守指导运动会的各项规则。"

奏或唱主办国的国歌,各代表团退场。这些仪式结束以后是团体操或其他文艺表演。这是历届奥运会开幕式工作量最大、准备时间最长、花费最多的项目,东道国往往提前一两年即开始准备,并挖空心思,以期能以恢弘的气势、独特的民族精神吸引来宾。开幕式的成败与否,在很大程度上取决于团体操和表演的效果。

* 奥运会闭幕式

开幕式突出的是庄严、隆重,闭幕式则多一些欢乐的气氛。必不可少的程序有各代表团的旗手按开幕式的顺序一列纵队进场,在他们后面是不分国籍的运动员队伍,旗手在讲台后形成半圆形。

国际奥委会主席和当届奥运会组委会主席登上讲台,希腊国旗从升冠军国旗的中央旗杆右侧的旗杆升起,主办国国旗从中央旗杆升起,下届奥运会主办国的国旗从左侧旗杆升起。

主办城市市长登上讲台,并把会旗交给国际奥委会主席,国际奥委会主席把旗交给下届奥运会主办城市的市长。

奥运会组委会主席讲话,国际奥委会主席致闭幕词。紧接着,奥林匹克圣火在号声中熄灭,奏《奥林匹克圣歌》的同时,奥林匹克会旗徐徐降下,并以水平展开形式送出运动场,旗手紧随其后退场。同时奏响欢送乐曲。各代表团退场。

最后,进行精彩的文艺表演。

来源:中国奥委会网站

【工作任务】

实训:××商品展销会开幕仪式

具体议程安排:

1. 主持人宣布××商品展销会开幕式开始,并介绍大会情况及出席仪式的领导、来宾。
2. 市委书记致欢迎辞。
3. 境外客商代表或团组负责人讲话。
4. 省领导讲话(或省相关主办单位代表发言)。
5. 请领导为开幕仪式剪彩。
6. 庆典仪式结束,请领导、来宾参观展销会。

实训要求:

1. 现场布置妥当、服务环节要完整。
2. 每个小组独立完成。

实训组织:

1. 组成工作小组。
2. 分析讨论该开幕式所需各类物品和服务要点,以PPT陈述方式说明,并试做简单点评。
3. 以小组为单位,交流分享。
4. 教师点评。

任务八　代表会议服务规范

代表会议是指各级党政及人民团体举行的、由法定选举的代表参加的会议,包括各级党的代表会议、各级人大代表会议、各级政协代表会议、各级工会代表会议等。

与其他类型的会议相比,这类代表会议具有如下特点:规格高,场面隆重;政治性强;会议内容保密性高;与会人数多,代表性广泛;会场大,会议持续时间长。

一、会前准备工作

会前准备工作对会议的服务质量有着至关重要的影响,进行充分、完善的准备工作有助于会议的成功举办,主要应重点抓住以下几方面:

(1)准备所需物品,满足会议需要　对会场内的椅子、沙发、桌子、茶几、地毯等物品全面检查,及时修理更换补充,根据会议规模检查茶具、毛巾等各种服务用品的数量,按计划增添短缺物品。

(2) 布置主席台 大型或重要的会议通常安排席卡，席卡的颜色、字体、规格应统一。主席台的布置应庄重大方，背景和谐。

(3) 现场的清洁与安保工作 举行大会的场所及周围环境，都要进行全面细致严格的清洁卫生工作，美化环境，消除各种安全隐患，确保会议的顺利进行。

(4) 选拔现场服务人员，进行业务培训 会前，按分工将所有工作人员进行业务培训，熟悉岗位环境和要求，了解工作职责和岗位服务规范，并结合岗位情况进行着装仪表、举止言谈、服务操作等方面的专门训练。或者在会前进行一次业务演习，以达到一流的服务水平。

二、代表会议服务

1. 场内服务

场内服务是指在礼堂内为与会者指路引座及其他相关事务的服务工作。其工作规程如下：

① 整理抽斗，擦桌面、椅子，清扫地板，保证场内温度适宜、空气新鲜。

② 按要求摆好指路牌和各种标志牌。

③ 入场前一小时，统一着装，仪表整洁地入岗、站位。站位时一般站在各走道口的一侧，面向与会者。

④ 指路时右手抬起，四指并拢，拇指与其余四指自然分开，手心向着客人，示意所指方向，并说"请这（那）边走"。

⑤ 熟悉场内区域座号，主动为与会者正确引座，特别照顾年老体弱者。

⑥ 大会开始，站到工作位上，站姿端正、精力集中，认真观察场内动静，如有行动不便者站起，要迅速前往照顾。保持场内秩序井然。

⑦ 会间休息或休会时，要及时打开门帘，按规范要求站到自己的岗位上，照顾与会者出入或退场。

⑧ 与会者退场后，认真仔细地清理会场，对与会者遗失的东西，要记清座号，及时上交汇报。

⑨ 认真做好当日收尾工作，妥善保存各种标牌，为次日会议做准备。

2. 主席台服务

① 搞好主席台卫生，保持清洁。

② 明确主席台就座的总人数和各排人数，主要领导的座位和生活习惯及招待标准、工作要求。

③ 配齐主席台所需茶具、毛巾、名签座、文具等，茶具准备要认真、安全、卫生。

④ 入场前一小时上岗，检查主席台桌椅，摆放各种物品，要求距离一致，整齐划一。

⑤ 垫盘、茶杯的花色图案要正对主人，茶杯把手朝里，略有斜度（一般不大于90°，不小于45°）。

⑥ 每个座位前都摆放毛巾，毛巾叠法要一致，摆放整齐。

⑦ 会前30分钟，准备茶水。倒水时步态平稳，动作协调，左手小拇指与无名指夹住杯盖，中指与食指卡住杯把，大拇指从上捏紧杯把，将茶杯端至腹前，右手提暖瓶将水徐徐斟入杯中，以八分满为宜。

⑧ 会前20分钟，统一检查茶杯。检查时用右手手指的背面轻轻靠一下杯子，即可知道是否有水，发现空杯、裂杯要及时处理。

⑨ 会前10分钟，要按各自分工各就各位，照顾与会者入场、就座。

⑩ 奏国歌时，听指挥统一上台，照顾自己所负责的搀扶对象起立、落座。

⑪ 第一次续水可在会议开始后30分钟，以后每40分钟续一次水。对首长和报告人应根据情况及时续水。

⑫ 收尾工作按撤杯盖→倒剩茶水→收茶杯→擦收垫盘→收毛巾、名签座的顺序进行，并做好下次会议的准备工作。

3. 厅室服务

厅室服务主要是为与会者在会前或会中休息提供服务。

① 明确本厅活动的人数、主要领导及其生活习惯、招待标准、工作要求。

② 按要求和人数布置沙发、椅子、茶几、衣架等，形式要美观、大方、协调。

③ 搞好清洁卫生，备好茶具物品，保证室内温度适宜，空气清新。

④ 全面检查现场和出入路线，发现漏洞及时弥补。

⑤ 会议进行中，观察会场情况，及时续水。

【工作任务】

实训：××第十届党代表大会第二次会议

为确保区第十届党代表大会第二次会议成功召开，顺利推进我区党代表大会常设制试点工作，特制定筹备工作方案。

一、会议时间和地点

拟定××××年××月末，会期1天。

会议地点：六楼大会议室。

二、会议议程

1. 听取和审议区委、区纪委工作报告，并做相应决议；
2. 听取和审议党费收缴使用情况报告；
3. 听取党代表提案情况的说明；
4. 补选区委委员。

实训要求：

1. 现场布置妥当。
2. 模拟会议现场服务中的引导服务。
3. 每个小组独立完成。

实训组织：

1. 组成工作小组。
2. 分析讨论该代表会议所需各类物品和服务要点，以PPT陈述方式说明，并试做简单点评。
3. 以小组为单位，交流分享。
4. 教师点评。

任务九　颁授仪式现场服务规范

颁授仪式是一种奖励或庆祝活动，一般是颁授学位，颁发奖章、勋章等，用于对作出突出贡献的人或业绩优秀的人士进行表彰或认可。颁授仪式的组织应营造热烈、欢快而隆重的气氛。

颁授仪式的现场服务应注意下列环节。

一、活动现场的布置

举行颁授仪式的场地，要进行恰当的安排与布置，以给全体出席者留下好的印象。

1. 地点的选择

在选择具体地点时，应结合颁授活动的规模、影响力以及主办单位的实际情况来决定。室内举行的话可以选择礼堂、会议厅等，室外颁授可在广场等较开阔的地点举行，但应注意四周的交通、治安和噪声等问题，以免影响仪式的顺利进行。

2. 场地的大小

颁授仪式的场地大小要与参加人数的多少成正比，同时要注意领奖台的大小要适中，过大或过小，都会给与会者造成不太好的感觉。

3. 环境的美化

为了烘托颁授仪式热烈、隆重、喜庆、欢快的气氛，应尽可能美化仪式现场的环境。可张挂横幅，悬挂一些彩带、彩灯或彩旗，同时会场四周尤其是领奖台可用一些花卉来装点。

4. 音响的准备

现场的音响设备是要事先准备好的，尤其是麦克风和传声设备，颁授时还要有伴奏的音乐，因此要选择喜庆、欢快的乐曲。

二、颁授仪式的程序

颁授仪式的程序拟定有两个原则：一是时间宜短不宜长，为了尊重全体出席者，确保效果，时间不要超过一小时；二是程序宜少不宜多，程序过多会延长时间，分散与会者的注意力，并给人以凌乱之感。依照常规，颁授仪式大致包括以下几项程序：

1. 常规程序

① 请来宾入座，宣布仪式正式开始。

② 介绍嘉宾。

③ 主办单位主要负责人致辞。

④ 宣读颁授名单。

⑤ 上台领奖。

2. 特殊程序

有时，颁授仪式根据所在行业领域的情况，可在奖授之余安排一些有特色的活动，以活跃现场气氛。

① 获奖嘉宾（代表）感言。

② 文艺演出。

【补充资料】

奥运会简要颁奖流程

　＊礼仪志愿者等候区听入场音乐。

　＊手举托盘和捧鲜花志愿者入场。

　＊引领运动员、嘉宾入场。

　＊听音乐，按次序颁奖，奏国歌。

＊嘉宾退场、运动员退场。

三、颁授仪式现场服务

1. 领位

领位这个词汇最初是源自于在高档餐饮酒店场合中由门迎小姐引导客人到指定桌席就座。然而用于团体性颁奖典礼时却非常实用。并作为事前的重要准备内容成为确保颁奖典礼流程不乱的一大关键。颁授之前将上台领奖者统一组织到观众席右侧，而后听会场主持人的安排从右侧依次走上领奖台授奖。在这个环节中，现场引导人员是非常关键的。

2. 物品的准备与发放

颁授仪式上所需物品一般是奖品、证书、奖杯等，除此以外，还有鲜花。事先应准备妥当，主要是将物品与获奖人数一一核对，以免出现遗漏。在发放时，要注意颁授嘉宾与领受者数量的一致。

3. 背景音乐的准备与播放

颁授仪式追求的是喜庆、欢快、愉悦的氛围，在颁授环节中一定要有合适的音乐来烘托气氛。

4. 现场人流的组织与控制

颁授仪式既要保证有足够的人员参加，以免有冷冷清清的感觉，又要适当地控制现场的人流，维护现场秩序和安全。

5. 其他服务

在此，主要是相关物品的准备、媒体记者的接待与组织等工作。在颁授仪式现场，最关键的是做好及时准确的引领。

【案例】

冰心文学馆在东京举行颁授仪式

为了表彰日本著名宗教思想家、哲学家、作家、诗人和摄影艺术家，日本国际创价学会会长池田大作先生与夫人，为中日的和平、教育与文化交流作出的杰出贡献，冰心文学馆决定聘请池田大作先生为"名誉馆长"，授予池田香峰子夫人为"爱心大使"的称号。

福建省文联书记处书记、副主席章绍同，冰心研究会秘书长、冰心文学馆常务副馆长、法人代表王炳根，福建省文学艺术交流中心主任郭平组成的福建省文联代表团，应邀专程前往日本东京出席颁授仪式。

2007年9月26日，位于东京八王子山峦之中的牧口纪念馆，掩映在秋日的烟雨之中。福建省文联代表团在国际创价学会副会长、国际室室长吉乡研滋，香港国际创价学会理事长李刚寿的陪同下，乘专车来到纪念馆前，受到上百名手持中日两国国旗的青年学生的欢迎。代表团在电梯的运送下，来到牧口先生的铜像前，向这位创价学会的创始人、第一任日本创价学会会长致意。在纪念馆的五楼展厅，国际创价学会副会长、池田大作先生的长子池田博正迎候在那里。代表团由池田博正亲自陪同与讲解，参观了全世界一百多个大学与研究机构授予池田大作先生荣誉称号的展览，有图片、证书、证章、礼品、纪念品与各种语言的著作版本等，其中，与冰心有关的两个专柜陈列在大厅显著的位置，一个展柜中陈列着1980年4月，中国作家代表团团长巴金、副团长冰心在热海与池田先生会面的照片，有冰心亲笔题签赠送池田先生的著作，另一个展柜中陈列着冰心文学馆赠送给池田先生的《冰心》画册，王炳根题签赠送给池田先生的《永远的爱心·冰心》、《冰心·非文本解读》著作。

参观之后，代表团乘电梯登上七楼，池田大作先生与池田香峰子夫人在电梯口迎候，对代表团的到来表示热烈的欢迎。代表团与池田先生等步入颁授大厅，受到早已等候在那儿的2000多人的长时间掌声的欢迎。颁授仪式开始时，全体起立，奏中国国歌，在介绍来宾之后，由王炳根致赞辞，多次赢得热烈的掌声，致辞话音刚落，池田先生便迎上前来，与王炳根亲切握手致谢，他说他听了致辞很受感动，将终生铭记在心。之后，由章绍同、王炳根、郭平向池田大作先生与池田香峰子夫人颁授冰心文学馆"名誉馆长"与"爱心大使"的匾牌，当池田先生从章绍同副主席手上接过"冰心文学馆名誉馆长"的聘书时，亲吻了匾牌，全场出现了会心的欢笑。面对福建省文联、冰心文学馆赠送的"富贵长寿"的国画牡丹时，池田先生称赞道，这不仅是送给我个人的宝物，同时，我们日本又增添了一件国宝；面对赠给池田夫人的"青年冰心"的漆画，池田先生说，他知道这个画种，十分珍贵，这不仅是赠给夫人的，同时也是创价学会全体女界的荣誉。池田先生在颁授答谢辞中，高度评价了中国第一位女作家谢冰心和冰心文学馆，同时，就中日友好、中国传统文化、日本青年做人与行事的准则发表了长篇演说。整个会场整齐严谨而又活跃热烈，2000余名听众始终处于亢奋与激动状态，令人难忘和感动。

　　颁授仪式上，同时有福建省社会科学院授予池田大作先生"名誉教授"称号的内容，严正院长与郑有国副研究员出席。

　　来源：www.bingxin.org

【分析与提示】

　　上述案例是一个颁授仪式的现场，活动的程序安排紧凑自然，现场气氛整齐严谨而又轻松融洽。

　　因是国际性的活动，所以颁奖仪式的现场布置及活动程序和内容都做了刻意的安排。现场环境布置与活动内容相协调，在活动开始时奏中国国歌，以示友好与尊重，同时现场的掌声也有助于活跃气氛，使得整个颁授仪式是在一种热烈、友好的环境中进行。

【补充资料】

颁奖典礼上常见的十大出错症状

1. 奖杯或证书上的名字与获奖人不符，导致很多心急的获奖人在台上就开始乱找自己的名字然后相互交换奖品，场面一下子陷入混乱。——这是颁奖典礼上最常见、也是最容易出错的关键点。几乎有70%的颁奖典礼都容易出现此类状况，可谓防不胜防，屡禁不止。

2. 在颁奖环节没有任何喜庆性质的背景音乐，现场静得出奇，气氛一下子变得庄严肃穆，丝毫感觉不到任何的荣誉感和愉悦感。——这是颁奖典礼上第二常见的遗忘点和出错点。通常是因主办方和场地方音响师没有事先交代或双方配合不默契造成的。

3. 在特定的时间内，获奖人上台不齐或不全。——这也是颁奖典礼上很常见的毛病。获奖人稀稀拉拉上场，或迟迟有个别人未到，很让主办方和主持人头疼。

4. 获奖人与真正上台的领奖人不一致。——通常在一场大会上能获奖的都是知名人物或社会名流，而他们往往忙于公事等原因不能到场（事实上通常是因为本次活动规格不够高，从而使他们不愿亲临现场），从而随便安排一个助理、员工、司机等前来领奖。更有甚者，台上的所有领奖人竟然没有一个是真正的获奖人，而全部是替领人。

5. 领奖人尚未登台，颁奖嘉宾已先上场。——这可能是源于现场主持人不专业，现场引导错位，或是主办方安排不周所致。要知道颁奖人通常都是比获奖人更为德高望重的名流名家或长者，为了彰显尊贵，他们通常要比获奖人后上场才会更好。

6. 礼仪小姐出场时机和站位不正确，从而影响了获奖者和颁奖者的荣誉气氛营造和现场摄影摄像的拍摄效果。——这通常是由主办方忘了事先向礼仪小姐交代造成的。

7. 领奖者与颁奖嘉宾的站位不正确。——可能是领奖人和颁奖人上场顺序的错位，也可能是礼仪小姐的站位不对，更可能是三者之间的交互原因，反正我们经常看到大家的站位不正确而乱成一团。

8. 获奖者、颁奖嘉宾、礼仪小姐的退场顺序搞乱。——往往是该退场的还没有等到退场，不该先退场的就已经退了场。大大影响了颁奖过程给所有参与者带来的荣誉感、愉悦感和喜庆气氛。

9. 颁奖后忘记了拍照留念。——平心而论，颁奖为了什么？领奖又为了什么？当然是为了荣誉的展示和分享。并且还为了能在日后的某些关键时刻向当日未能到场的朋友传递荣誉。然而有很多颁奖现场经常容易出现颁奖刚一结束就有个别嘉宾三三两两跑下台去，严重影响了现场的人员整齐性。

10. 获奖者在合影时站位往往参差不齐。——这个毛病通常是在不经意中出现的，并不算是什么致命的因素，主办方只需在嘉宾上场前向大家交代一下就会改善很多。但我却仍然在很多颁奖场合看到获奖人在获奖后站位或紧或松、或前或后，奖杯、鲜花、证书等或举或落、或拿或抱，极大地影响集体拍摄效果。

来源：新浪博客　一代会展人

【工作任务】

实训：十大杰出创业人士评选活动颁奖仪式

活动主题：励志人生走出去，海外创业天地宽

活动形式：访谈类颁奖晚会

活动地点：××省电视台600平方米演播大厅

活动时长：90分钟

辅助设备：气柱、泡泡机、冷焰、彩跑等

实训要求：

1. 现场布置妥当。
2. 模拟颁奖现场服务中的引导服务。
3. 每个小组独立完成。

实训组织：

1. 组成工作小组。
2. 分析讨论该代颁奖仪式服务要点，以PPT陈述方式说明，并试做简单点评。
3. 以小组为单位，交流分享。
4. 教师点评。

任务十　现代远程会议现场服务规范

现代远程会议，一般也叫电话电视会议或视频会议，是运用现代通信技术和计算机技术召集相距遥远的不同地点的单位和人员举行的会议。主要具有三方面的特点：一是科技含量高；二是超越传统会议的时间和空间；三是实现会议的无纸化。现代远程会议同时具有两大作用：节省时间资源，提高工作效率和降低会议成本。

一、现代远程会议的服务

现代远程会议大体分为三类,即远程电话会议、远程电视电话会议和远程计算机网络会议。

1. 远程电话会议

远程电话会议是利用程控电话的"会议电话"功能召集各地点的人员举行电话会议。它具有方便灵活,时间安排自由的特点,其会务工作的程序要点如下:

① 发出会议通知。
② 寄发会议书面材料。
③ 安排好主会场与分会场。
④ 接通电话。
⑤ 相互通报出席情况。
⑥ 做好会议记录。

所有参加电话会议的人员应至少提前 5 分钟进入会场,做好充分的准备。会议时间一到,由召集方以主叫的方式接通与会各方。具体操作程序是:

① 会议召集人拿起电话,听到拨号音后,在双音频电话机上按"＊53♯",听到第二次拨号音后,拨通第一个与会者的电话。

② 再按一下 R 键或拍一下叉簧,听到拨号音后,再按"＊53♯",听到第二次拨号音后,拨通第二个与会者的电话。如此循环操作,便可完成参加会议各方的电话接入程序,开始正式的议程。

2. 远程电视电话会议

远程电视电话会议是利用全像电视电话系统召集的远程会议。摄像机拍下各会场的镜头,连同声音一起通过通信线路传送到其他各分会场。由于实现了图像和声音的同时传送,既可以直接观察到各分会场的实况,又可以通过电视画面传送文件,其效果大大优于单纯的电话会议。

举行远程电视电话会议,应注意以下几点:

① 发出会议通知。
② 寄发会议书面材料。
③ 安排好会场。
④ 准时开会、散会。
⑤ 先集中、后分散。
⑥ 汇总情况。

3. 远程计算机网络会议

远程计算机网络会议是利用计算机和通信网络来召集的远程会议。在突破传统会议的时空限制的方面,比电视电话会议更为彻底。电视电话会议虽然不需集中地点,但也必须约定在同一时间举行。如果考虑到时差的影响或者与会者另有其他公务,电视电话会议就会相当的不方便。而远程计算机网络会议就完全没有这种定时会议的限制。会议主持人可随时通过计算机和通信网络将自己的意见传送到各方的网络终端,各方的终端会自动记录存贮。与会者可在任何时间查阅记录并以同样的方式向会议主持人以及其他各方反馈自己的意见。

远程计算机网络会议没有时间、空间上的限制,可以同时在一个时间节点上进行,也可以在不同时间举行,一次会议可短至几小时,也可延长至几个星期,与会者有足够多的时间深思熟虑。此外，在会议无纸化方面，其较电视电话会议更为优越。

目前，举行远程计算机网络会议主要有两种方式：一种是通过收发电子邮件的方式召开，这种方式一般只能发送文字信息和图片信息。另一种以多媒体方式召开，在网上同时传输语音、文字和动态图像信息。后者对硬件和软件的要求更高。举行远程计算机网络会议要做好下列几方面的工作：

① 建立会议制度。包括限时反馈制度和网络例会制度。

② 建立网络联系。与会各方都要建立自己的网站或网页。有条件的单位，还可以建立局域网，实现内部会议信息资源共享。

③ 保存会议信息。由于计算机病毒或操作失误，可能会使会议信息丢失，造成不可估量的损失。因此，要注意随时将会议信息备份，以保证万无一失。

④ 开发会议软件。远程计算机网络会议是一个新生事物，具有强大的生命力，是现代会议发展的方向之一。它也是一项不断发展完善的技术，会议软件的开发就是其中一个方面。目前，使用一般软件可以实现语音、文字和图像的双向交流，但要完成会议签到、记录实名投票结果、签发会议文件等工作程序，还有待于开发更新、更好的会议软件。

二、现代远程会议的保密工作

现代远程会议有一个共同的特点，即都是通过有线或无线（如卫星通讯）网络传送信号的。但网络安全度不高，很容易泄密，必须高度重视。

为了确保现代远程会议中相关秘密的安全，应注意以下几点：

第一，移动电话、普通固定电话和民用电视传输系统不得用于召开秘密会议。

第二，保密电话会议必须使用专门的设备。

第三，采取严格的保密措施。

第四，涉及绝密级的秘密事项，不得采用现代远程会议形式。

【补充资料】

第四届中国国际软件和信息服务交易会

第四届中国国际软件和信息服务交易会（简称"软交会"）将于2006年6月22～25日在大连举办。今天下午，本届软交会的移动互动平台正式开通。

据悉，此次软交会创新应用了以短信网址、移动票务为核心的"移动互动平台"，在国内大型会展服务中目前尚属首例。

本次软交会开通的"移动互动平台"主要包括短信网址、移动票务系统、WAP网站等内容。短信网址采用全国统一端口号（50120），提供绿色的短信交互平台（正常资费，接收免费无包月），没有资费"陷阱"，它直接服务于全国的手机用户，是当前应用范围最广泛、操作最简便的信息沟通手段之一。软交会短信网址的开通可以用于会务通知、会务提醒、会务查询、会务留言、会务投票等，手机用户只需发送"软交会"这三个字到50120，便能够随时、随地、随身地与大会进行各种形式的互动。此外，移动票务与软件产品"高端、实用、创新、简单"的特点和发展趋势不谋而合，有望成为本届软交会的一大亮点。它采用了二维码技术，参会者持打印出的电子门票或者手机中的彩信进场，能省却参观者现场申领门票的时间，更方便、更快捷。

中国移动通信联合会执行副会长谢麟振、第四届软交会组委会办公室副主任、大连市信息产业局副局长靳国卫、短信网址联合信息中心（MobNIC）秘书长马燕黎等多位领导出席了本次开通仪式。

两个月后,将有来自30多个国家的数万名软件精英们在第四届中国软件交易会现场感受到这一平台的服务。据MobNIC秘书长马燕黎透露,此次软交会创新应用的以短信网址、移动票务为核心的"移动互动平台"在国内大型会展服务中目前尚属首例。

来源:千龙网

项目五　展览会现场服务

职业能力目标

展览会现场服务在会展产业链中处于核心位置，它决定着整个会展工作的成败。通过本章的学习，能够掌握现场礼仪接待服务规范，了解商务中心业务范围以及商务服务规范，熟悉展品运输的流程，并掌握展会现场安全管理的内容和如何处理突发事件。

典型工作任务

接待服务规范
商务服务规范
展会物资管理服务规范
展览中的安全管理
展览现场危机处理

开篇案例

会展服务礼仪中的"是的效应"

会展服务人员在试图说服顾客的时候，尽量不要让对方把"不"字说出口，而尽可能启发对方说"是"，这将有利于对方接受你的观点和影响。

美国一家电器公司的展会服务人员阿里森和一位不久前新发展的客户会面，这个新客户的总工程师见面就问："阿里森，你还指望我们买你的发动机吗？"阿里森回答："是的。"工程师说："但是我们觉得刚刚从你们手中买到的发动机温度超过了正常标准，把我的手都烫伤了，谁还愿意再买你们的发动机呢？"阿里森说："按标准规定，发动机可以比室内温度高出72华氏度，对不对？""是的，"工程师说，"但是你们的产品比这高出许多，难道不是事实吗？"阿里森反问道："你车间的温度是多少？"工程师回答："大约75华氏度。"阿里森笑道："车间75华氏度，加上应有的72华氏度，一共是140华氏度左右，要是你将手放进140华氏度的热水里，是否会将手烫伤呢？"工程师说："是的。"阿里森进一步说："那么，你以后就不要再用手去摸发动机了。你放心，那完全是正常的。"工程师终于接受了阿里森的观点。

这一说服技巧被称为"是的效应"：避开双方矛盾分歧，先求同存异，从双方同意的问题入手，使劝说一开始就充满活跃、愉快地气氛。

来源：许传宏 《会展服务与现场管理》

【分析与提示】

在会展服务礼仪中，说服技巧是会展服务人员在与客户打交道时经常使用的一种技巧。人与人之间存在观点上的分歧是正常的，会展服务人员应当利用各种心理说服技巧使客户愉快地接受建议。

任务一 礼仪接待服务规范

一、展览现场各环节迎接礼仪

现场各环节迎接礼仪如下：

① 会展代表到达现场时，迎接人员应提前在门口迎接，体现出主办方的热情，并主动问候，这是现场迎接礼仪的第一步。

② 迎接会展活动代表时，应全神贯注，注意与代表保持目光接触。为代表服务时，可遵循先主后次、先女后男的礼仪原则。

③ 平等对待所有参加展会的代表，无论是国内同胞还是国外客商，应一视同仁。

④ 现场介绍时，应依据礼仪规范，按照先主后次的顺序，表示对客人的尊重，并以职位的高低为先后进行介绍。

⑤ 现场服务接待人员在处理投诉时要做到：耐心倾听、注视对方、保持微笑、礼貌提问、记录信息、给予答复和感谢对方。

【案例】

迎接人员的基本礼仪

在一次展览会举办现场，迎接宾客的小组正准备迎接一个一行6人的美国代表团，而此时国内某一参展商恰巧也赶过来，迎接人员这时把美国代表团成员晾在一边，忙于照顾国内客商。迎接人员的行为惹恼了美国客商，他们立即向服务中心投诉迎接人员，后经迎接人员反复道歉，此事才不了了之。

【分析与提示】

会展活动是一项服务型的活动，服务的水准往往决定会展活动的成败。作为会展服务人员，要掌握会展服务礼仪的基本规范，了解相关礼仪接待技巧，否则，往往酿成严重后果，影响会展服务质量。

二、展台礼仪接待服务规范

展台服务礼仪的基本规范有以下几点。

1. 殷勤接待顾客

展会现场可以分散人们注意力的因素有很多，比如噪声、音响、影像、表演等，如何把观展者吸引到展台并关注展品是一件难事，展台服务要做到殷勤接待顾客，争取最大效果。

2. 巧妙设计开场白

好的开场白应具备以下几个方面：

① 准备一些开放式、有利于话题深入的问题。

② 引导顾客谈自己的工作或爱好。

③ 善于抓住顾客的注意力，引导他们关注展台。

④ 恰当介绍行业与产品信息，强调本企业产品的特色。

如果已经锁定了目标客户，在进一步交谈时要注意问题的合理设计，通常有以下问题可灵活提出：

• 您有什么需要吗？

- 这次展会对您有意义吗？
- 您怎么会来参观这场展览的呢？
- 您对……产品熟悉么？您用过……品牌的产品吗？
- 您在……方面的迫切需求是什么？

3. 学会倾听，深入谈话内容

一旦让某位顾客开口说话，那么接下来最重要的任务就是倾听。有人建议在展台上必须花80%的时间来倾听客户的意见，只用20%的时间进行讲解，提出解决方案。

深入谈话内容可以是了解顾客对产品感兴趣的程度、计划购买的日期，以及他是不是最后的决策者等。

4. 提供给客户有用的信息

在与顾客之间建立了一定的信任关系后，应及时根据客户的基本购买动机（价值、享受、声誉、生活需要、避免损失等）需要，向客户提供有用的商品信息，以促成客户的最终定夺。

三、展览会接待人员礼仪

展览会的接待人员应当具备良好的素质，明确举办展览的目的和主题，了解展览的知识和技能，具备与展览产品有关的专业素质，还要懂得礼仪，做好个人礼仪，使公众满意。

1. 注重个人礼仪

观展者85%的第一印象都来自展台的接待人员，而且当他们最后决定是否跟这个参展商发生交易，展台接待人员的因素可能占到80%之多。接待人员展示给顾客的第一印象又来自于他的仪表。

（1）仪表 展会现场接待人员的着装打扮不仅能取悦观展者，同时也能起到提升企业整体形象的作用。尤其是到国外或外地参加展览，要了解当地的着装风格，然后再与自己的展会主题相结合，塑造出既适合当地观众口味又有本企业特色的展览会接待人员形象。

正式礼服、套装可以体现员工的庄重、典雅，而有时能突出展台主题的奇特制服也会激起观展者的好奇心，让人记忆深刻。另外，与服装相搭配的鞋子也是展台接待人员外在仪表美的重要组成部分之一，鞋子应该擦亮，鞋尖不能磨损。

总之，整洁、统一的服装，可以帮助企业树立良好的形象。如果再配以同样的领带、围巾或者专门为会展设计的公司标志等，就会更加突出特色。

（2）仪容 清新整洁的妆容，干净整齐的头发会让人耳目一新。作为展会接待人员要时刻注意细节：脸上的妆容是否适宜，口腔是否留有异味，头发是否整齐等。邋遢的外表，糟糕的个人卫生，会在人与人之间竖起一堵无形的墙。

（3）举止 接待员站着迎接参观者时，要注意站立时的优美姿势，不可随心所欲地趴在展台上或跷着二郎腿，嚼着口香糖，充当守摊者。要随时与参观者保持目光交流，目光要坚定，不可游移不定，也不可眼看别处。

2. 重视与顾客交流的细节

（1）手的位置 展会上，接待人员的手不能随便放，比如背在身后、放裤兜里、双臂交叉抱在胸前。正确的做法是手里可拿一份宣传单或客户反馈信息卡，或者是一个体积较轻的展示样品，抓住时机就向顾客介绍，这样比较容易缩短与顾客之间的距离。

（2）眼神交流 眼神的交流有两方面的内容：一是观察来访者；二是投给顾客诚实、可信的眼光。接待人员开始与顾客展开交流时，还要注意时刻观察对方的眼神，表情变化，目不斜视，不能左顾右盼，否则会让顾客感觉到你心不在焉，或者想急于结束本次谈话，顾客对你的信任感就会瞬间消失。

（3）语言沟通　在展会上，接待人员可以在竞争中脱颖而出的另一种方法是：简明扼要地向所有观展者介绍公司的产品和服务，因此，在与顾客交谈时要掌握技巧，先小心谨慎地询问顾客，弄清他想要什么，然后设计一些巧妙的问题，让他们一步一步进入你设计的话题，这时缩小谈话的范围，弄清顾客的真正兴趣所在，并把他们所需要获得的信息，简明扼要地传输给他们。如果观展者有兴趣，可以跟他约定在展会结束后继续联络。这样，既保存了精力，也恰当地为顾客提供了服务。

【补充资料】

服务接待礼貌用语及语言艺术

"良言一句暖三冬，恶语伤人六月寒"。服务业对服务语言的艺术化与标准化要求越来越高。随着社会经济、文化水平的提高，人们的生活品质日益提高，但是，现代人也越来越感觉到工作及生活压力的加重，劳累了一天的人们渴望有一个可以完完全全放松和享受的地方来排解压力。于是为适应消费需求，各种各样为人们提供服务的经营者也在追求提升服务品质，加强对员工服务接待及服务语言艺术的培训。

从语言的根本意义上讲，说话是为了沟通和表达思想。而作为服务行业的从业人员，除了沟通和表达思想外，还要注意沟通和表达的方式。

1. 回复要求语

一般应该先肯定，后否定，语气委婉，不简单拒绝。要让客人觉得拒绝他的要求恰恰是为他着想。尽量不要正面拒绝客人的要求，不能让客人感觉到尴尬。当然，如果客人提出极不合理的非分要求，服务人员应该断然拒绝，同时，口气要干脆、自然，不能辱骂或贬低客人。

2. 答谢语

客人表扬、帮忙或者提意见的时候都要使用答谢语。接受服务的客人有时候对一些服务技术或标准方面的意见不一定是对的，这时候服务员也不要去争辩，应该说谢谢你的好意或建议，我会向领导反映进行调整的。也可以很委婉地反问客人：那您觉得该如何做才比较好呢？

3. 提醒道歉语

这是服务语言的重要组成部分。使用得好，会使客人在接受服务时随时感觉受到尊重、得到关心，对本店产生良好的印象。同时提醒道歉语又是一个必要的部分，缺少这个程序，往往会使服务出现问题。对这类语言的处理，要求做到下列几点：把提醒道歉语当作口头禅和必要的一个程序，并且诚恳主动。尤其是表示歉意时的面部表情，不要让客人觉得你是很不服气的。

4. 告别语

声音响亮有余韵，配合点头或鞠躬。总之，不能将与客人道别的语言和仪式搞成缺乏情感的公式。要使道别语言余音袅袅、不绝于耳，给客人留下美好的回忆，产生下次再来的念头。

5. 肢体语言

为什么说"谢谢您"时要点头致意呢？因为用肢体语言能更充分地表达你的诚意和对对方的尊敬，所以当美发店的员工说"谢谢您的惠顾！"、"欢迎光临！"时一定要同时向顾客点头致意，表示对顾客的重视和尊重。鞠躬也同样如此，鞠躬是一种肢体语言，动作不能机械、僵硬、不自然。

资料来源：www.ruilitang.com

【工作任务】

实训：礼仪接待服务规范

模拟在国际旅游博览会上，向外国旅游企业和游客介绍你校所在地区的特色旅游产品。

实训要求：

1. 根据不同国家对象设计接待礼仪。
2. 模拟国际旅游博览会现场介绍的具体文本演说。
3. 每个小组独立完成。

实训组织：

1. 组成工作小组。
2. 分析讨论该国际旅游博览会服务要点，以PPT陈述方式说明，并试做简单点评。
3. 以小组为单位，交流分享。
4. 教师点评。

任务二　商务服务规范

一、商务中心的业务范围

展览活动现场中，会展场馆内少不了商务中心。商务中心就是为参展商和卖家及其他参展人员提供商务服务的地方。它一般布置在展览现场，若展览在酒店内部的场馆举行，则可直接使用酒店的商务中心，不用另行安排。

商务中心所提供的服务内容较为广泛，包括打字、电脑文字处理、传真、复印、国际国内长途直拨电话、电脑上网服务、预订酒店及机票、旅游咨询等服务，有些场馆内的商务中心还提供印制名片、制作和印制宣传资料、设计和印刷小型海报、预订会议室或洽谈室等服务。因此，在会展活动中，商务中心能为商务活动的顺利进行提供极大的方便。

二、商务中心服务员的岗位要求

1. 素质要求

（1）职业道德　商务中心服务员的职业道德包括以下三个方面。

① 服务意识。树立"服务第一，客人至上"的服务意识，这是场馆员工职业道德的宗旨，也是对商务中心服务员职业道德的基本要求。客人没有高低贵贱之分，商务中心的服务员在为客人提供服务时对任何一项服务工作都不得疏忽。要掌握客人的类型，尊重客人的心理和生活习惯，做到主动、热情、耐心、周到服务。

② 爱护场馆和客人财物。会展场馆内各种设施、设备是为参展商提供服务的物质保障，必须加以珍惜爱护；展览活动现场中的人身安全、财物安全保障也有特殊要求。只有保护好参展商和观展者的财物安全、人身安全，才能提高场馆的声誉。商务中心服务员要严格遵守相关操作规程和制度，爱护参展商的财物。

③ 自觉遵守场馆规则。商务中心服务员应自觉遵守场馆制度，不迟到、不早退，严格遵守请示报告制度，及时反映重大的问题，坚守岗位，认真负责。

（2）基本素质　商务中心的服务员除了需要有良好的服务态度外，还需要对办公设备的使用及简单故障的处理非常熟悉；在语言方面也要求较高，能用一门或一门以上外语与客户进行沟通，在表达时，语言要自然流畅、语速要适中、语气要和蔼可亲。

（3）专业素质　商务中心的服务人员还需熟知商业写作，如商业书信的撰写格式、各类文件的排版要求等，这对于高效率地满足客户需求极为有利。

2. 岗位职责

① 商务中心服务员要求工作积极主动，文明礼貌服务，严格要求自己，努力提高服务质量，忠于职守、讲求效率、自重自爱、秉公办事，不利用工作之便谋私利、干私活。

② 为客户提供长途电话、电传、传真、复印、打字等秘书性服务工作，直接向商务中心领班和主管负责。

③ 听从上级指挥，服从领班安排，努力完成交办的每一项业务工作，力求保质保量，提供快捷服务。

④ 熟悉电报、电传、复印等各项业务，工作中严格按照操作规程上岗。

⑤ 微笑服务，对客人热情有礼，有问必答，尽量满足客户的要求，耐心解释客户的疑问。

⑥ 自觉遵守场馆的各项规章制度和《员工守则》，认真做好交接班工作。

⑦ 刻苦钻研业务，对技术精益求精，努力提高业务工作水平，提高整个商务中心的服务质量。

三、商务中心的现场布置要求

1. 杂而不乱

商务中心事务内容繁多，而且有不少办公设备和资料，在布置现场时要注意整齐有序，杂而不乱。服务人员要养成物归原处的习惯，避免出现一会儿订书机找不到，一会儿发现签字笔不翼而飞的情况。

2. 便捷的信息获取

商务中心很重要的任务是获取信息，因此在商务中心内应配备有快捷的通信网络系统和信息网络系统，以保证信息能快速传递。

3. 设备运作正常，并有足够的备用件

展会活动期间，传真机、复印机、速印记、计算机、碎纸机等设备均处于高频率运转阶段，非常容易造成设备的损坏，特别是一些易损件。为防止设备"罢工"，需要在现场准备一些易损件备用件，以便及时更换，如保险丝、复印机硒鼓等，服务人员也需进行简单的设备维护培训，了解故障的排除方法。另外，在商务中心现场还需准备足够的易耗品，如复印（传真）纸、订书机（钉）、签字笔等，以备需求。

4. 有明晰的收费标准

在商务中心现场要清楚地标明各类商务服务的内容和收费标准，以便客户选择适合自己的服务。表 5-1 是某国际会展中心商务服务价格表实例，仅供参考。

5. 配有免费资料索取柜台

为减轻商务中心的工作压力，一般在商务中心的现场会设立免费资料索取柜台，该索取台可以摆放一些当地的旅游信息资料、展览场馆的资料、参展商信息等。也可以在现场设立自动报刊售卖机。在国外有一种报刊机，该机器通过网络联接世界各国的报刊，客户可以通过触摸屏选择所需刊物，然后投入硬币，报刊机自动将客户选取的刊物打印出来。

表 5-1　某国际会展中心商务服务价格表（适用于第六届"高洽会"）

项　目		规　格	价格(RMB)	备　注
打印	A4	英文	10 元/页	
		中文	15 元/页	
	A3	带磁盘打印	6 元/页	
			8 元/页	
复印		16K	0.50 元/页	
		A4	0.50 元/页	
		A3	1.00 元/页	
		证件	0.50 元/页	
传真		收传真	5 元/页	
		发市内传真	6 元/页	
		发国内传真	6 元/页＋长途话费	
		发国际传真	8 元/页＋长途话费	
上网查询			20.00 元/小时(次)	提供上网电脑
票务服务		飞机票	代理费 20 元	特殊情况,另洽
		火车票　硬座	代理费 20 元	
		卧铺	代理费 20 元	
名片制作			20 元/盒	加一种颜色 8 元
导游服务			50 元/小时	
代送饮用水			市价＋15%服务费	
卡币代售			市价	

资料来源：www.nscse.com

四、商务中心服务操作规范

1. 电话服务

服务员接打电话时,应讲普通话及相应的外语,发音清晰,语速适中,音量适宜,力求通过声音传递愿意为客人服务的信息。电话铃响 10 秒内应及时接听电话,先自我介绍,并致以诚挚问候,结束通话时应向客人真诚致谢,确认客人已完成通话后再轻轻挂断电话。

商务中心备有各商务机构通讯名录,能为客户提供商务机构通讯电码查询服务,收到海内外商务机构电码变动信息分类登机存放,适时通知有关客户。

2. 电传与传真服务

商务中心受理客户电传与传真,客人姓名,房号,发外国家、地区及文稿内容,登记表格填写清楚、准确,发送呼号、线路沟通快速,操作技术熟练。发送时间一般不超过 10 分钟。服务人员接受电传或传真,遵守规定规程,收件内容、收件人、收件时间登记清楚,交稿转交客户送出时间或通知客户取稿时间不超过 10 分钟。整个电传、传真服务过程中做到服务热情周到,收发快速准确,收费入账手续规范,无错发、误发、误收、漏发、延误等责任事故发生。

3. 打印、复印服务

客户提出打印文稿,其文稿内容检查和客人的姓名,房号,打印格式、字形、时间要求等记录准确，软盘选用无误，电脑打字操作技术熟练，校对准确，打字每分钟不少于一百字，错字不少于2%。若客户自带软盘要求要用电脑做文字处理，先做病毒检查。对有病毒的软盘，先做消除病毒工作，如无特种病毒消除卡，礼貌地向客人表示歉意。电脑打字收费符合场馆规定标准，手续规范，服务周到热情。

客户要求复印文件，其原件内容检查清楚，客人姓名、房号、复印张数、纸型、规格等登记准，复印操作技术熟练，复印效果良好，能够按客人要求装订，装订效果美观整齐。

4. 寄送快递服务

商务中心能够承担当地外贸系统寄送快递业务，与当地外贸系统签订业务合同，熟悉外贸部门寄送快件的业务范围和有关规定。客户前来要求此种服务，服务人员接待热情、主动，按限定种类接收，检查客人快件物品包装，准确填写发生国家、地区及收件人地址、单位、姓名、登记手续规范、称重、包装服务快递，发出时间不超过三小时，入账收费准确。

5. INTERNET 网络服务

展会必须提供网络服务，方便客户查询信息及收发邮件等。具体费用应按当地批准的标准收费。

6. 物品出租服务

当参展商需要租用物品时，可通过传真或邮件的形式预先租赁，也可以到服务现场填写"物品租赁登记表"或"签订物品租赁合同"。填写之后，参展商按规定缴纳物品的租金和押金，场馆方开押金和租金收据交参展商。场馆方在物品出租前应检查物品的情况，保证物品能发挥正常的功用。当参展商退回物品后，租赁服务工作人员应检查物品情况，验收无误后，凭押金收据退回押金。表5-2是某展会场馆物品租赁登记表，以供参考。

7. 翻译服务

（1）了解翻译信息　服务人员应主动迎接参展商，认真核实要翻译的稿件，问明翻译要求和交稿时间，迅速浏览稿件，对文稿中不清楚或不明的地方，礼貌地向客人了解清楚。

表 5-2　物品租赁登记表

项目编码	服　务　项　目	单位	单价(元)	数量
展架				
630101	地毯			
630102	墙板(1000mm×2500mm)			
630104	铝门(1000mm×1850mm)			
家具				
630201	平层板(1000mm×300mm)			
630202	斜层板(1000mm×300mm)			
630203	玻璃平柜(1000mm×500mm×800mm)			
630204	玻璃平柜(1000mm×500mm×2500mm)			
630205	带锁柜(1000mm×500mm×800mm)			
630206	问讯台(1000mm×500mm×800mm)			
630207	方桌(800mm×800mm×800mm)			
630208	圆桌(800mm×800mm)			
630209	折椅			
630210	皮椅			
630211	吧凳			

续表

项目编码	服务项目	单位	单价(元)	数量
灯具				
630301	日光灯(40W)			
630302	长臂射灯(100W)			
630303	短臂射灯(100W)			
630304	太阳灯(300W)			
630306	金属卤化物灯(150W)			
630307	插座(5A/220V)			
物品				
4101	放像设备(21寸)	套		
4102	放像设备(25寸)	套		
4103	放像设备(29寸)	套		
4104	放像设备(34寸)	套		
4105	背投(61寸)	套		
4106	等离子(42寸)	套		
4107	冰箱(240升)	台		
4108	冰箱(160升)	台		
4109	冰箱(110升)	台		
4110	冰箱(50升)	台		
4111	传真机	台		
4112	录像机/DVD	台		
4113	VCD、DVD	台		
4114	复印机(含A4纸一包)	台		
4115	大音响	套		
4116	小音响	套		
4117	国旗	面		
4118	彩旗	面		
4119	旗杆	根		
4120	投影仪	台/天		
4122	饮水机(包括3桶水)	台/天		

资料来源：www.metallurgy-china.com

(2) 受理翻译　商务中心服务员应向客人介绍翻译的收费标准，当客人确定受理后，记清客人的房号、姓名和联系方式，礼貌地请客人在订单上签字并支付翻译预付款，送走客人后联系翻译人员翻译文稿。

(3) 交稿结账　当服务人员接到翻译好的文稿后通知客人取稿，并为他们办理结账手续，向他们致谢告别。

8. 票务预订

商务中心受理票务预订业务时，服务员应问清参展商需要的车次、航班时间，然后进行电话查询,如果有需要的航班,尽快通知参展商,并叫参展商携带身份证到商务中心办手续。服务人员认真填写订票单,一联留底,一联给参展商。当预订机票时,服务人员还要问清客人是否要保险,并把机票价格报给客人,得到确认后,通知订票中心,预订机票,并把客人有效证件号码准确地报给订票中心,并收取机票费。送票员送票来以后,服务员首先核对车票是否准确(身份证号、客人姓名、航班时间、是否含保险),然后当面点清现金。最后通知客人来取车票,让客人再核对一遍是否准确。

【工作任务】

实训:紧急增印

一位参会客人到商务中心声称名片用完了,急需增印,希望在 1 小时内帮助印好名片。本来这是很常见的事情,但是该客人留底的名片非常复杂,有 10 种不同的颜色,公司压膜标志又有本人照片,增印难度较大,商务中心立即求助一家专业快印机构,得知如果派快递员来取样本,印好再送给客人至少需要 3 小时,而客人希望越快越好。应该怎么安排才能按时保量地完成任务。

实训要求:

1. 认识传真机、电传机和复印机,并学会操作使用和日常维护。
2. 模拟此次服务现场与客人的沟通和与快印机构的合作。
3. 每个小组独立完成。

实训组织:

1. 组成工作小组。
2. 分析讨论该快印服务要点,以 PPT 陈述方式说明,并现场进行相关服务设备技术操作的演示。
3. 以小组为单位,交流分享。
4. 教师点评。

任务三 展会物资管理服务规范

展会物资管理也是场馆服务的一个重要部分,它是指会展场馆为参展商提供展品从货地运到展馆,展馆场内运输、存储展品及包装物品,以及撤展后将展品运离展场的服务。展会期间,由于参展商较多,要想在办展期间将展品运抵、安放和运离各个展台,对场馆的运输和服务进行规划显得尤为重要。

一、展会物资管理服务的内容

1. 运输服务

包括境内的展品、展示道具运输代理,即展品或展示道具到达会展城市后的提货、装卸、运输手续办理以及撤展搬运等服务工作。

2. 贵重物品运输搬运服务

专指一些需要特别运输和管理的展品搬运服务,如珠宝、古董、精密仪器等。这些物品的运输和搬运需要专业公司来承担。

3. 现场搬运及安装

指从火车卸货点到展位的运输,使展品就位。

4. 仓储保管服务

展品或展示道具提前到达场馆后应存放于场馆指定的仓库中，在布展开始后，再由仓库运转到展台。一些需要重复使用的包装材料可存放在场馆内的小仓库中。

二、展会物资运输的特点

1. 服务的专业性

会展活动的特点要求为其提供物资运输服务的会展物流服务商，必须具有较高的专业化管理水平，必须拥有具备会展物流管理专业技能的人才、畅通的物流渠道、有效的物流配送手段和功能齐全的货物转运与仓储中心、完备的信息网络平台和信息技术作为支撑。因此，专业化程度相对较高是一个最为显著的特征。

2. 流程的时效性

会展物流活动过程控制非常复杂，在时间上具有很强的阶段性，在空间上具有突发的集中性，在需求上具有双向性和不确定性，这就要求会展物流服务商提供更高层次的快速反应服务。如何在特定的时空里，满足参展商多种应急需求，是会展能否成功举办的关键。

3. 展品的安全性

确保运输过程中的物品安全是会展物流的第一任务。会展活动所需的设备、物品一般由会展组织者采购，而参展商展销产品的运输则在会展组织者的统一调度下自行负责。承运人员在运送过程中要保证物品不发生霉烂、破损、水渍等损害展品原有使用价值的事故，避免因此而造成的供货质量问题导致的会展准备的中断。因此，会展物流服务商必须确保所运送物品不仅及时而且安全地到达目的地，通常还需再返回原地。

4. 信息的实时性

信息化是我国会展产业与国际接轨的一个重要衡量标准。信息传递与共享是保障会展物流管理高效协调运行的重要基础。在会展物流的组织与管理过程中，会展主办方、参展商与物流服务商信息的实时沟通，为会展活动提供高效的物流服务支持，是会展物流服务商的重要目标之一。会展组织管理者应会同各参展商与物流服务商，不断对各种相关信息进行实时监控，并根据反馈信息及时调整会展物流过程中的具体行动措施。

三、展品的运输

1. 参展商寻找和委托承运商承运

参展商在决定参展并签订参展合同后，就可开始准备展品和展示道具。展品和展示道具要妥善包装，参展商要针对展品和展示道具的情况采取相应的保护措施，如防雨、防渗包装措施。易碎品需要采取防震、防碰撞措施。大型、重件展品和道具的外包装上应标明起吊点、重心、易碎、防潮、禁止侧置等特殊说明标志。参展商如有危险品发运，则应在外包装上用醒目的标志标注危险等级，运输车辆上也要有显示危险品标志。需要场馆指定承运商接运展品的参展商，要在货品发运前与指定承运商签订运输委托书，委托他们处理在会展举办城市的运输事宜。

2. 办理保险和相关的运输单证

选择承运商后，参展商要根据不同运输工具的要求，办理运输手续，包括办理运输保险、签订运输合同、填写运货提单、交纳费用等。货物发运后，参展商应及时告知场馆指定承运商有关货运信息，同时将水陆运输提单、铁路领货凭证的正本用快件邮寄，空运单副本传真至场馆指定承运商,以便能及时提货。

3. 展品运抵指定现场存放点

场馆运输代理接收展品货物,运抵指定仓库或存放点后,由仓库或场馆负责管理。待布展时,指定承运商负责将展品或展示道具从仓库或指定存放地点运至展台,并帮助参展商开箱,安放重件。对于自行运输的货物,指定承运商应帮助卸车并将展品送至展台。对于一些需要有特殊要求的展品搬运,要请专业人员现场指导。指定承运商一般只负责物品的外包装完好交货,对内货质量、货损、短少不予负责,如发生问题,参展商可向保险公司索赔。

4. 展品进入展台,办理海关手续

国际性的展览会将邀请国外的参展商参展,按国际惯例,这时展览大厅可成为海关临时管辖的区域。展品承运商可以为客户代理报关和清关的手续。

5. 展会结束后委托代理办理返回运输

展会结束后,指定承运商负责将包装材料运至展台,并帮助参展商装箱,运至展厅门口装车。需要时,指定承运商还可帮助参展商办理有关展品回运的文件手续和海关手续。

【补充资料】

2007年中国品牌商品欧洲展——展品运输指南

时间:2007年2月4日—2月8日

地点:英国 伯明翰

各位参展商:

上海中丝国际仓储运输公司已被指定为本届展览会的运输代理,为了您参展展品安全、准时送到展位,请仔细阅读本运输指南,谢谢!

一、联系方式

单证、商检、提货等口岸业务,请联系:

上海中丝国际仓储运输公司

联系人:×××小姐(单证、查询到货情况)

电　话:

传　真:

地　址:上海市××支路××号××商城×××室　邮编:200080

E-mail:

如需咨询展品全程运输业务,请联系:

上海中丝北京办事处

联系人:×××先生、×××先生

电　话:

接货仓库名称:上海×××仓库

地　址:上海市蕰川路2280号2号库

电　话:

传　真:

联系人:×××小姐

进仓编号:ZS0702W0206

货物最后入库时间:2006年12月13日

重要提示:

① 请直接将货物送至接货仓库（上海华臣仓库）。送货时，请务必将进仓编号（ZS0702W0206）提供给仓库负责人，否则仓库将拒绝收货。仓库将收取入库费（视实际货物多少而定，最低收费为 RMB20.00/车，收费标准在收费办公室和 2 号库门口张贴）。

② 如货物无法直接送入仓库，需要提供提/送货服务的。请联系上海中丝×××小姐（×××-××××××××）。上海中丝将收取相关提/送货及仓库入库费用。

a. 需提供提货服务的货物运单内容请按如下格式打制。

发货人：贵司企业名称

收货人：上海中丝国际仓储运输公司

地　址：上海市××支路××号××商城×××室　邮编：200080

电　话：×××-××××××××

品名一栏请注明：展览会名称及进仓编号（ZS0702W0206）

b. 请注意：运单上收货人请不要填写具体人名，以防止提货困难，否则由此造成的一切损失，我司概不负责。

二、报关所需单证

参展单位需向我司展览部提供下列单证资料：

1. 装箱清单及发票（见附件）正本一式二份，中英文对照！

包括：展览品、宣传品、布展材料、招待品、小礼品等所有与展览会有关物品。请按提供的清单格式，大小（见附件）制作清单，准确齐全的清单资料请务必在 2006 年 12 月 11 日前 EMAIL 或传真我司，正本请于 2006 年 12 月 13 日送达我司。

注：① 展品清单即发票装箱单是向国内外海关报关、办理各种证明的重要单证。因此，填制清单要认真仔细，内容完整，展板展台等布展物品应注明以何种材料制成，英文翻译准确，要求做到单货相符，即清单上的展品内容和数量与实际包装箱内装的内容及数量要相同，以免产生不必要的麻烦和损失。

② 清单的价格金额为 CIF 条款，用 USD 表示，即使是样品、目录、资料等也必须注明价值，请注意各单位申报的价值一定要合理，否则，当地海关将有可能重新估价，由于货物价值申报错误，将导致货物在海关长期滞留，影响及时上展台。

③ 箱号的编制：贵司的箱号由主办单位或我司编制发放，不得私自编写。由于箱号是识别展品的重要标志，请将唛头刷制清楚。另请注意，箱号的件数用分数"第几件/共几件"表示，举例说明：如发放给您的箱号是 ZA，共三件展品（发运件数），则编写方法为：ZA1/3，ZA2/3，ZA3/3。

2. 商检证明

如贵司展品为法定商检产品，请务必在 2006 年 12 月 13 日前将商检换证凭单送达上海中丝国际仓储运输公司。请务必向当地商检局申请办理正本的"出境货物换证凭单"。如有疑问请咨询上海中丝公司。

如无法提供商检，由我司代做则产生 RMB200.00/票的商检服务费。

三、唛头标记

所有展品外包装的至少三面，必须刷制清晰、准确、不易脱落的唛头标记，否则由此产生的延误本公司概不负责。

EXHIBITOR NAME（英文）：

展商名称（中文）：

HALL（展馆）：

CASE NO.（箱号）：

GROSS WEIGHT（毛重）：
NET WEIGHT（净重）：
MEASUREMENT L×W×H（长×宽×高）：（展品外包装尺寸）

为保证展品安全，包装箱外要标出国际货物运输标志（如易碎、方向等）；重量超过500kg的中、大木箱要标出起吊点、重心等。

四、包装

展品在长途运输过程中，需要多种运输工具多次转运、装卸，并且有时要在室外存放。为确保展品安全，要求包装必须牢固结实，能够反复使用，适用于空运和展览会后的重新装箱，包装箱内禁用稻草、废报纸等做包装衬垫物。

根据英国针对我国的最新规定，严禁使用原木作为展品包装材料，同时带树皮的木材也严禁使用，否则货物将在英国口岸被查扣，为避免您和其他展商的货物产生风险，请勿使用原木包装。如需用木制包装箱，请务必使用经高温压制成型的板材作为包装材料（如细木工板、三夹板等）。

如参展展品进入英国需要配额，也请展商自行提供。

资料来源：www.tj.gov.cn

四、展品的保险代理服务

大部分的场馆指定承运商都会要求参展单位自行投保展览品的往返运输险及在展览仓储期间的保险，如展品发生意外情况，参展单位可自行向保险公司办理索赔手续。但一些大型连锁型承运商可以承担展品的全程整套的所谓"门到门"的运输仓储服务，其中就包括保险代理服务。

任务四　展览中的安全管理

【案例】

广交会的安全保卫工作

广交会非常重视安全保卫工作，专门成立了大会保卫办公室，负责交易会展览场所和重要活动安全保卫工作的组织领导，包括制定广交会各种保卫方案和措施，协调各级公安部门行动，为广交会创造安全良好的社会环境；指导各交易团做好本团的安全保卫工作；维护展馆的防火安全；维护广交会大院及其附近道路交通秩序，保障交通畅顺；负责发放内宾证件和车证等。

安全人员编成上具体包括：商务部人事司、广东省公安厅、广州市公安局、广州市国家安全局、武警广东省总队、外贸中心保卫处等。

来源：胡平《会展管理》

【分析与提示】

安全问题是会展活动运作过程中非常重要的内容，安全管理的重点是会展活动举办场所——会展场馆的安全保卫工作。通过案例分析可以看出，广交会为了保障展会的顺利开展，非常重视安全保卫工作。广交会专门成立保卫办公室，并在展馆内从其他各方面加以保障。

会展是一个人流、物流密集的场所，任何的风险事件在会展中发生都会使它本身的影响扩大数倍，既造成参展商、观众的人身和财产损失，又造成对展会的无形损害。我国会展业发展还不成熟，对展会风险的应变能力和抵御能力不强。因此作为展会主办单位，提高危机意识，把风险管理纳入会展管理的体系中，使我国的会展风险管理正规化、系统化是当务之急。

一、现场的安全管理

1. 安全的内涵

安全的内涵有以下四层含义：一是客人、员工两个方面的生命、财产及企业财产的安全；二是客人的商业秘密以及隐私的安全；三是企业内部的服务和经营活动秩序、公共场所秩序保持良好的安全状态；四是企业内不存在导致客人、员工两个方面的生命、财产及企业财产造成侵害的各种潜在因素。

2. 会展安全管理的内涵

会展安全管理的主体是会议场所和展览场馆的安全。会议场所和展览场馆是一个公共场所，公共场所人员聚集，密度高，因此必须保障人员的人身安全，再加上展会上存放大量财产、物资和资金，因此人、财、物、信息等安全都成为宾客的基本需要。所以会展安全管理的内涵可以被定义为为保障客人、员工两个方面的生命、财产而进行的一系列计划、组织、指挥、协调、控制等管理活动。

3. 会展现场安全管理的内容

（1）对场地进行安全分析　展会组办者要做好展会现场的安全保卫工作，一定要对场馆进行安保检查。测定的内容主要有：有无发生过火灾、盗窃事件；出入场馆的交通是否符合交通安全标准；场馆内的安全设施是否齐全等。在场馆的安保检查过程中，安保人员应着重检查用电安全监控系统和应急服务，反复询问大量有关安全的问题，直到觉得这个场所相对比较安全为止。

（2）同当地的安全管理部门之间建立良好的工作关系　在展会开幕前，要陪同消防和安保部门对所有的展位进行一次全面系统的检查，保证展会符合消防和安全要求，彻底清除可能的安全隐患，并且确定当展会出现安全问题时能得到相关部门的帮助。

（3）制作安全小册子、标牌以及其他交流方式　要确保所有参加展会的客户和工作人员都能读懂这些标牌。例如，可采用的最好撤退路线、出口标志、急救标志、警告标志、紧急援助电话号码等。

（4）制定一个媒体管理计划　媒体对会展风险管理的成效有重要影响，媒体可以帮助办展机构更好地处理危机，也可能对危机管理带来很多负面影响。因此应将媒体作为一个重要的管理对象纳入危机管理计划，具体应注意以下事项：多渠道地与媒体保持沟通和密切联系；适当地控制媒体在危机中的活动范围以便为危机管理赢得一定的时间；尽量提供真实的信息；不要和媒体发生冲突等。

二、展会现场安全服务的内容

展会现场安全服务内容一般包括展会治安秩序管理、消防安全管理及意外事故的查处等方面的内容。一般大型展会活动都会专门成立展会保卫办公室，负责展览场所和重要活动安全保卫工作的组织领导，包括制定各种保卫方案和措施，协助各级公安部门行动；指导各参展商做好自身的安全保卫工作；维护展馆的防火安全；维护展会现场及其附近道路交通秩序；负责发放内宾证件和车证等。

三、展会现场安全工作人员的服务规范

1. 展会安全工作人员的服务规范

(1) 严肃纪律　对展会现场安全人员纪律方面的要求如下：

① 坚守工作岗位，尽职尽责，不准擅离职守。

② 维护国家、集体、公民或客户的合法权益。

③ 严格遵守客户单位的规章制度。

④ 保守国家机密，保卫工作的机密及客户提出的需要保密的事项。

⑤ 不得假借名义，无故不履行合同规定的义务。

(2) 注意礼貌礼节　展会安全人员要注意礼貌礼节，具体如下：

① 展会安全工作人员要使用礼貌用语，执勤遇到客户时必须做到让道、微笑、问好。

② 有自我约束能力，不违章违纪。

③ 服从领导分配、指挥。

④ 严格遵守考勤制度，不迟到，不早退，不擅自替换班。

⑤ 端庄稳重，尽职尽责。

⑥ 有自我管理意识，处理问题要有耐心。

⑦ 接待客户时，要热情接待，恳切接洽。

2. 门卫安保人员工作规范

门卫安保工作规范如下：

① 门卫安保要对出入人员进行严格验证，严格履行登记手续，严禁无关人员入内。

② 对出入人员和车辆所携带、装运的展品、物资进行严格的检验、核查。

③ 疏导展会场所出入车辆和观众，保证场所交通秩序。

④ 配合有关部门做好来访接待工作，如遇来访人员确有要事办理，要及时做好传达工作。

3. 安全守护人员的工作规范

安全守护工作规范如下：

① 保护展会参展商、观众的人身安全、财产安全，做好展会场所防火、防盗、防破坏工作。

② 维护场馆的正常秩序，安保人员对发生在守护范围内的各种有碍会议或展览进行的情况应尽快采取措施予以劝阻、制止，防止事态扩大。

4. 安保巡逻的工作规范

安保巡逻的工作规范：

① 维护巡逻区域内和保护目标周围的正常治安秩序。

② 预防、发现、制止各种违法犯罪行为。

③ 及时发现各种可疑情况，抓获现行违法犯罪嫌疑人。

④ 检查、发现防范方面的漏洞。

⑤ 突发事件或意外事故的处理。

5. 监控中心岗位职责

监控中心岗位职责如下：

① 监控中心工作人员自我检查，按规定着装，仪容仪表端庄整洁，做好上岗签名。

② 安保监控、消防报警系统昼夜开通，设立 24 小时监控值班岗，全面了解和严密监视保卫区的安全状况。

③ 当班人员要密切注意屏幕情况，发现可疑情况定点录像。在大厅、楼梯、路面及要害部位发现可疑情况要采取跟踪监视和定点录像措施，并通知有关岗位上的工作人员注意或询问盘查，同时向保卫部门报告。

④ 发现火灾自动报警装置报警，应立即通知相关人员迅速赶到报警现场，查明情况。

⑤ 与工作无关的人员，不得擅自进入监控室，持工作联系介绍信在有关领导的陪同下方可入内，并做好登记手续。

⑥ 建立岗位记事本，发现有异常情况，应记录备案，做好交接班的口头和书面汇报。

⑦ 进入监控中心必须换拖鞋，保持室内整洁，严禁吸烟，严禁使用电水壶及其他明火，设备与操作台上不得堆放杂物。

⑧ 监控中心人员必须保持充沛精力，以高度的责任感认真观察，不得随意向外人提供场所监控点、消防设备等安保方面的详细资料。

【补充资料】

上海市展（博）览会场馆安全防范管理规定（试行）

根据《上海市特种行业和公共场所治安管理条例》、《上海市社会公共安全技术防范管理办法》和《上海市社会治安防范责任条例》有关规定，为进一步加强本市各展（博）览会场馆（以下简称"展馆"）的安全防范工作，特制定本规定。

一、适用范围

本规定适用于以商业性活动方式在固定地点及预定时间内展示物品并交流产品、技术或者服务信息的各类展馆。

二、展馆的分类

1. 一类展馆

凡符合以下条件之一的展馆为一类展馆：

① 举办国际性大型展览的。

② 展出净面积为5000平方米以上（含）的。

③ 展览、展销金银珠宝饰品、钻石、字画、钟表等特殊物品和三级以上（含）文物（参照国务院、文化部的相关规定）的。

2. 二类展馆

凡不符合一类展馆条件的展馆，均为二类展馆。

三、一类展馆的安全防范措施

1. 技防

(1) 电视监控系统

① 展馆所有出入口、一展区主要通道、贵重展品贮存库、停车场（库）出入口以及卸货区等处，均应安装彩色监控摄像机。对空间较大的展区、出入口，应安装多台摄像机实行监控，不得存在盲区。展馆出入口应安装固定监控摄像机，监视画面应能看清出入人员面部特征和出入车辆牌号。室内展区应按1台/600平方米的比例配置监控摄像机。对特殊物品的展区，应按1台/60平方米比例装监控摄像机的管线，在展出特殊物品的，应全部安装到位，其监视范围应能覆盖所有特殊展品的摆放区域。

② 上述部位的监控摄像机一般宜采用定焦距、定方向的安装方式，安装位置应尽量避开来自出入口或窗口的直射阳光，避免图像出现逆光现象。摄像机监视范围内的平均环境照度应达到200勒以上（含）。

③ 所有摄像机视频信号应直接输入录像记录系统，不得有其他设备（字符发生器除外）

参与工作，并采取实时录像方式（录像机设定为 SP、LP 或 EP 工作方式）进行录像。使用硬盘录像机的，其产品质量应符合《安全技术防范监控用硬盘录像机通用技术要求》（DB 31/295—2003）。录像资料保存时间应不少于 10 日。

④ 监视系统应具备视频信号的传输、切换、控制、显示、记录和重放等功能。所有监视画面应能准确显示日期、时间，并保证在监视器屏幕上有足够的有效画面。监视画面和录像资料回放应保持足够的清晰度。

(2) 中心控制室

① 展馆应设置中心控制室（保安值班室）。中心控制室应配置报警控制主机、报警终端图形显示装置、电视监控终端设备和通信设备等。

② 中心控制室应具备对监控目标的监视、录像及图像实施切换、镜头光圈控制、焦距调整、云台转动等功能，并能实时显示发生警情的区域、日期、时间及报警类型等信息。

③ 中心控制室的控制台、机柜和设备均应有良好的接地和防雷设施。采用联合接地时，接地电阻 1 欧；单独接地时，接地电阻 4 欧。

(3) 入侵报警系统

① 展馆所有出入口、与外界相通的窗户、特殊物品农区、展品贮存库等处，均应安装入侵探测器，展品贮存库还应加装振动入侵探测器。入侵探测器应与中心控制室的报警控制主机联网，同时，根据与其对应区域的灯光特性，与监控摄像机联动并进行录像。

② 中心控制室应安装紧急报警按钮，紧急报警按钮应与属地公安"110"接处警服务中心联网。

③ 报警控制主机应具有入侵报警、防拆报警、防破坏报警、故障检测及欠压指示功能、报警时应能发出声光提示，并能同步进行打印、统计、巡检、查询，以及记录报警发生的日期、时间、区域和报警类型等操作。

④ 报警控制主机应配置备用电源，备用电源应能满足报警系统正常工作 24 小时的需要。

2. 物防

(1) 展馆

① 展馆入口处应设置通过式金属探测门和 X 射线安全检查设备。

② 展馆在展出特殊物品期间，应设立相对封闭的特殊物品展区，并设置单人出入通道。

③ 馆建筑及外围易攀登、藏匿人的部位，在不影响观瞻的前提下，应设置障碍物。

(2) 展台、展柜

① 展台、展柜应由防弹复合玻璃感粘钛合金防爆薄膜玻璃以及相关金属框架组合而成，并安装防盗锁。展台、展柜内应配置放物柜，并安装锁具。

② 展出特殊展品、价值巨大的展品及一级以上文物，展台、展柜应设立 1 米参观线，并另加实体防护设施。

(3) 展品贮存库、中心控制室、财务室

① 展品贮存库、中心控制室、财务室应分别安装防盗安全门。防盗安全门的质量应符合《防盗安全门通风技术条件》（GB 17565—1998）中 C 级防盗安全门的要求。窗户也应采取相应的防护措施。

② 馆中心控制室（保守值班室）应配备专用防护警械。

(4) 室外展出

① 展出大型贵重物品、三级大型文物时，应采取一定的实体防护措施。

② 展出价值巨大物品、二级大型文物时，要建立高 0.8～1.2 米的栅栏或砖制围墙，栅

栏、围墙与展品的距离应在3～5米范围内。

③ 展出大型珍贵物品、一级以上大型文物时，要采取不低于大型文物规定的防范措施和其他措施。

3. 人防

（1）法定代表人　是展馆安全防范工作的第一责任人，主要责任是：

① 认真贯彻执行有关安全防范工作的法律、法规和规章。保卫机构，配置保卫人员。

② 责任制定安全防范工作制度，组织保卫人员开展安全防范工作措施。

③ 负责落实展馆安全防范工作所需的经费和设备，解决其他工作的重大问题。

（2）保卫机构、保卫人员主要职责

① 制定安全防范工作制度，落实安全防范工作措施。开展法制和安全防范宣传教育活动，组织开展群防群治工作。

② 加强公共场所、重点部位、贵重物品等的安全防范管理，组织开展值勤、巡逻、检查等安全防范工作。

③ 建立值班室（中心控制室）24小时值班制度，并认真做好值班登记、交接工作。

④ 及时向公安机关报告发生在本单位的刑事、治安案件和治安灾害事故情况，并协助公安机关开展相关调查、取证工作。

⑤ 执行其他安全防范工作任务。

（3）展品的运输、交接

① 特殊展品的运输应由专门的保安押运公司承担。境外特殊展品出入境及运输过程，必须由海关监管进行。境内展品运输安全工作，由参展单位负责。各相关单位应严格按规定办理交接、登记手续。

② 展品出、入展馆，必须有主办单位出具的展品出、入展馆书面文书。展品在展馆贮存库内存放，应严格办理出、入库登记手续，并做好交接工作。

（4）展品的保险　对贵重展品，应由主办单位、承办单位或参观单位办理相应的保险手续。

（5）观众　对进入特殊物品展馆的观众，应在查验其有效身份证的同时，做好相应登记工作。

四、二类展馆的安全防范措施

应参照一类展馆的安全防范措施予以落实。当二类展馆展出应在一类展馆展出的物品时，应将一类展馆的安全防范措施落实到位。

五、其他规定

① 展馆安装使用的安全技术防范产品，其质量应符合国家、行业、地方标准及公安部门的要求。

② 展馆的安全防范设施建设应做到与场馆建设同设计、同施工、同验收、同交付使用。已建展馆的安全防范设施建设，应按照本规定进行改造和完善。

③ 展馆举办重要展览时，宜使用保安犬协助开展巡逻、清场等工作。

④ 本规定自下发之日起施行。

上海市公安局

上海市对外经济贸易委员会

二〇〇四年七月五日

资料来源：www.sceia.com.cn

【工作任务】

实训：2006上海国际珠宝首饰展览会安防体系

2006上海国际珠宝首饰展览会在上海新国际博览中心开幕，创新采用了观众胸卡实名制接待观众入场。在展会开幕前主办方就一直在对安保工作进行"整改"——先是雇用了80名内场保安，后又增设了80个摄像头。上海警方也在展览现场配备了50名警员和10名反扒能手。展会主办方对外宣称本届珠宝展的安保级别已达"世界最高级"。但市公安局治安总队和浦东分局有关人士却悄悄地对珠宝大展的安保系统进行了一次"暗中突查"。最后警方认为，上海珠宝大展"防得还不够严"，并对其提出整改要求。

展会主办方采取的安保措施有：

1. 观众胸卡首次实名制。办理入场胸卡时工作人员先将观众身份证在专用扫描仪上照一照查验真伪，然后复印存档，如果观众使用假身份证，不仅会被禁止进场参观，而且还将被现场移交给值勤民警另案处理。在展馆入口处多个摄像头的监控下，保安仔细查验观众的实名制胸卡、身份证和照片，确认是同一个人后，观众才得以入场。

2. 持枪保安死守过夜珠宝。上海珠宝展出动用特级持枪保安死守过夜珠宝。主办方已将集装箱前4米以内的区域列为禁区，除了指定的几位专业人员外，连寄放珠宝的参展商也严禁跨越雷池一步。参展商只能将要过夜的珠宝自行封存好，交给专业人员入箱保存，第二天工作人员在查验各执一份的号码纸和骑缝章并确认无误后，才会将珠宝交还给寄存者。

警方提出安防整改要求：

1. 入口装备X光机。尽管珠宝展为了防范小偷已经煞费苦心，但上海警方仍要求主办方在每个入口处增设X光机，对所有观众的包和行李进行安全检查。

2. 展台设计不宜太开放。暗查检查人员对参展商精心搭建的特装展台提出了异议，珠宝展台虽然漂亮但四面通风的开放式设计，很容易让窃贼趁乱下手。

3. 展柜最好用防爆板。尽管钻石展柜都已加装防爆玻璃，警方提出建议最好还是采用防爆板，虽然价格比防爆贴膜贵一些，但效果更好，还可以重复使用。

实训要求：

1. 完整地为2006上海国际珠宝首饰展览会写一份安保策划书。
2. 每个小组独立完成。

实训组织：

1. 组成工作小组。
2. 分析讨论该珠宝首饰展览会安保策划书要点，以PPT陈述方式说明。
3. 以小组为单位，交流分享。
4. 教师点评。

任务五　展览现场危机处理

一、展会危机的界定

1. 展会危机的概念

会展活动涉及社会的方方面面，其活动的集聚性和时效性往往是其他行业有所不及的。曾有人把会展视同农民对天时地利的依赖程度，迫切需要进行危机管理。也有人说"会展危机无处不在，危机随时可能发生"。而对会展危机的定义，有些专家界定为："针对会展而言，危机是指影响参展商、专业观众、相关媒体等利益相关主体对会展的信心或扰乱会展组织者继续正常经营的非预期性事件。"

2. 展会危机的特点

（1）意外性　意外性是会展危机的起因性特征。如2001年美国的"9·11"事件以及中国2003年经历的非典医疗风波等重大意外性事件，令人感到意外和突然，也给人们带来惊恐和不安。

（2）危害性　危害性是会展危机的结果性特征。重大的会展危机往往造成会展终止，有的还会造成巨大经济损失和社会负面影响。

（3）紧急性　紧急性是会展危机的实践性特征。其应急性实践往往令与会者应接不暇和终生难忘。

（4）不确定性　不确定性是会展危机的本质性特征。具体到某届展会，组展者很难预料危机何时发生，从何处发起，其危害有多大，范围有多广，持续时间有多长，损失有多少等，真可谓"危机无处不在，危机随时可能发生"，只有树立全面的危机管理理念，创建科学的会展危机应急管理体系，着力于从"大处着眼，小处着手"，加强预测预报，加强综合治理，才能使会展防患于未然，并能顺利举办和可持续发展。

二、会展危机的类型

每当展会拉开序幕，来自四面八方的人群相聚而至，从此刻开始，会展危机也就相伴而来。诸如会展活动场馆的规模和区位（社会治安状况，周边交通环境，场馆设施条件等）；当地的气候条件和变化；会展活动的时间、性质、特征；会场的食物、水、饮品、与会人数、现场消防和动力安全等，随着各种变量因素的积累和变异，将会产生各种难以预测和控制的后果。为此，人们把会展危机分为两大类，一类为可控制会展，另一类为不可控制会展，并从中找出会展类型的分类方法，具体如下。

1. 社会因素

这里主要指经济秩序和社会宏观环境变化而导致的危机，如社会经济衰退、通货膨胀、游行示威、罢工罢市、政治动乱以及恐怖威胁和战争波及等。这些来自社会环境的巨大冲击，是任何办会者都难以抗拒的，故称之为不可控制的危机。但组展者如能从国家政府部门提前获得危机信息，则可采取应急措施把危害降到最低点。

2. 运作因素

这是指在会展运作中，由于项目经理经营不善，管理不当；主办机构财力不足以及参会合作者严重失误或中途退出等诸多原因，造成管理失控和混乱，导致整个会展活动陷入困境。这些都属于运营层面上的管理危机，也有学者把它称为经营危机、财务危机和合作危机。值得指出的是目前国内会展业中尚存在盲目扩张、恶性竞争、弄虚作假等错误倾向，这更是造成会展危机产生的祸根，应该引起高度重视和坚决根治，这方面的沉痛教训比比皆是。

3. 自然因素

这是指由自然因素引起的危机，诸如突然发生地震、海啸、飓风或暴雨、洪水等重大自然灾害。这是办展者无法预料的，当属不可控制范畴。为了防范这些危机，办展者一定要加强与政府相关管理部门的信息沟通，一旦获悉定要"宁可信其有，不可信其无"。会展活动要做好时间调整，及时更改会展日期或变更场地，直至被迫终止而避开危机的发生。

4. 安全因素

这里指除社会因素和自然因素外的安全问题。诸如工作粗心大意、场馆和展位设施所引起的危险、盗窃、抢劫、爆炸等，其他如突发性的食物中毒，观众参观时人流拥堵造成倒塌伤害以及火灾、漏电、严重污染等。这些危机的产生大多属于管理层面上的问题，理应加强管理，制订出会展各项管理职能和规章制度，不断提高会展管理人员的综合素质和与会者的文明素质。

三、危机事件的管理

1. 危机事件管理的原则

展会已成为活跃经济的重要途径，所以加强展会的应急管理工作十分必要。但国内目前尚没有一个展会出台突发事件的应急预案。展会应急管理应把握以下的几个原则。

（1）预防为主原则　预防为主的重点应放在展会的安全保卫工作上，做到会前有安全保卫工作策划，制定完善的安全保卫工作实施方案，并举行消防工作演练；会中（布展、开幕、参展、撤展）具体实施安全保卫工作方案；会后及时总结经验。

（2）快速反应原则　展会突发事件发生后，要及时准确地了解、把握事件的情况信息，分析发展动向，迅速启动应急措施方案，快速反应，及时有效地控制事态发展。

（3）统一指挥，协调联动原则　展会应急管理应建立由展会展览组、安全保卫组、会务组、接待组、项目组、新闻组等有关小组领导、专家组成的展会应急管理指挥、协调联动小组。一旦事件发生后，各小组要充分发挥各自的专业性，加强沟通协调，理顺关系，明确职责，搞好部门之间、条块之间的衔接和配合。服从统一指挥，协同作战，相互支持，积极应对，保证应急工作有序、高效运行。

（4）政府主导，社会参与原则　政府的权威性不可动摇，社会的力量不可忽视。展会突发事件的处理，必须发挥政府和政府部门的主导作用，综合运用各种手段，调动社会各方面的资源投入，形成政府主导、部门协调、军地结合、社会参与的应急管理工作格局。

2. 危机事件的处理

危及展会安全的事件多种多样，工作人员的失职、盗窃、抢劫、突发急病、食物中毒，甚至是爆炸、恐怖主义等，下面就几种常见的危机事件进行论述。

（1）盗窃　这是在展会中经常发生的第一类事件。由于展会的参加人数多、流动性大，对进入者的身份核查一般都是填写一份表格，而表格的有效性难以核查，加上珠宝展、文物展、奢侈品展的兴盛，给盗窃犯罪分子提供了可乘之机，而且盗窃一旦发生，丢失的财物很难寻回。近几年，展会中发生的盗窃行为愈演愈烈，甚至有很多盗窃团伙、盗窃集团也把展会看成是难得的"契机"。在一次"香港国际珠宝展"上，仅在开幕之日就发生了两起珠宝失窃案。两名参展商在 2 分钟内，先后被两批外来的珠宝大盗偷去价值 200 万美元的钻饰。

要预防盗窃事件首先要从出入口开始，保证合格人员的进入，对有"前科"的人员要提高警惕，加快电子身份核查系统的开发和应用。对于安全要求标准较高的展会，要加大安全预算支出，引进和改进电子监控设施。此外，要加强安全保卫队伍的建设和武警官兵的联系。

（2）火灾　火灾也许是第二个最为常见的人为灾难。大部分火灾都是人为因素造成的。例如，展馆内部和外部的电路复杂，稍有疏忽就会引起火灾；展会现场中的某些观展者可能将尚未完全熄灭的烟头丢弃，加上展台搭建用的材料很多是易燃易爆材料，很容易使火势蔓延，更为可怕的是火灾发生后会引起人群恐慌，自然地向入口逃散，往往给救火工作造成阻碍。

如何把展会现场火灾的风险降到最小，这需要展会主办方和场馆管理者在最初的策划或现场的服务中将所有可能造成火灾威胁的注意事项（如禁止吸烟的表示要醒目，员工要熟知消防器材的安放地点和使用方法等）、紧急逃散方式（出入口以及紧急出口的标识要明显）、在发生危害时的急救措施告知每一位与会者（会前的宣传手册告知和危害发生时的现场指导相结合）。迄今为止，展览业中还没有发生过严重的火灾事故，但管理者依然要给予足够的重视。

(3) 医疗卫生　展会现场是人流的聚集地，其中可能有传染病携带者，而病人和展会组织者可能不知情；拥挤或者过于激动也可能造成突发性疾病或者晕厥；在统一安排的条件不是很完善的就餐环境中，可能会发生食物中毒等医疗卫生事故。所以基本上每个展会活动都应采取基本的医疗救助措施来维护展会活动的正常进行。

国际会展管理协会（IAEM）的《生命/安全指导方针》指出：每个会展或是设施都要有合格的员工在场来处理紧急医疗事件。除了对正式员工及签约雇员进行事先培训，指导怎样应对紧急医疗事件外，还应当聘请合格的护士或护理人员在观众入场、展会期间以及观众退场时值班。聘请的医护人员或是场馆中可用的紧急救援人员，应当精通基本的救生常识、伤病诊断、急救主持和心肺复苏术，通晓风险通报计划的应用以及整个风险管理计划中的所有其他要素。

(4) 工程事故　由于展会现场中的展台和其他建筑都是临时搭建的，在活动结束后会被拆掉，因而一些参展商为了节约成本，找一些非专业的设计公司现场施工，所使用的材料及施工质量存在严重的安全隐患。2008年11月上海某展会闭幕撤展时，展厅内一块广告板从高处砸下，酿成1名撤展工人当场死亡、3人受伤的悲剧。为杜绝此类工程事故的发生，展会现场应当制定一系列的安全规定。例如，为了保证安全，展台搭建所用的材料必须具备防火功能；照明设备和材料必须符合当地安全标准；电源必须有展会指定的搭建公司人员连接。此外还必须注意施工搭建时的安全，不能使用有安全隐患的工具和材料；在展出期间，要有专人负责检查展台及设备情况，以保证展台安全和设备的正常工作。

(5) 暴力行为　暴力行为范围广，包括抢劫、袭击、对抗、示威、恐怖主义分子爆炸威胁或暴乱。这里要强调的是，恐怖主义是确实存在的，国际恐怖分子是会展管理者、观展者和参展商最有可能遇到的恐怖袭击者。袭击的很大一部分是针对交易的。但是国际上有一种新的趋势，恐怖主义袭击的目标越来越多地指向旅游者。

这些事件最典型的特点是影响面很大，处理这类事件除了及时与武警官兵配合，尽快解决问题之外，还应该配备一个有经验的发言人或是协调员，以防止事件扩大，同时稳定与会者和外界的情绪，保证会展顺利进行。为了避免抢劫等一般犯罪行为的发生，会展举办之前，了解所在区域的犯罪率和以前会展期间发生过的犯罪种类是必要的步骤。

(6) 自然因素　在会展的举办地，有可能发生自然灾害这种不可抗力，并由此导致财产和人身的风险。暴风雨雪、飓风、地震、森林大火等都是典型的自然灾害。自然灾害的剧烈性和大范围破坏性通常会造成难以估量的损失。作为会展主办方，在选择城市、选择场馆时就要充分考虑这些因素，首先查看选择的城市有没有发生自然灾害的历史。其次场馆建造时有没有考虑这些因素，以及能承受的自然灾害的级别有多大。一旦发生灾害，城市的相关部门和场馆方面有没有应对方案和措施。在做场地检查时，要确保对所有的警报装置都有清楚的了解。

【工作任务】

实训一：展览现场危机处理

某会展公司在某热带国家一著名风景名胜举办会议，但是种种天气预测和迹象表明，热带风暴即将来临，但由于该会议的筹办始于半年以前，会议主办者因缺乏经验忽略了对天气变化的考虑。目前各个参会者都已做好参加会议的准备，举办者进退两难。临时取消的话，势必造成巨大损失和不可挽回的影响，同时又心怀侥幸，觉得不至于倒霉到正好碰到风暴，如果你是会议组织者，你应该如何决策。

实训要求：

1. 针对该气象危机，应对策略必须贯穿节事各个环节。
2. 每个小组独立完成。

实训组织：

1. 组成工作小组。
2. 分析讨论展会气象危机应对方案，以 PPT 陈述方式说明，并试做简单点评。
3. 以小组为单位，交流分享。
4. 教师点评。

实训二：

某杭州丝绸新品服装展销会散发的宣传单称展销会前三天免费赠送 1000 件服装。展会第三天正好赶上星期天，很多市民凌晨 2 时许就到现场排队，排队者多达千人。组织者考虑到安全问题，特地安排人员维持秩序。然而由于人群涌动致使一名 60 多岁的老人倒地，头部受伤。随后，一男子乱喊只发放 300 件礼品，排在后面的将领不到服装，导致很多排在后排的市民向前挤，管理人员无法控制局势，活动现场一度失去控制。不久有人拨打了报警电话。民警先后两次赶到现场，疏散排队的群众。随后，展销会的工作人员称，因参加活动的人太多，为了安全赠送活动暂时取消，这个通知使众多观众不满。

实训要求：

1. 系统地对以上事故发生原因及其后采取的补救措施进行分析。
2. 每个小组独立完成。

实训组织：

1. 组成工作小组。
2. 分析讨论其现场赠送与安全控制方案，以 PPT 陈述方式说明，并试做简单点评。
3. 以小组为单位，交流分享。
4. 教师点评。

项目六　会展后续服务

职业能力目标

通过本章的学习，了解会展后续服务的内容、会展客史档案的管理，掌握会展后续服务的基本工作流程，掌握会展活动的评估，要求学生具备会展后续服务中全面、灵活、深入的素质要求。

典型工作任务

会展后续服务内容
会展客史档案管理

开篇案例

2009 第四届东莞（长安）国际模具技术及设备展览会

为有效提高参展企业现场贸易成交机会，主办单位在展前、展中和展后全程为参展商提供贴心的综合增值服务，帮助企业充分利用展览资源促销产品和品牌宣传。展前，海量收集买家的采购意向信息提交给参展商，将参展商的产品资料与展会请柬一同寄给买家进行产品推介，在主办方投放的强势媒体宣传中推介参展商品牌与新产品信息；展中，展会全场大力开展"现场订购特惠活动"，鼓励买家当即下单，展会现场为参展商商务配对，真正增加成交机会，推荐优质代理经销商，帮助拓展销售网络；展后，提供展会现场的观众数据库，便于参展商后续跟踪联络，扩大展会交易成果。

此外，组委会还将以华中科技大学模具技术重点实验室为依托成立模具技术创新服务馆，在模具企业技术创新方面提供公共服务平台；邀请工商银行、广东发展银行、中信银行等成立融资服务区，为中小型模具企业提供资金支持；高端模具人才交流会将给有需求的模具企业带来更强大的活力。

来源：www.news.mainone.com 铭万网

【分析与提示】

会展结束后的服务即会展后续服务在我国当今会展业的运作中还没有引起广泛和足够的重视。事实上，忽视会展后续服务对会展的影响是非同小可的。作好后续服务是赢得回头客的重要原因。

所谓的展览后续服务其实很广泛，比如公司可以把在展览现场的照片打印或冲洗一份给客户，为客户整理展会的会后总结、展会必要的数据，收集该行业的今后会展信息，提供客户选择下次参展，如果方便，甚至可以邀请客户参观公司新近推出的项目等。

上述案例中开展全过程服务的做法不仅提高了展会的质量，而且也进一步宣传了展会，只要能够为客户多付出一份努力，都将为公司在以后的业务发展中赢得优势和先机。

项目六 会展后续服务

任务一 会展后续服务的内容

会展后续服务就是会展结束后为所有涉展人员提供各种方便和切实解决问题。

一、会场、展览场馆的收尾工作

会展活动结束后，现场的清理应及时细致。

① 要检查会场，带回剩余材料、席签等。收回所有应该收回的活动资料，撤去活动场地上布置的会标、广告牌、展台等宣传品。

② 桌椅地面的清扫及茶杯等用具的收集整理，使场地恢复原样。

③ 引导、照顾出席人员的出入，根据与会人员离会时间，提前安排车辆、送站人员等。如果在会议结束后尚有宴会，要为客人做好向导。

④ 如果发现会场有遗失物品，要妥善保管，并同失主联系。

⑤ 现场电气设备的检查，主要是同声传译设备、照明设备、音响设备、电脑、投影仪等，并切断电源。

⑥ 指路牌等标识的撤收整理。

⑦ 场地门窗的关闭。

二、致谢、宣传

会展活动后的致谢不仅是一种礼节，而且是建立双方良好关系的有效手段。在会展后续服务中应注意致谢工作的开展。活动后的宣传在某种程度上对会展的影响及效果更是起到一个持久的促进作用，积极有效的宣传将会为会展活动的持续发展做好铺垫。

1. 致谢

（1）致谢对象 对与会者、参展商、协助与合作单位、媒体、赞助商、承办场馆等都应发函致谢，表示出对对方的重视，并让对方感受到我方与之合作的诚意。

感谢的对象还应包括本公司为会展活动辛勤工作的员工。会展活动是相当复杂繁琐的工作，千头万绪，离不开所有员工的共同努力。活动结束后，企业应根据具体情况采取一定的方式对员工进行物质或精神上的奖励，以示感谢，同时也可利用这一契机增强企业的凝聚力。

（2）致谢方式 会展活动结束后，可采用不同的方式表达谢意。

一般对于大多数的对象，发函致谢即可，只不过要及时快速；对于重要的单位或人员，最好是登门拜访，或者通过宴请以示谢意；电话致谢也是一种方式，客气周到的问候与感谢可给人留下良好的印象。对于重点参展单位和用户单位，表示感谢并报告活动成果。

（3）邮寄资料 在展会结束后，把所有收集到的专业观众资料、论坛资料、参展商资料等汇总到一起，刻录成光盘，寄给参展单位；或者把文字资料通过电邮、传真等方式发给参展单位。这项工作也许比较烦琐，但是对于下一届展会的帮助将是无形的。

2. 宣传

会展活动的闭幕并不意味着工作的结束，在其后要抓住时机进行必要的宣传，通过媒体等其他渠道制造一定的舆论影响，是会展活动持续发展的必要措施。

在活动结束后的一段时间里，要有计划地对活动的成果进行持续宣传，以进一步扩大影响。一般可以通过主要报纸、专业杂志、各种网站，也可以借助相关协会组织的会议等渠道进行宣传。

召开新闻发布会是一个行之有效的方式，不仅可以通过媒体的报道扩大活动的影响，还可获得较为突出的效果，加深客户的印象。

组织联谊会也可增强活动的宣传效果，同时还彰显企业的经营理念与诚意。此外，活动简报等文字资料可充分利用本次会展活动的专业网站扩大宣传与影响。

【案例】

2007第十七届中国国际医疗器械（山东）博览会（春）暨医院管理国际系列论坛在济南隆重举办

由济南市人民政府、全国卫生产业企业管理协会、山东省医学会等单位主办，山东新丞华展览有限公司承办的"2007第十七届中国国际医疗器械（山东）博览会（春）暨医院管理国际系列论坛"（以下简称"医博会"），于2007年3月20~22日在济南舜耕国际会展中心成功举办。本届"医博会"紧紧围绕本行业热点，立足行业发展，以"关爱生命、呵护健康"为主题，以"推广医院经营先进理念，提高医院装备科技水平，为推进全国医疗卫生事业的发展搭建平台"为使命，现已成为山东乃至全国医疗卫生事业发展的助推器，在业内产生了广泛巨大的影响。

医博会的前身为山东医疗器械、医用车辆展览会，1995年至2000年每年举办一届，自2001年起分为春秋两届在我市举办，2004年经国家有关行业协会两届的考察评估，原"山东医疗器械、医用车辆展览会"正式升级为"中国医疗器械（山东）博览会"。其规模已由原来的几百个展位达到本届展会的1200余个展位。展会规模大、档次高、活动丰富、展品门类齐全、专业观众质量高、辐射面广是本次展会的鲜明特点。

一、展会规模大

本届医博会组委会租用了济南舜耕国际会展中心所有的A、B、C展厅，展会展示面积达35000平方米，同时增加2个蓬房展厅，共3000余平方米，救护车展区3000平方米。较上届展会共增加了5000平方米，展会规模创历史之最，达到了1200余个标准展位。

二、展会档次高

本届医博会参会企业档次、规模均创历年来之最，参展企业近900余家。展商对本次展会高度重视，在展位的装修设计及对展会现场人员的培训方面都做了精心的准备，第一：特装企业500家，占用面积20000平方米，折合标准展位932个；第二：标准展位468个。折合标准展位共计1400余个。80%的企业在展览现场以特装形式进行展示。其中，进口设备占80%以上，国外参展企业35%，参展参会企业对医博会给予了高度评价，多数企业表示要与医博会组委会签订长期参展参会协议。

三、参展范围广

本届展会企业吸引了日本岛津、日本东芝三广、西门子、飞利浦、北京万东、沈阳东软、奥林巴斯、麦迪逊、深圳安科、北京福田、北京工业公司、中国乐凯、无锡海鹰、深圳晨伟、TKO、山东新华等150余家知名企业和国内山东、江苏、河北、河南、安徽、天津、四川、广西、云南、浙江、贵州等20个省市，以及来自中国台湾地区、日本等地区和国家的企业厂商到会参展。千余家省内外三甲以上医院到会参观，二甲以上医院8000余家，其他医院及民营医疗卫生机构10000余家。现场达成意向协议3400多个，现场交易额8000多万元人民币。参会的专业人士突破15万人次。

四、展品门类齐全

本届医博会集中展示了诊断及治疗设备类；数字化设备类；生化、分析、检验设备及实验室设备类；医院建筑设计类、医院设施等；护理设备及病房用品类；口腔设备及材料类；

医用车辆等20000多种医疗设备，众多新型的医疗设备亮相展会，是历届以来展品最丰富、门类最为齐全的一次产品集中展示。此外，GE、西门子、飞利浦、东软等国内外企业在特大型展位之余，还对本企业的新产品进行了发布推介。

五、展览与论坛并举

展会期间同期举办了国际医院管理系列论坛和医疗设备捐赠、医患名额捐赠活动。并在舜耕山庄举办了第十八届医院管理国际系列论坛，论坛的主题为"如何以服务提高效率、降低成本、打造医院第三利润源泉"。邀请的专家有亚洲亿元管理学院行政教育和终生学习中心项目主任Rene T Domingo，国际医院联盟驻中国区副代表，以及东南大学附属中大医院院长刘乃丰，佛山市第一人民医院副院长谭伟棠和四川大学华西医院院长助理、运营管理部部长程永忠分别在论坛上发表了精彩演讲。

当前，农村基层医疗卫生事业的发展和农民群众的身体健康始终是党和政府十分关注的问题，同样也应该得到全社会的重视和支持。乡镇卫生院、村卫生室医疗设备陈旧匮乏的问题十分突出，广大农民群众得不到良好的医疗服务。为解决这些问题，各级政府每年都投入大量人力、财力、物力解决农村基层卫生单位的困难和农民群众看病难的问题。同时也需要发动和依靠社会各界力量，伸出援手，提供力所能及的帮助。

"爱心大联动之医疗器械捐赠"应此而生，此项活动是由山东省红十字会与山东新丞华展览有限公司联合举办的，截止到现在为止，组委会共接收社会各界所捐赠的呼吸机、治疗仪、血球计数仪、生化分析仪等医疗设备，总计八十余万人民币。在3月20日，济南舜耕会展中心举办的2006第十七届中国国际医疗器械（山东）博览会开幕式上，由山东省各地市卫生局，红十字会领导对捐赠单位进行颁奖，并授予称号。在心系民众、报效祖国、回报社会等做人方面，山东新丞华展览有限公司赢得了社会的一致赞誉。胸怀报国大志的丞华人正以高度的社会责任感实践着"三个代表"的重要思想和"为人民服务"的宗旨，用自己的一片真诚之心和行动，奏响一曲现代爱心乐章。"开拓进取大胆创新，誓为山东卫生事业的发展添砖加瓦！"山东新丞华展览有限公司的总经理王西敏这样说道。

来源：www.ch56.com

【分析与提示】

上述案例是山东新丞华会展公司在一次国际论坛后的新闻报道，此文原发表在公司的网站，虽然会议已经结束，但后期的相关宣传报道却可以产生长久的宣传效应。

宣传稿件的内容有很强的针对性和现实意义，尤其是慈善捐赠活动的安排，既丰富活跃了现场气氛，同时造成了很好的社会影响，对本项目的运作及公司的声誉有很好的提升作用。

【案例】

济南国际旅游交易会历届精彩回顾

届数	时间	地点	规模	重要活动	社会效应
第一届	2001年9月	山东国际博览中心	300	21世纪中国旅游实战高峰论坛	国内15个省、市、自治区、旅游机构和旅游企业2万名代表参加，填补了山东省旅游会展空白
第二届	2002年9月	山东省科技馆	310	21世纪中国旅游实战高峰论坛	为山东省旅游业走向世界发挥了积极的推动作用

续表

届数	时间	地点	规模	重要活动	社会效应
第三届	2003年9月	济南舜耕国际会展中心	350	泉城广场大型公众旅游推介会	是2003年非典后国内率先举办的大型国际旅游交易会,引起业内人士及专业媒体的广泛关注
第四届	2004年9月	济南舜耕国际会展中心	500	旅游城市市长合作宣言 旅游城市联盟签约 特色旅游产品推介会 首届旅行社同盟交流大会 齐鲁美食展	国际性更加突出,推动了国内外同业间的合作交流,促进了旅游业的发展,被山东国际展览业评为山东会展市场政府系列"十佳品牌展会"
第五届	2005年9月	济南舜耕国际会展中心	700	第二届旅行社同盟交流大会 特色旅游产品推介会 友好城市旅游论坛 友好城市风情大会演	来自世界五大洲、42个国家的120个友好省州、友好城市的贵宾汇聚一堂、共庆旅游盛会,原山东省委书记张高丽、省长韩寓群出席交易会
第六届	2006年9月	济南舜耕国际会展中心	660	中国首届老年旅游高峰论坛 第三届旅行社同盟交易会 特色旅游产品推介会 泉城广场大型公众推介会	以市场为导向,邀请高端买家并且在内容、活动、形式等各方面都具有新的特色,是一次国际性、参与性、多层次的旅游盛会
第七届	2007年9月	济南舜耕国际会展中心	750	千家旅行社联盟签约大会 中韩8+8城市文化旅游展 特色旅游产品推介会 旅行社管理国际论坛 泉城广场大型公众推介会 景点线路考察	成为开拓山东及周边市场的良好平台和载体,在业内已形成一批广泛而固定的专业买家群,现已发展成为中国主要的国际旅游专业展会之一

来源:www.ch56.com

【分析与提示】

济南国际旅游交易会历届精彩回顾是一个更有创意的宣传报道,通过表格的形式将此前七届展会的大体情况展现出来,在展会的规模、重要配套活动及社会效应几个方面加以详述,不仅可以让社会公众了解本展会的运作情况,更可以通过对比分析看出本展会的成长壮大历程。

三、结清账目

会展活动结束后,主办单位、承办单位、会议中心及酒店等相关单位之间的费用应及时结清。

结清账目时主要有两类,一类是由活动组织者支付,另一类是由参加活动者个人承担,在具体运作时要按照活动的合同或约定进行。

1. 为参加者个人进行结账

① 合理安排结账时间,通知客户在不同的时间段结账,以免过于集中而出现拥挤。

② 根据客流量配备相应的收银人员和收款设备,及时增加人手以保证结账顺畅。

③ 收银人员应熟练操作,努力缩短结账时间,提高效率,以保证客人的准时出行。

2. 与相关单位之间的账目结算

① 核对账单。在核对时,重点核对款项与合约有无出入,在会展活动期间容易发生一些变更,所以要仔细核对。

② 按照《租馆合同》的规定和交接后共同确认的情况,支付相关的费用,与展馆、会议中心等方面将账目结算清楚。

③ 根据相关的合作协议,对涉及布展、运输、安保、餐饮等单位进行费用结算,并及时支付费用。

④ 根据相关的合作协议,对相关合作单位报告财务状况,及时进行结算和分成。

⑤ 按照规定进行税务处理,按时纳税。

⑥ 单位之间的费用多为银行转账,这就要求收银人员保持与银行的联系,验证对方的资信程度,以随时查证对方的款项是否到账,尽量避免坏账、死账的发生。

四、处理投诉

会展服务涉及面广,由于各个环节信息沟通的延迟或疏忽,难免会让客户产生不满而进行投诉,对此工作人员应客观地、认真地听取客户意见,及时处理客户投诉,给其一个满意的答复,同时要注意维护本企业的利益。

1. 处理投诉的基本原则

① 真心诚意地帮助客户解决问题。

② 认真聆听,不要同客户争辩。

③ 不损害本企业的利益。

2. 投诉的处理

(1) 对活动现场的设备投诉 活动现场的空调、水、电、照明、视听设备、电梯等设备有时可能会出现一些意外,影响客户的正常使用。在处理此类投诉时,一定要立即去实地观察了解,然后根据情况采取措施,事后还应该进行观察反馈,以确认客户的要求已得到满足。

(2) 对异常事件的投诉 因天气或其他原因,客户无法按时返程,或是没有合适的酒店入住等,都是不可预计和避免的事件,此类事件的投诉难以人为控制。对于客户的此类投诉,应在力所能及的范围内帮助解决,如实在有困难,应尽早向客户解释清楚,注意态度要和善,解释要合理。

(3) 对服务态度和接待质量的投诉 员工的服务态度与质量是最容易引起投诉的,同时也是影响较大的问题。对此类问题处理的关键是加强对工作人员的业务培训,提高其基本职业技能与素质,树立良好的服务态度,具备优秀的服务技能。

五、征询客户意见

客户意见反馈表或征求意见表是会展活动组织者常常采用的意见征询方式,通过客户在表上的意见反馈,可对整个活动有一个大体的把握,对改进会展活动的组织与接待、管理具有很高的价值。

意见表一般可于会议开始时同其他会议资料一起发放,也可在活动进行中安排专人进行逐一征询调查。对于反馈回来的意见表,工作人员应认真阅读,仔细归类、统计、分析,然后决定改进的具体措施。工作如果更深入的话,则可发函致谢,或致歉,并由企业负责人署名,以表达对对方的重视与尊重。所有的意见征求表以及处理结果的书面材料都应及时完整地汇总到客户档案中。

【补充资料】

关于收集第 20 届中国丝绸交易会展会反馈意见的通知

各位参展商:

首先衷心感谢贵公司参加第 20 届中国丝绸交易会（以下简称"中丝会"），为了更好地组织下届展会，特收集相关参展意见。我们准备了以下问题，希望能够得到您的答复。

请将以下内容打印填写后传真至我司，传真电话 010-××××××××。（在您选择的选项上画圈即可。）

一、贵公司参加"中丝会"的主要目的是什么？
1. 招经销商 2. 展示新产品 3. 展示公司形象 4. 签约订货

二、贵公司参加"中丝会"是否达到预期目标？
1. 未达到 2. 达到 3. 超出预期目标

三、贵公司以何种形式进行产品销售？
1. 经销 2. 代销 3. 商场 4. 批发市场 5. 专卖店

四、对"中丝会"的宣传工作是否满意？
1. 非常满意 2. 比较满意 3. 不满意

五、贵公司是否参加下一届"中丝会"？
1. 肯定会参加 2. 还要考虑 3. 不参加

六、如果贵公司不打算参加下届"中丝会"，原因是？
1. 销售渠道已形成 2. 专业观众质量不高 3. 参加其他展会

七、贵公司关注哪些媒体？
1. 中国纺织报 2. 中国服饰报 3. 服装时报 4. 服饰导报 5. 布艺世界 6. 丝绸
7. 其他媒体（请列举）

八、您是否关注过我们的网站（www.chinasilkfair.com）？
1. 是 2. 否

九、对我们有何其他建议？

中纺联（北京）会展服务有限公司
2008 年 4 月 16 日

来源：中国丝绸交易会网站

六、总结与评估

总结与评估是会展活动结束后的一项重要工作。

1. 总结

总结工作可以通过对以往工作的回顾与反思，为以后的工作提供可借鉴的经验或要吸取的教训。各个部门应在工作完成后进行认真的工作总结，取长补短，完善工作。

总结范围涉及活动内容，场馆、设备和当地服务，客户的反应，活动经费的预、决算等。对会展活动中产生的有关文字资料、照片、音像资料及其他物品，应进行整理、立卷、装封和入库。也可适当加以编辑，以便于保存和宣传。

一般会展活动的总结分三部分，一是活动筹办组织全过程的各项工作总结；二是效益分析和成本核算；三是项目市场调查分析，即本项目的市场竞争力、优劣势比较及所占市场份额等。

2. 评估

总结是评估的基础，会展评估是指对某一会展活动进行分析和评价，以判断该项目是否成功，并分析原因，总结经验教训，为项目的主办者提供借鉴。评估的主要目的是为了了解项目目标是否实现，成本效益如何，客户的满意度，以后的改进方向等。

评估的内容大体包括：会展项目的历史和影响，主题，规模，展品的质量和品牌，广告宣传，参展商的收益，展馆的收益，主办单位的收益，会展的组织与服务，观众的满意度，新闻媒体的报道等。

会展评估一般分制定标准、收集整理资料、统计分析、撰写评估报告几个步骤。

【案例】

CCBN迎新年答谢招待会

为答谢长期以来支持和关注中国国际广播电视信息网络展览会（CCBN）的业内同仁，为向参展厂商和广大用户致以诚挚的谢意，CCBN组委会于2008年12月1日在成都、12月2日在深圳、12月4日在上海三地举办了别具特色的、反响热烈的迎新年答谢招待会。

这三场答谢会的成功举办，为CCBN的持续发展打下了良好的基础，增加了组委会与参展商和广大用户的沟通互动，得到了厂商和业内专业人士的高度评价，三地的与会厂商们分别表示将继续全力支持CCBN2009，与CCBN携手，共同为推动我国广播影视的大发展大繁荣，开创广播影视发展的新局面而努力。

* 成都站

12月1日，CCBN组委会在成都索菲特万达大饭店凡尔赛宫厅，召开了第一场共迎新年答谢招待会，来自四川省以及成都市广电局、电视台、网络公司的领导、业内专家、厂商、用户和媒体近150人出席了此次答谢会。国家广电总局广播科学研究院院长、CCBN组委会主任委员马炬先生代表CCBN全体人员对出席的嘉宾表示了热烈的欢迎和祝福。

招待会上马炬院长从CCBN2009展会全新的理念与主题、展览内容的特色与亮点、主题报告会和专业论坛、人性化的创新服务这四个主要方面，向在场嘉宾详细地介绍了2009年CCBN展会的筹备情况。四川省广播电影电视局副局长陈原祥先生在会上致辞，他表示，CCBN为大家搭建了一个非常好的行业平台，通过这个平台，中国广电业内人士欢聚一起，共谋发展。CCBN已经成为最受瞩目最具影响力的行业盛会，并预祝CCBN2009举办成功。

……

来源：DVBNC数字电视中文网

【分析与提示】

上述案例中所讲的三地迎新答谢会，实际上是一个会展活动的宣传推介以及客户服务的巧妙运作。在会展的后续服务中，各种相关活动的设置都是一个明智的举措。本案例中的答谢会不仅是对上届活动的总结，同时还是对此后活动的有效宣传，可引起较明显的市场关注，对CCBN展会的宣传与持续发展起到了很大的推动作用。

【案例】

九州展会总结报告节选

* 四个第一，国际大展成形

2009广州汽车改装展览会3月8日在广州琶洲国际采购中心闭幕，尽管3天展期都在雨中度过，但是这场史上最牛的汽车用品展会还是创造了几个"第一"。

第一个最多特装展位的展会。本届展会特装展位96个，平均单个特装展位面积超过70平方米，其中特装面积100平方米以上的展位26个，是有史以来特装展位最宏伟的展会。

第一个出售门票的展会。本届展会共出售门票6777张，买票入场的观众与取得展前赠票的观众总计为18506人，是有史以来最多消费者的汽车用品展会。

第一个大量企业带车参展的展会。本届展会带车参展的企业56个，带车参展企业均将最新产品加装在车上，从而确保观众能得到最真实的车内产品体验，是第一个以"拓展渠道、引领消费"为主题的展会。

第一个大量启动大众媒体宣传的展会。《参考消息》《新快报》《羊城地铁报》等大报在展前进行了大量宣传，广东电视台还专门在黄金时段连续5天播出专题，是有史以来最受关注的展会。

从2008年11月15日起开始招展，实际招展时间只有88天，堪称史上最短周期的展会。本次展会，堪称专业观众的一次壮丽会师，在展会结束后整个星期针对参展商的调查结果显示，这次参展的96.2%的汽车用品企业对展会的专业买家数量和质量给予了极高的评价，一致认为：这次参展，是见到大经销商最多的一次！据统计，3天累计入场63111人次（其中累计入场人数44265人），国内（不含港澳台）专业观众30256人，国外专业观众503人，普通观众18506人，4S店1014人；展会总成交额接近20亿元，其中仅4S店就达成采购订单2.8亿元，意向采购订单5.3亿元！

* 多方好评，努力终获赞赏

几乎所有的参展企业对本届展会赞赏有加，以下是客户采访摘录（排名不分先后）。

好帮手（卢总）：这个展会办成这样高规格，以后再也没人敢怠慢你们。希望这个展会能成为全世界最大的汽车改装展！

铁将军：效果蛮好，展会很专业，哈尔滨、黑龙江等的客户都过来了。我们在现场接了几十万订单。大省的总代理都过来了，零散的小客户也都来了，特别是邻近的广西、湖南的客户很多！

欧华（徐总）：太棒了，这么大的规模，这么多高科技产品，这就是未来的"CES"！明年给我150平方，我现在就定！

天派（施总）：很多订单虽然不是在这里谈的，但是在这里有了很多新的客户。各厂家、参展商在这次展会上用了很多心思，他们有很多新的创意，我看这些是值得的。

万利达（肖总监）：参展的规模挺大，非常有档次！

恒晨（付总）：我们的参展效果非常理想！这次是我们第一次进入国内市场，现在超额完成参展目标，绝对达到最终效果！我们这次接触的商家是全国都有。

新飞（李董事长）：展会气氛很热烈，渠道资源丰富，你们九州了不得！

维科（林总）：观展人气很旺，有不少外商资源。晚宴搞得不错。比起往届展会，这次展会的人气和组织形式都是很理想的，渠道资源也很丰富。

雄兵（吴总）：无论从人气、展馆氛围、参与群体的把控都非常理想，能够带入4S店资源是本次展会的一大成功之处！

……

来源：中国音响行业门户网站

【分析与提示】

展会结束后，主办方通过收集各种资料，对展会的组织与服务等方面进行总结评估，既可以得到办展效果的反馈，为此后展会的举办积累经验，又可为展会作进一步宣传，巩固客户关系。

上述展会总结报告的写作,一方面将展会组织的各方面所取得的成绩进行列举,所列数据增强了事实的说服力;另一方面,通过对相关展商的访谈,更有力地提升了展会的影响。

【工作任务】

实训：会展后续服务的内容

兴致勃勃地从外省带着产品赶来参展,到现场后才发现展位发生了变更——被"委屈"地安排到一个类似于仓库的展厅内,而且参展商数量也没有当初承办方宣传的那么多。3月12日上午,"××工业装备制造业展览会"刚刚开幕,就遭到20多家参展商的投诉。

"为了这次展会,我们公司投入了大量资金和人力来做准备,特地请了广东的装潢人员提前到南宁来布置展台。可是,当我们到现场后,才发现被骗了,完全不是那样。"朱先生气愤不已,他是艾司匹技贸有限公司的销售工程师,受公司委派,他和几个同事于3月10日从东莞过来参展,准备开拓公司在南宁的市场。

当日上午11时许,记者在展览馆见到了朱先生。他拿出了展会策划公司之前给他们传真的展位图纸和宣传资料。"完全是骗人的,展位图上标明A区、B区、C区,共有100多家业内知名企业参展,我们公司要了主展区最中心的一个54m²的展台,可到现场后,才发现主展区在办丝绸服装展览。"朱先生指着展位图说,得知被安排到一个很偏僻、类似于仓库的地方开展会,他们心里很憋气,这意味着所交的4.5万元参展费也打了水漂——从展会开幕后的几个小时里,除了20多家参展商"互相参观"外,根本没什么专业的客户前来看展。

朱先生所在公司是一家韩国公司,为了这次展会,公司的韩国老板也来到南宁。可是,当发现展会"货不对板"后,老板气得呆在宾馆不出门。为此,他们要求展会的组织方——南宁荣桂会展策划有限公司予以解释。没想到这家公司一直在拖时间,还以当初与他们签订展会合同的业务员离职为理由推脱责任。

在展会现场,记者数了一下,大概有20多家来自全国各地的参展商。在记者停留的半小时时间里,鲜有人进来看展。来自山西一家煤焦化工产品的参展商郭先生也大呼上当,来参加这次名不副实的展会,花了5600元参展费不算,4个工作人员来回开销也不少,关键是最后只能一无所获地返回。

当日中午12时30分,记者联系上该会展策划有限公司的负责人桑先生。他说,此次展会的展位相比之前的参展图,确实发生了变更。之前他们确实联系到100多家企业参展,有的已经交了参展定金,但后来由于受金融危机的影响,有的参展企业倒闭了,不能前来参展,这个他们也没办法。当记者问到如何解决展位变更、安抚前来参展商的情绪时,桑先生解释他在外面办事,会在12日下午再约记者详谈,并让记者留下手机号给他。到12日晚8时,记者都未接到桑先生的来电。

实训要求：

1. 系统分析以上情况发生原因,提出相应补救措施。
2. 每个小组独立完成。

实训组织：

1. 组成工作小组。
2. 分析讨论其系统处理方案,以PPT陈述方式说明,并试做简单点评。

3. 以小组为单位，交流分享。
4. 教师点评。

任务二　会展客史档案的管理

会展客史档案的管理，是指对已经接待承办的会展活动的有关资料的收集、整理、存档以及再利用的一整套措施。

完整的客史档案不仅有利于开展个性化服务，提高客户满意度，而且对搞好客源市场调查、增强企业竞争力、巩固和扩大客源市场具有重要意义。

一、客史档案的内容

会展客史档案资料的内容主要包括预订资料、设计资料、活动资料、效果反馈资料和总结资料等。

1. 预订资料

会展活动的预订一般是通过面谈、电话预约、信函预约、网上注册等方式完成的。无论哪种方式，都要留下记录或填写活动预订表。

预订的内容主要包括：会展活动形式、活动规模、会议室或展览场地的布置要求、开始时间、联系人姓名、联系人电话、预订金以及预订以后的确认等。预订资料应以其原样保存下来，作为原始依据留存，以解决日后可能发生的纠纷；同时也为会展营销、预订方式的改革提供第一手参考资料；此外，还可以通过对过去预订资料的比较，分析老客户的预订特点和规律，掌握这些客户的发展变化，以实施有效的会展组织与服务。

2. 设计资料

会展活动设计资料主要包括会展设计的目的、要求、场所设计、方案程序设计、配套活动设计等内容。好的设计方案不仅可以促进会展活动组织的成功进行，同时还可对今后的项目开展具有一定的指导与借鉴意义。

3. 会展活动资料

会展活动资料涉及活动组织全过程的所有活动安排，大体如下：

① 会展举办过程中人员安排及分工。
② 会展活动场地的安排与布置。
③ 会展活动现场接待登记。
④ 会展现场的各项活动及管理，如开闭幕式、活动程序安排、嘉宾出席情况、配套活动的主要资料、现场突发事件及应对处理情况等。
⑤ 活动结果资料。
⑥ 账单资料等。

4. 效果反馈资料

通过会展活动组织过程中开展的客户调查活动，客户会将一些意见或建议反馈给会展主办方，主要包括下列内容：

① 客户对活动的表扬与认可意见。这是会展活动的成功之处，也是所有会展活动应追求的目标。

② 客户对活动主办方提出的建议。客户中会有一些人对活动的组织或服务、场馆的软硬件设施的配置等问题提出一些建议，对此要认真记录，对合理的建议要安排员工及时予以

落实和改进，并向提出建议者表示感谢。

③ 客户的投诉。客户的投诉是不可避免的，作为服务业，会展活动的组织者要将客户的投诉资料认真整理、分析，以为日后改进工作、培训员工提供参考。

5. 会展活动的总结

会展活动的总结是对整个活动全过程、全方位的思考，相关数据和案例都是客观真实的，这样可为以后的活动组织提供有效的参考价值。

二、会展客户资料的收集

客户资料的收集应调动所有与客户接触者的积极性，充分利用一切可能的途径与机会，将相关信息进行收集整理。

1. 通过外部渠道获得信息

① 客户调查表的信息。客户调查表是获得信息的较为便捷的途径，但又有一定的局限性，即不可能进行较为深入的调查了解。

② 电话调查访谈信息。通过电话访谈得知相关信息，是较常见的方式。

③ 现场采访调查信息。现场采访可近距离地与客户进行交流，便于采访者见机行事，可对访谈内容有较大的掌控空间，调查内容针对性较强。

④ 近阶段新闻媒体的宣传报道。这是一种影响面较大的信息来源，具有一定的可信度。

⑤ 相关文献资料查阅。同上面的新闻报道相似，是相关信息的间接获取渠道。但也有其优点，即信息的全面性。

2. 通过内部渠道获得信息

① 员工意见反馈。这就要求与客户接触的员工有一定的意识，认真捕捉各种信息并及时反馈。

② 现场观察。现场的动态是获知消息的最可靠的渠道之一，切实而仔细的观察定会有收获。

③ 文献资料。企业原有的相关文献资料，可为相关信息的获得提供便利的条件。

三、客史档案的管理

1. 建立健全客史档案的管理制度，确保客史档案工作规范

建立相关的档案资料保管查阅管理制度，健全借阅管理制度和借阅、查询手续，防止会展客史档案的遗失或破损。确定客史档案管理的具体规定和办法。客史档案不能秘而不宣，但由于许多资料公开会直接影响与客户的合作关系或企业的业务开展，不宜流出企业，只能供内部使用。所以，客史档案应由专人负责管理，并确定严格的查阅和利用的管理办法。

2. 设立专门岗位，负责档案工作

尤其是大型会展活动，主办企业可视具体情况和需要，配备一名文字处理能力较突出的员工担任专职档案管理员，负责会展资料的收集、整理、归档和提供查询。

3. 多渠道收集相关资料

掌握第一手资料，尤其要关注服务在一线的员工所反馈的资料信息，全面、迅速、准确地收集各种有价值的资料。

4. 重点关注 VIP 动向，建立 VIP 专门档案

客户中的 VIP 是重点关注对象，他们直接关系到项目的效益，对于这一类客户的业务往来动态或其他事项,要进行及时有效的跟踪。

5. 制定严谨的编目和索引

做好电脑备份,坚持"一客一档",以便档案的管理与查询。

6. 定期管理

在客史档案管理过程中,应注意客史档案管理应保持动态性,适时地进行客史档案的补充、更新与管理。客史档案要注意及时添加编辑,将动态信息准确完整地编辑到档案的相关部分,以保证内容的完整与准确。

客史档案管理不同于一般的档案管理。如果一经建立,即置之不顾,就失去了其意义。需要根据客户情况的变化,不断地加以调整,消除过旧资料;及时补充新资料,不断地对客户的变化,进行跟踪记录。

7. 发挥参考借鉴的功用

客史档案管理应"用重于管",提高档案的质量和效率。不能将客史档案束之高阁,应以灵活的方式及时全面地提供给推销人员和有关人员。同时,应利用客史档案,作更多的分析,使死档案变成资料。

通过客史档案的查阅,可最大限度地为会展的组织与管理提供咨询与参考,为相关决策提供翔实资料。

会展客史档案的管理不仅具有较强的现实意义,同时在会展活动的发展中同样具有较突出的潜在应用价值,因此,建立健全会展客史档案管理制度,完善会展客史档案工作是非常重要的。

【补充资料】

如何有效收集目标客户资料

1. 多去广交会、展览馆收集会刊、名片、展商宣传资料等。
2. 通过展览界朋友帮你收集会刊。
3. 到国内展会官方网站上查找参展商名单。
4. 有必要时,可询问你的客户参加过以前的相关展览会,帮你邮寄会刊。
5. 通过协会、学会、组委会购买会刊。
6. 到国内行业门户网站、电子商务网站或企业名录网站上查找客户资料。
7. 到国外的展会官方网站查找往届或本届参展商资料。
8. 到各地经贸委/贸发局网站查找当年/往年申报/已拨付《中小企业国际市场开拓资金》的企业名单。
9. 到《中小企业国际市场开拓资金》网站查找历年申报/已拨付项目资金的企业名单。
10. 购买各地最新海关出口企业数据或最新行业企业名录。

来源:blog.tom.com/expo.86861

【工作任务】

了解本地新近举办的一个会展活动,收集相关数据等资料,进行评估,并写出评估报告。

实训要求:

1. 采用多种方法收集资料,撰写评估报告。

2. 每个小组独立完成。

实训组织：

1. 组成工作小组。
2. 分析评估该展会，以PPT陈述方式说明，并试做简单点评。
3. 以小组为单位，交流分享。
4. 教师点评。

项目七 会展中的餐饮接待服务

职业能力目标

通过本章的学习，了解宴会的种类；熟悉各种形式宴会的现场布置以及服务程序；掌握中西餐宴会的服务技巧。同时，渗透行业职业道德教育，将对客服务的真挚情感融入服务中，培养优质服务理念。

典型工作任务

中西餐宴会服务的物品准备
中餐宴会服务流程
西餐宴会服务流程

开篇案例

被一道菜的做法给难倒

小丁是某饭店餐饮部的一名实习生，未接受过正规的专业训练，因饭店面临人员短缺的困境，便直接上岗，开始独立承担起对客服务的工作。但小丁并不紧张，因为她在学校时曾经学过一些基本的服务礼仪，并受过简单的培训，而且为了做好对客服务工作，她自己在此前已做了很大努力，包括熟记菜谱中的所有菜名等。第一天，小丁接待的第一批顾客是一个五口之家，为一位老人庆祝寿辰。在领位人员热情地将客人引入席位后，小丁便开始为客人提供服务。在点菜过程中，客人请小丁介绍一下本店的招牌菜或者推荐一些本店值得品尝的菜肴。小丁现在脑海中只有那些菜名，至于哪些菜是本饭店的招牌菜，小丁并不清楚。虽然如此，她却知道在菜单的最前端有特品菜的介绍，于是便请客人将菜单翻至最前两页，参看饭店菜谱上的有关介绍，这一难题便迎刃而解了。但接下来的问题却难倒了小丁。客人指着菜单询问其中一道菜的原料、做法、口味等，小丁此前并未想到这一层，在绞尽脑汁、冥思苦想之后，还是无法详细地回答这一问题。无奈，她只得找到一位老服务员请教，这才得以详细地向客人介绍了这道菜。通过第一天的工作，小丁明白了餐前准备工作中，对于菜谱、酒单的熟悉不仅仅在于背菜名，更重要的是了解掌握食品和酒水的品种、质量、内容、上菜的顺序、加工的方法等。

来源：程新造《星级饭店餐饮服务案例选析》

【分析与提示】

俗话说，凡事不打无准备之仗。餐饮服务的程序比较复杂，工作比较劳累，客人的要求多种多样，如果没有充分的准备，便不能达到服务的最佳效果。在餐前准备工作中，餐饮食品与酒水的准备工作也是比较重要的。餐饮食品与酒水一般通过菜单和酒单来体现。因此，饭店餐饮部门的服务人员一定要在餐前熟练掌握菜单和酒单上的名称、内容及主要产品的加工方法，以便在宾客点酒、点菜时主动服务，给客人留下良好的印象。有时为了更好地对不同的客人提供个性化服务，星级饭店餐厅、酒吧和咖啡厅的服务员，还应该能够用外语服务，特别是四星级以上的餐饮服务人员，更应熟练掌握一两门外语，这样才能充分体现高星级饭店餐饮服务的实际水平。掌握食品和酒水的品种、质量、内容、上菜顺序、加工方法等是有一定难度的，用外语介绍就更加困难，因此餐前准备就要求餐饮服务人员，特别是参加宴会、酒会等活动的服务人员，在宾客就餐前要细致地掌握好服务中的各种技能与环节。

任务一　餐饮服务基础知识概述

餐饮服务工作是会展接待中的重要组成部分，要做好这项工作，需要系统、深入地掌握对客服务中的一些必备的基础知识，如餐饮服务活动中宾客的饮食习惯与要求、菜肴与酒水的服务知识等，以提高餐饮接待服务的质量和效率。

一、宾客的饮食习惯与要求

参加会展活动的宾客来自四面八方，其生活特点和饮食习惯的差异很大。要接待好来自各地的宾客，就应该了解各个国家、各个地区、各个民族、各种对象的生活特点、饮食习惯和口味要求，要掌握他们喜欢什么、厌弃什么、需要什么、禁忌什么。

形成各种不同口味特点和习惯爱好的原因很多，归纳起来，大致有以下几方面。

第一，由于地理环境、气候条件的影响，人们在口味要求上形成了一些特殊的习惯和嗜好。例如，东三省地处我国的东北部，气候寒冷，当地人们的口味以咸辣为主，并爱喝白酒，以前冬季蔬菜较少，冬天基本上以大白菜为主，"白菜炖猪肉"是东北人爱吃的菜肴之一；四川一年四季大部分时间细雨绵绵，空气潮湿，而且四川是辣椒、花椒的主要产地，所以四川人大多数嗜好吃麻辣，这不仅能增加食欲，还能去除胃中寒湿，促进血液循环。

第二，当地某种物产资源特别丰富，人们乐于选食，久而久之形成一种爱好。而有一些原料，当地不能生产，需要从外地引入，也经常被视为珍品，备受人们青睐。例如，陕西、甘肃、宁夏、山西地区位于我国的黄土高原，主要粮食作物是小麦、谷子、玉米等，当地人们以面食为主，特别是山西的面条、陕西的烙饼最为出名，享有"一面百吃"之誉和"烙饼像锅盖"之称。

第三，人们因受当地各民族或本国的风俗习惯和宗教信仰的传统影响，继承了一些独特的饮食风格。例如，苗族人口味以酸、辣为主，尤其喜食辣椒，日常菜肴主要是酸辣味汤菜，腌鱼是苗族的传统佳肴；回族信仰伊斯兰教，以面粉、大米为主，辅以玉米、豌豆等杂粮，回族人喜欢吃牛、羊、鸡、鸭肉和带鳞的鱼类，爱吃蔬菜，但不吃马、驴、骡、狗的肉，尤其忌食猪肉，不食动物的血液，不食自死的禽畜和非穆斯林宰杀的牲畜和牛羊肉罐头，也不吃非清真店制作的食品；藏族信喇嘛教，忌食奇蹄五爪类、禽兽类，如马、驴、骡、鸡、鸭、鹅等，大部分地区的藏族也不食海味及鱼类；朝鲜族聚居区盛产大米，主食以米饭为主，其次是冷面和米糕，口味以咸辣为主，辣椒是每个朝鲜族家庭必备的调味品，朝鲜族每餐必喝汤，不喜欢吃羊肉、河鱼，也不喜欢吃馒头，朝鲜族喜欢吃狗肉、牛肉、鸡、蛋品、海味、大酱和泡菜等。

日本人喜欢吃瘦猪肉、牛肉、羊肉、鸡、蛋、笋、豆腐和各种新鲜蔬菜，对鱼、虾、蟹、蛎、海带等海味都格外青睐，尤其是生蛎肉、生鱼片，日本人一般饭前要喝杯清茶，他们十分重视茶道、茶礼；波兰人临海却不爱吃虾及其他海味，他们对于酸辣、油腻食品也是敬而远之，他们特别忌食动物内脏，肝除外；匈牙利人喜欢吃猪、牛肉及蛋类、鸡、鸭、鹅、鱼和牛肝，喜欢香蕉等热带水果，爱喝葡萄酒、啤酒，他们喜欢油腻较浓、甜而微辣的菜，汤中爱放辣椒粉，宴会常以喝光咖啡为结束。

第四，人们由于职业环境、年龄和身体状况的差异，在饮食上有不同的要求。例如，脑力劳动者比较喜欢质细、清淡、少而精的菜肴；体力劳动者偏爱价廉、量大、能下饭的菜肴。老年顾客饮食上一般要求嫩、烂、酥、松、容易消化、多带卤汁的软性菜肴；中青年顾客饮食上一般要求香、脆、菜肴丰富多样，服务上要迅速、及时；少年儿童饮食上一般要求糖醋口味、少骨无刺、造型美观的菜肴。高血压患者应多食含热量低，富含维生素B、维生素C的食物，如海蜇、芹菜、茄子等；心脏病患者，应多食粗粮、新鲜蔬菜和瘦肉，多吃些水果等。

二、菜肴及酒品饮料知识

（一）菜肴知识

1. 中国菜肴知识

中国是一个具有几千年历史的文明古国，中国菜的历史源远流长。当今世界上中国烹饪、法国烹饪和土耳其烹饪，被认为是东方、西方和阿拉伯三大烹饪流派的代表。我国又是一个多民族的国家，各族人民的聪明才智使我国的饮食文化活动多姿多彩。中国菜历经三千多年的发展，已成为世界上独树一帜、独具风格的完整的中餐形式。据不完全统计，中国菜已定型的品种多达5000多个，由于地理、气候、物产、文化、信仰的差异，中国的菜肴风味差异很大。这种风味差异的客观存在，就是我国地方菜系和民族菜系形成的由来和基础。

明清时期，尤其是清代，日益形成了鲁、川、扬、粤四大菜系。新中国成立后，又增加浙、徽、湘、闽四个菜系，成为八大菜系。后又加京、沪两个菜系而形成十大菜系。我国目前公认的影响最大的有四大菜系：四川菜系、广东菜系、江苏菜系和山东菜系。四大菜系虽然以省命名，但其影响远远超出省的界限，临近各省只要在饮食习俗上受其影响，口味烹调的要求基本一致，就是该菜系的范围，不受地点的限制。

除了以上各地方菜外，还有宫廷菜、寺院菜、民间菜、清真菜、船菜、仿古菜及各少数民族菜等。

（1）粤菜　粤菜即广东菜，由广州菜、潮州菜、东江菜组成，以广州菜为代表。广州菜包括珠江三角洲各市、县及肇庆、韶关、湛江等地的菜肴，其特点是用料广博奇异，选料精细，野味肴馔甚多。素有"食在州"之说。

广州菜烹调技法多样，风味清鲜，注重菜质，力求本色原味；潮州菜风格自成一派，刀工精细，注重造型，口味清醇，以烹制海鲜见长，甜菜荤制更具特点；东江菜（即客家菜），多以家养禽畜入馔，较少使用水产品原料，菜肴主料突出，量大，造型古朴，口味偏咸，力求酥烂香浓，尤以砂锅菜著称。粤菜的代表名菜有蚝油牛肉、柠汁煎鸭脯、百花清汤肚、金龙乳猪、三色龙虾等。

（2）川菜　秦、汉两晋时四川菜已初具轮廓，至唐、宋时屡为诗文称颂，明清以后其影响已达海内外。四川菜主要由成都菜（上河帮）、重庆菜（下河帮）、自贡菜（小河帮）三个系统为主组成。原料多选山珍、河鲜、野蔬和家禽畜肉，其风味特点在相当大的程度上取决于四川的特产原料。四川菜运用辣椒调味，对巴蜀时期形成的"尚滋味，好辛香"的调味传统有所发展。以麻辣、鱼香、怪味等擅长，有"味在四川"之誉。其代表名菜有水煮肉片、麻婆豆腐、宫保鸡丁、鱼香肉丝、干煸牛肉丝等。

（3）鲁菜　鲁菜即山东菜，它的形成可追溯到春秋战国时期，南北朝时发展迅速，明清时已形成稳定流派，现在被认为是中国菜的第一大流派。

山东菜主要由内陆的济南菜和沿海的胶东菜所构成。山东菜对宫廷、京菜的形成有重要影响。济南菜以省会济南为中心，以烹调方法独特多样、制作精细、长于制汤、讲究用汤为主要特色。菜品以清、鲜、脆、嫩著称，口味多以咸、鲜为主。胶东菜，又称福山菜，是胶东沿海、青岛、烟台等地方风味的代表，擅烹海鲜，并以烹料独特而著称，口味讲究清鲜，通常选用能保持原材料原味的烹调方法制菜。山东菜的代表名菜有九转大肠、奶汤八宝鸡、清蒸加吉鱼、葱烧海参、糖醋黄河鲤鱼、清炒虾仁等。

（4）淮扬菜　淮扬菜由来已久，始于先秦，隋唐时已有盛名，明清两代发展较快，并形成流派。淮扬菜由淮扬（扬州、淮安）、江宁（镇江、南京）、苏锡（苏州、无锡）、徐海（徐州、连云港）四大地方风味构成。主要特点是取料不拘一格而物尽其用，重鲜活。特别讲究刀工、火工和造型，擅长炖、焖、煨、焐。调味重清爽鲜淡平和。其代表名菜有三套鸭、清炖狮子头、叫花鸡、东坡肉、白玉虾圆、淮杞炖鳖裙、松鼠鳜鱼等。

（5）其他特色菜系介绍　北京菜又称为京菜，它融合了汉、蒙、满、回等民族的烹饪技艺，吸取了全国主要地方风味，尤其是山东风味，继承了明、清宫廷肴馔的精华，形成了自己的特色。菜肴质地讲究酥、脆、鲜、嫩。其代表名菜有蟹黄狮子头、三元牛头、炒芙蓉鸡片、挂炉烤鸭、三不沾、罗汉大虾等。

上海菜是我国江南一带的菜肴代表。以本帮菜为主，融合了京、鲁、扬、苏、锡、川、广、闽、杭、甬、豫、徽、湘等肴馔及素菜、清真菜和西餐等特色风味，适合各方人士的口味需求。其口味注重真味，讲究清淡而多层次，质感鲜明，款式新颖而精制，由此而形成了海派风格。代表名菜有下巴划水、松仁玉米、炒蟹黄油、炒素鳝丝、贵妃鸡、灌汤虾球等。

清真菜又称回族菜，指信奉伊斯兰教民族肴馔的总称。目前盛行的清真菜，主要由西北地区的清真菜、华北地区的清真菜及西南地区的清真菜组成，同时也包括维吾尔族、哈萨克族、柯尔克孜族、保安族、撒拉族、东乡族、乌孜别克族、塔吉克族等少数民族的菜肴。具有菜肴品种繁多、风味独特的特点。菜肴讲究火候，精于刀工，色、香、味、形并重。其口味清鲜而不寡淡，风格古朴而典雅。因此深受其他各民族人民喜爱。其代表菜有他丝蜜、桃仁肉卷、玉米全烩、扒羊肉条、烧牛尾等。

素菜原为寺院所创，以后便在社会上流行。为了满足社会的需要，素菜由原来的戒律为主转向讲究菜的色、形、味，菜的名称也多借用荤菜菜名，仿制荤菜菜形，如凤凰孔雀冷喷、素鱼翅、糖醋鱼、炒毛蟹、素鸭等。

食疗菜系又称"药膳"，它是以中药材和食物为原料，经烹饪制成一种具有食疗作用的饮食，主要指以各类中药与鸡、鸭、鱼、肉等配伍烹制而成的菜或汤，其中以炖品为多，如虫草鸭子、荷叶凤脯、天麻炖鱼头、马齿苋粥等。食疗菜在封建帝王的御膳房中一直有专职厨师掌理，进入民间后，随着预防医学的发展和人们对饮食保健的重视，食疗菜才逐渐形成，并日益为世界各地所瞩目。

2. 外国菜肴知识

（1）法国菜　法国菜，在西餐中最为著名，影响最大，地位最高，被称为西方饮食文化的明珠，法式西餐馆遍布世界各地。

法国菜的特点一是选料广泛。如蜗牛、马兰、黑蘑菇、百合、椰心、大鹅肝等均可入菜。二是法国菜在烹调理上讲究制作精细，以原汁原味著称，而且喜欢以酒调味，也很讲究。什么菜用什么酒烹都有一定格式。如水果和点心用甜酒；清汤用葡萄酒；海味用白酒，如白兰地；火鸡、火腿用香槟酒；制作点心和水果用甜酒等。法国菜第三个特点是比较讲究生吃，所以在原料选择上力求新鲜精细，如牛扒菜6～7成熟就吃，橘子烧野鸭3～4成熟就吃。主要的名菜有：马赛鱼羹、雀肉会利（即鹅肝冻）、巴黎龙虾、红酒山鸡、沙福罗鸡、鸡肝牛排等。

（2）英国菜　英国菜烹调时，一般只用黄油、盐、胡椒粉和某些必要的香料，配菜较少。因此，烹调比较简单，油腻较少，口味清淡，但在食用时所加的调味品种却比较多，餐台上放置的调味品有胡椒粉、芥末粉、盐、醋、番茄沙司、辣酱油等，由客人根据爱好自己动手调味。烹调上多用烧、烤、熏、煮、蒸、烙等方法。

在英国人爱好的众多食品中，羊肉和野味为最。家禽和野味大都是整只或大块的烧烤，且喜爱在腹内塞酿馅，如以栗子肉做酿馅的烤火鸡，为传统的圣诞大菜中必备的菜。英国菜代表性的名菜有牛尾浓汤、烤羊马鞍、烟奶酶蟹盖、薯烩烂肉、烤羊马鞍薄荷沙司、烧鹅苹果沙司等。

（3）美国菜　美国菜原以英国菜为基础，但烹调方法有所发展，有所变更。其特点是咸里带甜。铁扒是美国菜中一种较为普遍的做法。用水果做原料或配料是美国菜的特点，特别是柠檬、苹果、草莓和橘子等，因此口味的特点是咸里带甜，忌辣味。点心和色拉大多用水果做原料，早餐几乎每天吃水果汁。美国人特别对色拉感兴趣，大都采用新鲜或罐装水果，如香蕉、苹果、梨、菠萝、橘子等拌和着芹菜、花椰菜、土豆等，调料大都用色拉油、沙司和鲜奶油，口味很别致。美国菜代表性的名菜有华道夫色拉、T骨牛排、蟹肉文蛋杯、蛤蜊浓汤、板排鲥鱼、丁香火腿、美式火鸭等。

（4）俄罗斯菜　俄罗斯菜口味较重，味道是酸、甜、咸和微辣。它的调味品特别重用酸奶油，甚至沙司和有些点心也加酸奶油。酸奶油不但味酸，多脂肪，而且有营养和促进食欲，并且可以帮助主菜上色，所以俄罗斯菜中的肉类，一般都要抹上一些酸奶油，再行烤制。

酸黄瓜、酸奶渣也是常用的，酸黄瓜可用作配菜，也有用来做冷盘的，酸奶渣有做原料的，如酸奶渣饺子，也有做小冷盘的（黄油用得较多）。许多菜在烹制完成后，浇上一些黄油，所以菜味比较肥浓。

鱼子酱是俄罗斯名贵的冷盘，黑鱼子酱比红鱼子酱更名贵。肉类以牛、羊、鸡为主，猪肉次之，牛、羊肉常绞碎做肉饼。高加索的烤羊肉是世界闻名的。野味中的串烤山鸡，被称为冬季名菜之一。

俄罗斯菜的冷盘特点是鲜生，如含生番茄、生洋葱、酸黄瓜与酸白菜等。俄罗斯菜代表性的名菜有鱼子酱、莫斯科红菜汤、什锦冷盘、鲭鱼饺子、酸黄瓜汤、冷苹果汤、鱼肉包子、串烤羊肉、白塔鸡卷等。

（二）酒品饮料知识

酒是用粮食、水果等含淀粉或糖的物质经发酵、蒸馏而制成的含乙醇（酒精）的饮料。作为会展接待服务人员，了解有关酒的知识，是服务宾客的需要。由于酒常常是宴席上的话题，如果服务人员能对酒作详尽的介绍，则会使宴会取得更佳的效果。因此了解酒水知识和掌握酒水服务规范对提高服务质量有着重要的意义。

1．酒的分类

（1）按酒的生产方法分类　酒的生产方法通常有三种，发酵、蒸馏、配制，生产出来的酒也称为发酵酒、蒸馏酒和配制酒。

发酵酒是指用制造原料（通常是谷物与水果汁）直接放入容器中加入酵母发酵而酿制成的酒液，常见发酵的酒有葡萄酒、啤酒、水果酒、黄酒、米酒等。

蒸馏酒是将经过发酵的原料（发酵酒）加以蒸馏提纯，获得的含有较高度数的酒精液体。通常可经过一次、二次甚至多次蒸馏，便能取得高质量酒液。常见的蒸馏酒有金酒、威士忌、白兰地、朗姆酒、伏特加酒、特基拉酒和中国的白酒（如茅台酒、五粮液等）。

配制酒的方法很多，常用浸泡、混合、勾兑等几种。浸泡制法多用于药酒，将蒸馏后得到的高度酒液或发酵后经过滤清的酒液配方放入不同的药材或动物，然后装入容器中密封起来。经过一段时间后，药味就溶解于酒液中，人饮用后便会得到不同的治疗效果和刺激效果。如国外的味美思酒（vermouth）、比特酒（bitter），中国的人参酒、蛇酒等。混合制法是把蒸馏后的酒液（通常用高度数酒液）加入果汁、蜜糖、牛奶或其他液混合制成。勾兑也是一种酿制工艺，通常可以将两种或数种酒兑和在一起，例如将不同地区的酒勾兑在一起，高度数酒和低度数酒勾兑在一起，年份不同的酒勾兑在一起，形成一种新的口味，或者得到色、香、味更加完美的酒品。

（2）按是否含酒精量分类　酒水按是否含酒精量分为"软饮料"和"硬饮料"。软饮料是指不含任何酒精成分的饮料，在制造工业上通常分为含碳酸饮料与不含碳酸饮料。硬饮料是指含酒精成分的饮料。

（3）按酒精含量分　通常可分为低度酒、中度酒、高度酒。

低度酒：酒精度在20度以下的酒为低度酒，如葡萄酒、啤酒、黄酒等。

中度酒：酒精度介于20度至40度之间的酒为中度酒，如竹叶青、米酒等。

高度酒：酒精度在40度以上的酒为高度酒，如茅台酒、五粮液、汾酒、白兰地等。

2. 中国酒

在数千年的酿造史中，我国较侧重于烈性酒的酿造，而且中国酒的分类没有外国酒那样详细。严格地说，中国酒仅分为白酒和黄酒。葡萄酒和啤酒均是从外国引进的。

（1）黄酒　黄酒主要用稻米、黍米、黑米、玉米、小麦为原料，经过蒸料，拌以麦曲、米曲或酒药，进行糖化和发酵酿制而成。黄酒属于酿造酒，酒度一般为15度左右。黄酒是由谷物酿成的，因可以用"米"代表谷物粮食，故又可称为"米酒"。

黄酒的主要品牌有：绍兴加饭酒，酒精度8度以上，含糖2%，具有色、香、味俱佳的独特风格且越陈越香，是黄酒中的上品，被公认为"东方名酒之冠"；此外，还有山东即墨黄酒和福建沉缸酒。

饮酒时，不同风味的黄酒，要配以不同的菜：元红酒宜配蔬菜类、海蜇皮等冷盘；加饭酒宜配肉类、大闸蟹；善酿酒宜配鸡鸭类；香雪酒宜配甜菜类。

【小思考】

黄酒是如何进行饮用服务的？

【分析与提示】

黄酒的传统饮法，是要温饮，将盛酒器放入热水中烫热，或隔火加温，一般温度在45～50℃。温饮的显著特点是酒香浓郁、酒味柔和。但加热时间不宜过长。一般在冬天盛行温饮。还有一种方法是在常温下饮用。在香港和日本，流行加冰后饮用。即在玻璃杯中加入一些冰块，注入少量的黄酒，最后加水稀释饮用。有的也放入一片柠檬片在其中。

（2）白酒　白酒是以谷物及其他含有丰富淀粉物质为主要原料，以酒曲为糖化发酵剂，经发酵蒸馏而成的高酒精度酒，其酒精度一般在30度以上。中国白酒有其自身独特的品格：酒液清澈透明，质地纯净，醇香浓郁，醇和软润，味感丰富，刺激性较强。决定白酒的好坏，不是以度数的高低为标准，主要是以风味、香气、滋味来判断。

长期以来，人们总结不同酒品的特点，从口感和香气上把中国白酒分为酱香型、浓香型、清香型、米香型、复香型五种类型。

中国传统的十大名酒：茅台酒（贵州）、五粮液（四川）、剑南春（四川）、古井贡酒（安徽）、泸州老窖（四川）、董酒（贵州）、竹叶青（山西）、绵阳大曲（四川）、汾酒（山西）、洋河大曲（江苏）。

【小思考】

请列举出五种香型的白酒各自的代表。

【分析与提示】

酱香型又称茅香型，这类酒品以贵州的茅台酒为代表；浓香型又称泸香型，这类酒品以泸州老窖特曲和宜宾五粮液为代表；清香型又称汾香型，这类酒品以山西汾酒为代表；米香型又称蜜香型，这类酒品以桂林三花酒为代表；复香型又称兼香型或混香型，以贵州的董酒为代表。

（3）药酒 药酒是以白酒为酒基，加入各种中药材，经过酿制或炮制而成的一种具有药用价值的酒。各种药酒因用料和用酒不同，酒度也有所不同，又因加入的药材不同，其药用功效也不同。常见的药酒有五加皮酒、虎骨酒、人参酒、五味子酒、竹叶青酒等。

（4）啤酒 啤酒是从国外引进的，由于啤酒含有少量的糖和丰富的蛋白质，是一种营养价值较高的饮料，故深受人们的喜爱。我国的啤酒以青岛啤酒厂的青岛啤酒最为著名。

（5）果酒 果酒是选用各种含糖量较高的水果为主要原料，经压榨、发酵酿制而成的，酒精含量多数在15度左右。如目前较为畅销的烟台红葡萄酒、中国红葡萄酒等。

3. 外国酒

（1）蒸馏酒

① 白兰地（Brandy）。从广义上讲，白兰地是以葡萄或其他水果为原料经发酵、蒸馏而得的酒。但狭义上，我们只把以葡萄为原料发酵再蒸馏而成的酒称为白兰地，白兰地通常的意思是"葡萄酒的灵魂"。而以其他水果为原料制成的白兰地必须标明水果名称，如苹果白兰地（Apple Brandy）、樱桃白兰地（Cherry Brandy）等。法国是世界第一位的白兰地生产国，在法国白兰地产品中，以干邑最为著名，被称为"白兰地酒之王"。白兰地在瓶装出售时，有以下几种符号表示储藏年代：★——3年陈；★★——4年陈；★★★——5年陈；V.O表示陈酿10~12年；V.S.O表示陈酿12~20年；V.S.0.P表示陈酿20~30年；XO表示陈酿50年，也称特醇；X表示陈酿70年。

② 威士忌（Whiskey）。世界著名的威士忌有四种，即苏格兰威士忌（Scotch Whiskey）、爱尔兰威士忌（Irish Whiskey）、美国威士忌（American Whiskey）、加拿大威士忌（Canadian Whiskey），其中苏格兰威士忌最著名。

③ 金酒（Gin）。金酒又称琴酒、毡酒或杜松子酒，是以玉米、麦芽等谷物为原料经发酵、蒸馏后，加入杜松子和其他一些芳香原料再次蒸馏而得的酒。金酒最先由荷兰生产，在英国大量生产后闻名于世，是世界第一大类的烈酒。金酒香气和谐，口味协调，醇和温雅，酒体洁净，具有清爽的风格。分为英国金酒与荷兰金酒两大类。

④ 伏特加（Vodka）。伏特加源于俄国和波兰，是俄罗斯的国酒，也是北欧寒冷国家十分流行的烈性酒。伏特加无色、无香味，具有中性的特点，但很提神，其口味凶烈，劲大刺鼻，除了与软饮料混合使之变得干冽，与烈酒混合使之变得更烈之外，别无他用。由于伏特加无色透明，与金酒一样，可与其他酒类混合调成各种混合饮品和鸡尾酒。

⑤ 朗姆酒（Rum）。朗姆酒是采用甘蔗汁或糖浆发酵蒸馏而成的烈性酒，其特色在于风味醇和，适合与可乐、果汁等各式非酒精饮料搭配使用，是调制鸡尾酒的主要基酒之一。

⑥ 特基拉酒（Tequila）。又称龙舌兰酒，产于墨西哥，是以一种被称作龙舌兰的热带仙人掌类植物的汁浆为原料经发酵、蒸馏而得的酒。被誉为"墨西哥的灵魂"。特基拉酒香气突出，口味凶烈，常与盐一起饮用，风味独特，也经常作为鸡尾酒的基酒。

（2）配制酒　配制酒是酒与酒之间相兑或与药材、香料和植物浸泡而成的。产地以法国、意大利、荷兰等国最为出名。配制酒的品种繁多，风格各不相同，划分类别比较困难，目前较流行的分类方法是将其分为三大类：开胃酒、利口酒和餐后甜酒。

① 开胃酒。又称为餐前酒，使人在餐前喝了能够刺激胃口、增加食欲。以葡萄酒或蒸馏酒为原料，加入植物的根、茎、叶、药材、香料等配制而成。开胃酒的种类有味美思酒（Vermouth）、比特酒（Bitters，即必打士）、茴香酒（Anisette）等。

② 利口酒。也称为"甜酒"，是一类以蒸馏酒为酒基，配制各种调香物，并经甜化处理的酒精饮料。著名品种有修道院酒、利口杏酒等。

③ 餐后甜酒。餐后甜酒是西餐中的最后一道菜（一般是甜点和水果），与之佐助的酒。口味较甜，常常以葡萄酒基为主体进行配制。但与利口酒有明显区别，后者虽然也是甜酒，但它的主要酒基一般是蒸馏酒。餐后甜酒的主要生产国有葡萄牙、西班牙、意大利、希腊、匈牙利、法国南方等。比较著名的餐后甜酒有波尔图酒、雪利酒等。

（3）啤酒　啤酒是世界上消费量最大的酒类产品。啤酒是以大麦为原料，啤酒花为香料，经过制麦芽、糖化、发酵制成的酒精含量最低的原汁酒。啤酒含有充沛的二氧化碳和丰富的营养成分，是营养丰富、低酒精度、发热量最高的饮料。它含有11种维生素，17种氨基酸，并多以液体状态存在于酒液中，素有"液体面包"之誉。常饮有助于消化、健脾胃、增进食欲的作用。

按原麦汁浓度可以把啤酒分为：低浓度啤酒，原麦汁浓度7～8，酒精含量2%左右；中浓度啤酒，原麦汁浓度11～12，酒精含量3.1%～3.8%；高浓度啤酒，原麦汁浓度14～20，酒精含量4.9%～5.6%。麦芽汁的含量越高，啤酒的质量越好。

按是否经过杀菌处理可以把啤酒分为：鲜啤酒，又称生啤，是指在生产中未经杀菌的啤酒，但也符合卫生标准，属于可以饮用的啤酒，此酒口味鲜美，有较高的营养价值，但保存时间短，适于在产地销售；熟啤酒，经过巴氏杀菌的啤酒，可防止酵母继续发酵和受微生物的影响，保存时间长，稳定性强，适于远销。

啤酒的饮用不分季节，而且佐用任何食物都可以，但以浓奶油为佐料的菜和甜食除外。啤酒最宜佐用各种肉类及菜肴，有时也可用来调酒。但是，饮用啤酒时忌同时吃腌熏食品和海鲜。

4. 非酒精饮料

不含酒精的饮料有咖啡、茶、可可、牛奶及牛奶制品、矿泉水、果汁、蔬菜汁、汽水等。咖啡、茶、可可号称是世界"三大饮料"。

（1）咖啡　咖啡具有振奋精神、消除疲劳、祛湿利尿、帮助消化等功效，所以成为深受人们喜爱的饮料。世界著名的咖啡品种有蓝山、摩卡（伊索比亚）、巴西圣多斯、奇伦比亚、曼特林、墨西哥、古巴咖啡等。

盛放咖啡的杯碟都是特制的。它们应当放在饮用者的正面或者右侧，杯耳应指向右方。

将咖啡调制好后再加上不同的配料，即可制出各式风味的咖啡饮料提供给客人。会展接待中最常见的咖啡是清咖啡，在服务时跟上淡奶壶和糖缸，由客人自己选择是否加或加多少。

（2）茶　茶的种类按制作方式可分为不发酵茶、半发酵茶、全发酵茶；按成品可分为绿茶、红茶、乌龙茶、花茶、紧压茶。

① 绿茶。绿茶是我国最早出现的一种茶类，属于不发酵茶，其产量、品质都居世界前列。绿茶是采用高温杀青（蒸青）等工艺，控制了酶的活动和多酚类的氧化，防止茶叶发酵，保持了茶叶的天然翠绿色，所以，绿茶冲泡后茶汤碧绿清澈，茶味清香鲜醇。绿茶的代表性品种有杭州龙井、苏州碧螺春、黄山毛峰、庐山云雾、六安瓜片、蒙顶茶、君山银针、雁荡毛峰等。

② 红茶。经发酵制成的茶，故又称发酵茶。因汤红、叶红而得名。红茶冲泡后颜色红艳、滋味浓鲜。欧洲人、我国老人一般喜欢饮用红茶。是当今世界上产量最多、销路最广、销量最大的一类茶。著名红茶有祁门红茶、滇红、宜兴红茶等。

③ 乌龙茶。乌龙茶又称半发酵茶。它综合了绿茶和红茶的加工技术，使叶片中心为绿色，边缘为红色，形成"七分绿、三分红"，绿叶镶红边的茶。这类茶既有绿茶的清香味，又有红茶的浓鲜味。主要产于福建、广东、台湾等省。乌龙茶很受华侨喜爱。其品名一般是用茶树名来命名的，是加工方法最为精巧的一种茶。

乌龙茶的名贵品种有武夷岩茶、福建铁观音、广东凤凰单枞茶、台湾乌龙茶等。台湾乌龙茶中又以南投县的冻顶乌龙茶最为名贵。

④ 花茶。花茶又叫香片，一般采用绿茶坯加入一定量含苞待放的香花窨制而成。其特色是既保持原有茶香风味，又带有鲜花的芬芳，是我国独有产品。花茶多受华北、东北地区和四川地区人所喜爱。其品种分为茉莉花茶、玉兰花茶、玫瑰花茶、珠兰花茶、柚子花茶等。其中以茉莉花茶为上品。以福建、浙江、江苏、安徽、四川为主要产地。

花茶冲泡后茶汤清亮，香味浓郁，不仅有茶的功效，而且香花也具有很好的药理作用，对人体健康大有裨益。

⑤ 紧压茶。紧压茶又称"边销茶"，是一种用散装料茶经蒸制后放入模具压制而成一定的形状的复茶。这类茶质地坚实，久藏不易变质，又便于运输，适宜边疆人民饮用。主要产区有湖南、湖北、云南、四川等省。受我国内蒙古、新疆、西藏等地区的消费者喜爱。

著名紧压茶：青砖、康砖、米砖、湘砖、普洱茶等。

(3) 可可 可可译自英文Cacao，是用可可树的种子可可豆磨成粉后制成的饮料。作为世界三大饮料之一的可可有着极高的营养价值。它含有维生素A、维生素B、蛋白质、脂肪、磷等，还有少量的糖和可可碱，其味香浓可口，能增加热量、增强体质。在可可中加入糖，制成的巧克力，深受人们的喜爱。

可可饮料的种类有可可、牛奶可可、咖啡可可、可可冰淇淋等。

(4) 矿泉水 矿泉水因水质纯净、无杂质污染、富含多种矿物质而深受消费者欢迎。近几年，矿泉水已经成为会展接待服务中的主要接待用水。

饭店中常见的矿泉水有法国的皮埃尔矿泉水、维希矿泉水、爱维安矿泉水及中国的崂山矿泉水等。但近年来全国各地均开发了许多优质矿泉水而不断有新品面市，各类型展会可根据需要选用。

(5) 果汁 各种果汁含有丰富的矿物质、维生素、糖类、蛋白质以及有机酸等物质，对人体有很好的营养滋补作用，也是会展接待服务中比较高档的接待用饮料。通常果汁分为鲜榨果汁、罐装果汁和浓缩果汁三类，可以根据会展的档次和招待规格决定选用。

(6) 汽水 汽水是一种含有大量二氧化碳气的清凉解暑饮料。它是用水、碳酸气体（二氧化碳）、小苏打、白糖、柠檬香精、食用色素等原料按一定比例配制而成的。汽水中的二氧化碳对胃壁有轻微的刺激作用，能加速胃液分泌，帮助消化。同时，二氧化碳很快被人体排出，带走了人体内的热量，使人饮后有清凉的感觉。夏天可以作为会展接待服务饮料。

(7) 牛奶 牛奶含有丰富的供给人体热量的蛋白质、脂肪、乳糖和人体所需的主要矿物质钙、磷以及维生素等，其营养丰富，且利于消化，极易为人体吸收。在会展的宴会、酒会及自助餐服务中常有牛奶供应。

任务二　餐饮服务基本技能

一、托盘

在会展接待中，要做到"送物不离盘"，也就是不论运送何种物品，都应使用托盘，而不应直接用手接触物品。不同的物品，用不同的托盘装运、递送，有利于会展接待工作的规范化和服务质量的提高。因此，托盘是每个会展接待及餐厅服务员必须掌握的一项技能。

（一）托盘的种类

目前常见的托盘从其质地分有：木制托盘、塑料托盘、胶木托盘、金属托盘（如镀银托盘、铝制托盘、不锈钢托盘等）。目前，饭店常用的托盘有不锈钢、胶木两大类，以胶木托盘为佳，其特点是防滑、耐用、轻便。根据规格大小可分为大、中、小三种规格的托盘；按照形状主要有圆形托盘、长方形托盘两种。

大、中号长方形托盘一般用于运送菜点、酒水和盘碟等较重物品；大、中号圆盘一般用于斟酒、展示饮品、送菜、分菜等；小号圆形托盘和方形托盘则用于递送账单、收款、递送信件等。

（二）托盘的方法

托盘方法按照所盛装的物品重量不同可以分为轻托和重托。

1. 轻托

轻托就是托送比较轻的物品或用于上菜、斟酒操作，通常使用中、小圆托盘或小方托盘。因为盘中运送的物品重量较轻，一般在5公斤左右，所以我们称这种方法为"轻托"。又因盘子平托于胸前，所以又称为"平托"或"胸前托"。

（1）轻托的操作程序与方法

① 理盘。根据运送的东西，选择与其相称的托盘，将托盘洗净擦干。如果所使用的托盘不是防滑托盘，要垫上与托盘大小相匹配的托盘布。为避免垫布自身滑动，可稍将垫布适当蘸些水，使垫布半干半湿以阻隔热量传递和防止物品在运送过程中在托盘内滑倒。

② 装盘。根据所盛物品的形状、体积、重量以及先后使用顺序合理安排，轻托的物件一般是平摆，不要重叠摆放。一般应将重物、高物放于盘的内侧，将轻物、低物放在盘的外侧；将先用的物品摆在前边、上面，后用的物品摆在里边、下面。盘内物品要分布得体，摆放均匀，这样易于掌握托盘重心，方便自己的服务工作，同时避免盘面过多的转动或右手在交叉取物时可能造成的自身碰撞。

③ 托盘操作要领。轻托一般用左手托。用左手托盘，左臂自然弯曲，大臂自然下垂，小臂与大臂呈90度，利用左手手腕灵活转向。手肘尖与腰相距15厘米，托盘平托于胸前，略低于胸部，基本保持在第二和第三枚衣扣之间。用手指和掌底托住盘底，伸开手掌，掌心向上，掌心位于托盘中心左下方，掌心不与盘底接触，手掌自然形成凹形，重心压在大拇指根部，使重心点和左手五个指端成为六个力点，利用五个手指的弹性掌握盘面的平衡。

服务员托起托盘行走时，头正肩平，上身挺直，注视前方，脚步轻缓，动作敏捷，步伐稳健，行走自如，使托盘随走动的步伐自然摆动。

④ 卸盘。在卸盘时，一要慢、二要稳、三要平。左手托盘要注意掌握平衡，用右手取物件上台或直接递给宾客。某些场合和某些物件，可用托盘将物品递于宾客自取。当盘中物

件减少,重心不平衡时,要随时用右手进行调整。取物品时,最好从托盘两边交替拿下。

(2) 轻托操作的注意事项

① 切忌用拇指从上方按住托盘边,四个手指托住托盘底,这种方法不符合操作要求,而且不礼貌。

② 如果所托物品较轻,可以用右手将物品从托盘中取下来递给客人。物品取走部分之后,餐厅员工应及时用右手对托盘位置或盘中物品进行调整,使托盘保持平衡;如果托送的物品较为沉重时,餐厅员工可以将托盘放在邻近的桌面或菜台上,然后将所托物品依次递给客人。

③ 托盘行走时轻而缓,右手摆动幅度不宜太大。头要正,上身保持直立,肩膀放松,不要紧张,集中精神,步伐稳健。不与客人抢道,与客人相遇时侧身让道。

④ 发生意外,如托盘内酒水滑落,不可惊叫,应冷静处理,马上叫同事看护现场,尽快清扫卫生。

⑤ 手臂不要贴近身体,也不要过度僵硬。行进时应该与前方人员保持适当的距离,并注意左右两侧,切忌突然变换行进路线或突然停止。

⑥ 托盘不能越过宾客头顶,随时注意数量、重量、重心的变化,手指做出相应的移动。

⑦ 当把空托盘拿回时,用右手或左手拿住托盘边以竖立方式靠近裤边行走(托盘底在外),切忌拿空托盘玩耍。

2. 重托

重托因为以上肩的方式来托送物品所以也叫肩上托,主要用于运送较重的菜点、酒水、盘碟等。重托通常使用大型托盘,运送的物品一般重量在 10 公斤左右。由于重托的盘经常与菜汤接触,易沾油腻,所以使用前要特别注意擦洗干净。

目前餐厅中较大或较重的物品一般为了安全起见多用小型餐车运送,重托在实际应用中使用的并不多。这里就不介绍重托的操作方法了。

【小思考】

中、西餐服务均用到托盘,但现代中餐服务却比西餐用得多,为什么?

二、餐巾折花

餐巾是宴会酒席上专用的保洁用品,美观的餐巾折花本身就是餐桌上的装饰品,再加上服务人员的优质服务,能够给客人一种招待细致入微的感觉。当前餐巾折花的趋势是,美观大方,造型简单。餐巾折花通常指运用各种手法将餐巾折叠成一定形状的技艺。

1. 餐巾折花的作用

餐巾又名口布、茶巾、席巾等,其主要作用有以下几方面。

(1) 餐巾是餐饮服务中的一种卫生用品 宾客用餐时,餐厅服务员将餐巾放在宾客的膝上或胸前,餐巾可用来擦嘴或防止汤汁、酒水弄脏衣物。由于餐巾直接接触客人的手和嘴,因此在卫生程度上要特别注意。

(2) 餐巾可以装饰美化餐台 形状各异的餐巾花摆放在餐台上,既美化了餐台,又增添了庄重热烈的气氛,给人以美的享受。若口布花型与美味佳肴相呼应、协调一致、美观统一,则会收到美食美器的良好效果。

(3) 餐巾花型可以点化宴会主题并标出主宾席位 不同的餐巾花型,蕴含着不同的宴会主题。如用餐巾折成迎宾花篮、和平鸽等花型表示欢快、和平、友好,给人以诚悦之感。

独特的口布花型及摆设,可以标志主宾的席位,主人花型高度应高于其他花型高度以示尊贵。

2. 餐巾折花造型的选择

(1) 根据宴会的规模选择花型　大型宴会可选择简洁、挺括的花型。可以每桌选两种花型,使每个台面花型不同,台面显得多姿多彩。如果是1~2桌的小型宴会,可以在一桌上使用各种不同的花型,也可以2~3种花型相间搭配,形成既多样又协调的布局。

(2) 根据宴会的主题选择花型　主题宴会因主题各异,形式不同,所选择的花型也不同。

(3) 根据季节选择花型　选择富有时令的花型以突出季节的特色,如春季宴会酒席可选择月季、迎春等花卉花型,以示春色满园;夏季可选择荷花、玉兰花等花型,给人以清爽之感;秋季可选择菊花;冬季选用梅花等。

(4) 根据接待对象选择花型　参加展会的宾客来自四面八方,他们在宗教信仰、风俗习惯以及性别年龄等方面都存在差异,这就需要服务人员根据实际情况区别对待。通常情况下,日本人喜樱花、忌用荷花,美国人喜山茶花,法国人喜百合花,英国人喜蔷薇花等。宗教信仰如果是信仰佛教的,勿叠动物造型,宜叠植物、实物造型;信仰伊斯兰教的,勿用猪的造型等。

(5) 根据宴会菜肴选择花型　花型与宴会内容配合,既可形成台面的和谐美,紧密配合宴会主题,又可突出中餐美食的特色。如上蝴蝶冷盘,可选择花卉的花型,使整个台面形成"花丛蝴蝶"的画面;以海鲜为主的宴席,可选用鱼虾的花型等。

(6) 根据宾主席位选择花型　宴会主宾、主人席位上的花称为主花。主花一般选用品种名贵、折叠细致、美观醒目的花,达到突出主人、尊敬主宾的目的。如在接待国际友人宴会上,叠和平鸽表示和平,叠花篮表示欢迎,为女宾叠孔雀表示美丽。

【案例】

换 餐 巾

某饭店的总经理正在接待几位来自西方国家的同行,会桌上餐具精致,杯上插着造型各异的餐巾,灯光下熠熠生辉。宾主入座后,见主宾看着餐巾微皱眉头,连忙去招呼服务人员,示意给他换一块餐巾。试分析:主宾为何要换餐巾?

【分析与提示】

其中原因主要出自水杯中的餐巾。我们一般可将餐巾折成杯花或盘花,在西方国家已少有再用杯花的。这是因为,花折叠费工费时,型过于复杂,叠的过程中反复使用手指,推挤、拉扯,甚至还用牙咬,不卫生。

3. 餐巾花形的类别和折花技法

餐巾折花的品种很多,凡是能折叠成一定形状,具有艺术欣赏价值,又适用于宴会酒席摆台的都可以采用。按照餐巾花的外观形状特征,一般可将其分为植物类、动物类、实物类三种。按摆放方式,可分为杯花、盘花和环花三大类。

尽管餐巾折花的品种繁多,但其成型都是通过各种折叠方法来实现的,这些折叠方法可进一步分解成各种基本技法,概括起来,基本技法主要有七种:叠、折、卷、穿、拉、翻、捏。餐厅服务员应反复练习,达到技艺娴熟,运用自如,以增加摆台的工作效率和艺术性。

4. 餐巾折花的要求

餐巾折花所用工具比较简单,除餐巾以及筷子、杯、盘外,几乎不用其他工具,造型上既形象逼真生动，又简单直观、方便折叠。折叠操作时应注意以下事项：

（1）讲究清洁卫生　折花操作前，要洗净双手（不准留长指甲）；操作中不能用嘴咬餐巾，也不要多说话，以防唾沫玷污餐巾；放花入杯时，要注意卫生，手指不允许接触杯口，杯身不允许留下指纹。

（2）做好准备工作　选择好餐巾，餐巾要干净、熨烫平整、无破损，并根据餐的具体情况选定餐巾，既能点缀台面，方便来宾观赏使用，又不能遮住餐具和台上用品，且要方便服务员值台操作。筷子圆滑干净，操作台平整光洁。

（3）掌握操作要领　折花时要分清餐巾的正反面，折褶要均匀，力争一次成型；折花要简单美观，拆用方便，造型生动，形象逼真。餐巾折花放置在杯中高度的2/3处为宜，不宜插入过深。

三、斟酒

斟酒服务要求不滴不洒，不满不溢。

1. 斟酒的基本方法

斟酒的方法分托盘斟酒和徒手斟酒。

（1）托盘斟酒　托盘斟酒时，服务员站在宾客的右后侧，右脚向前伸进两椅之间，侧身而上，左脚微微踮起。左手托盘向外撇，保持平衡；右手拿瓶斟酒，手势自然，握酒瓶中下部，酒标朝向客人，瓶口距杯口2厘米，动作要稳妥，手法要轻缓，举止稳重，风度自然大方。

（2）徒手斟酒　徒手斟酒多见于一桌宾客一次用同一瓶酒水，斟酒姿势要领同上。徒手斟酒又分为桌斟和捧斟两类。

桌斟是酒杯放在桌上为客人斟倒，斟酒时站在客人右后侧，既不可紧贴客人，也不可离客人太远。给每一位客人斟酒时都应站在客人的右后侧，而不能图省事，站在同一个地方左右开弓给多个客人同时斟酒。每斟完一杯酒后，将握有瓶子的手顺时针旋转一个角度，与此同时收回酒瓶，这样可以使酒滴留在瓶口，不至于落在桌上，也可显得姿势优雅。

捧斟的方法是一手持瓶，另一手将酒杯捧在手中，站在宾客的右后侧，向杯内斟酒，然后将斟上酒水的酒杯放在客人的右手处。

2. 斟酒顺序

一般场合，餐厅服务员可以先为一桌的长者斟酒；对于一对夫妻，应先为女士斟倒。

中餐斟酒顺序。宴会开始前10分钟左右将烈酒和葡萄酒斟好，斟酒时先斟主宾，后斟主人，然后按照顺时针方向依次斟倒。宾客入座后，服务员及时问是否需要啤酒、橘子汁、矿泉水等酒水，其顺序仍然是先斟主宾，后斟主人，然后按照顺时针方向依次斟倒。

西餐宴会的斟酒顺序。西餐宴会用酒较多，几乎是每道菜跟有一种酒，吃什么菜喝什么酒，应先斟酒后上菜，其顺序为：先斟女主宾，后斟男主宾，然后为主人斟酒，再为其他客人斟酒。

3. 斟酒时的注意事项

① 斟酒时要注意瓶内酒量的变化情况，以适当的倾斜角度控制酒液的流出速度。当瓶内的酒液越少时流速越快，控制不好容易冲出杯外。

② 中餐在斟倒各种酒水，一律以八分满为宜，以示对宾客的尊重；西餐斟酒不宜太满，一般红葡萄酒斟倒1/2，白葡萄酒斟倒2/3为宜。

③ 斟啤酒时，由于泡沫较多，极易沿杯壁流出杯外，所以斟啤酒的速度要慢一些，也

可以分两次将啤酒沿酒杯内壁倒入杯中。

④斟香槟酒或碳酸饮料时，应先向杯内斟倒1/3，待泡沫消去后，再往杯中续斟，以八成满为宜。

⑤凡使用冰桶的酒水，从冰桶取出时，应以一块口布包住瓶身，以免瓶外水滴弄脏台布或宾客衣服。凡使用酒篮的酒，瓶颈下应垫一块餐巾或纸。

⑥由于操作不慎将酒杯碰翻时，应向客人表示歉意，立即将酒杯扶起，检查有无破损。如有破损应立即另换新杯，迅速用一块与台布同色的口布铺在酒迹之上，然后将酒杯放还原处，重新斟酒。如果宾客不慎将酒杯碰翻，服务员要立即上前安慰客人，并重复上述操作。

⑦随时观察每位客人的酒水饮用情况，当宾客酒水少于1/3时，应征询客人意见，及时续斟酒水。

⑧在斟软饮料时，根据宴会所备品种放入托盘，请宾客选择，待宾客选定后再斟倒。软盒饮料注意掌握力度，拿得太松会脱手，拿得太紧会控制不住流量。

⑨宴会进行中，一般宾主都要讲话，讲话结束时双方都要举杯祝酒，因此在讲话开始前，要将其酒水斟齐，以免祝酒时杯中无酒。讲话结束，服务员要及时将讲话者的酒水送上，若其要向各桌宾客祝酒，此时需要服务员托着酒水跟随，随时准备为客人添酒；各桌服务员在敬酒人到来之前应及时为桌上客人添酒，并示意。

⑩宾主讲话时，服务员要停止一切操作，端正静站在适当位置，不可抓耳挠腮或交头接耳。服务员应事先了解宾客的讲话时间，以便在讲话开始前停止操作。

四、会议摆台

1. 常见的摆台形式

（1）剧院式　在会议厅内面向讲台摆放一排排座椅，中间留有较宽的过道。特点：在留有过道的情况下，最大程度地摆放座椅，最大限度地将空间利用起来，在有限的空间里可以最大限度容纳人数；但参会者没有地方放资料，也没有桌子可用来记笔记。

（2）课桌式　会议室内将桌椅按排端正摆放或成"V"型摆放，按教室式布置会议室，每个座位的空间将根据桌子的大小而有所不同。此种桌形摆设可针对会议室面积和观众人数在安排布置上有一定的灵活性；参会者可以有放置资料及记笔记的桌子，还可以最大限度容纳人数。

（3）长方形　将会议室里的桌子摆成方形中空，前后不留缺口，椅子摆在桌子外围，通常桌子都会围上围裙，中间通常会放置较矮的绿色植物，投影仪会有一个专用的小桌子放置在最前端。此种类型的摆桌常用于学术研讨会一类型的会议，前方设置主持人的位置，可分别在各个位置上摆放上麦克风，以方便不同位置的参会者发言；此种台型容纳人数较少，对会议室空间有一定的要求。

（4）"U"形　将桌子连接着摆放成长方形，在长方形的前方开口，椅子摆在桌子外围，通常开口处会摆放放置投影仪的桌子，中间通常会放置绿色植物以做装饰；不设会议主持人的位置以营造比较轻松的氛围；多摆设几个麦克风以便自由发言；椅子套上椅套会显示出较高的档次。

（5）鸡尾酒会式　以酒会式摆桌，只摆放供应酒水、饮料及餐点的桌子，不摆设椅子，以自由交流为主的一种会议摆桌形式，自由的活动空间可以让参会者自由交流，构筑轻松自由的氛围。

2. 摆台基本程序

会议桌上要依次摆放的物品有：文本（A4纸大小）和笔、杯垫、茶杯、高脚水杯、毛巾筐、矿泉水瓶、水果碟及水果叉。摆台的基本程序如下：

（1）铺设台布　为了达到整齐美观的整体效果，大部分的会议厅室都要求铺设台布。铺设台布的具体操作要求可以参照宴会摆台中的台布铺设要求进行。如果会议桌过长，需要将两块或多块台布进行拼接，要注意两块或多块台布拼接部分的接口不要对着会议室的大门，以免影响观赏性。

（2）拉椅定位　台布铺好后要将所有席位的椅子对齐，椅子与椅子之间要成一条直线，相邻椅子距离匀称；椅子前端距下垂桌布1厘米。

（3）摆设盆花　台面上摆放的盆花数量最好是单数，盆花的位置应在台布横向的凸线上，在两个席位之间，盆花的高度不得妨碍与会者的视线（最好选用椭圆形盆花），同时注意盆花间的间距要均匀。

（4）个人席位的摆台方法　这里我们以标准会议个人席位的摆台方法进行摆台操作的介绍。

① 摆放文本（便笺）、笔。文本（一般为A4纸规格）离开桌边1.5厘米，文本的标签（抬头文字）正对前方，文本的中心线应与椅背的中心线重合；笔的商标正面朝上，笔尾离桌边是1.5厘米；笔与纸之间的间距为1厘米。

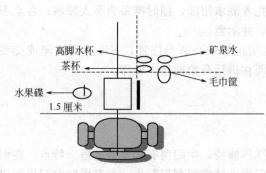

图 7-1　高档会议个人席位摆台

② 茶杯垫摆放在文本的右上方，其中心线与笔成一条直线，间距1厘米；在茶杯的上方，垂直方向，间距1厘米处，放一高脚水杯；茶杯右侧相距1厘米的地方，摆放毛巾筐；高脚水杯右侧相距1厘米的地方，摆放矿泉水；茶杯与毛巾筐、高脚水杯与矿泉水的上沿之间均间隔1厘米。

③ 高档会议中，文本的左侧离开文本2厘米处，还应摆放水果碟一只，碟内靠右约2/3处摆放水果叉一把，如图7-1所示。

④ 座号卡的摆放。根据领导的指示和要求正确地进行座号卡的摆放。

（5）摆台后的检查　会议摆台后的检查内容主要是检查台布和椅子的位置，话筒是否连接完好，桌面会议用品的摆放有无遗漏及偏移等，并从整体效果上认真查看。

五、其他服务技能

1. 毛巾服务

客来递上一块热毛巾，擦擦脸和手，是中国古老的待客方式，体现了对宾客的热情、礼貌。毛巾服务的方法是：将漂洗洁净的毛巾叠成长方形，然后放入蒸箱内进行高温消毒。用毛巾夹把小毛巾从保温箱内取出放在毛巾托内，装在托盘里，餐厅服务员左手端托盘，右手用毛巾夹从客人左边送上，放在宾客的右侧，由宾客自取。也可由餐厅服务员用毛巾夹直接递给每一位客人。递送小毛巾的顺序按照先宾后主，女士优先的原则，并使用礼貌用语。每次递送之前必须将原用过的毛巾先撤下，撤走和递送绝对不能同用一把毛巾夹。

2. 撤换烟灰缸

经常更换烟灰缸，保持客人始终使用干净的烟灰缸是会展服务人员必须具备的意识。

在会议或宴席进行当中，服务人员要随时注意烟灰缸的使用情况。高档宴会中，宾客使用的烟灰缸中满两个烟蒂就必须为宾客撤换烟灰缸。在撤换烟灰缸的时候，必须先把干净的烟灰缸盖在用过的烟灰缸上,并将两个烟灰缸一并撤下,然后再把干净的烟灰缸放在餐桌上,这样可以避免在撤换时烟灰飞扬,有碍卫生。撤换烟灰缸与撤换餐碟、汤碗一样,也需要用托盘进行操作。另外,撤烟灰缸时要做防火安全检查,看是否有未熄灭的烟蒂,如有应进行及时处理。

3. 茶水服务

将茶杯在托盘上均衡摆放,杯把朝右侧。为就座在沙发上的宾客上茶,应站在距茶几约30厘米处,右脚向前迈小半步,采取半蹲式服务,用右手的食指和中指握住杯把,大拇指轻轻地按住杯盖,以杯底部的前沿先接触到茶杯垫盘,再轻轻放稳,这样就可以减少碰撞声,特别是在有麦克风的场合。最后把杯把转至位于宾客右手一侧,向宾客说"请用茶",然后后退两步再转身离开。

会议场所大多用会议桌和靠背椅布置。如果每排由单张桌子排列,而且在桌子的一面设有座位,这种情况下可站在桌前上茶。如果是由两张桌子并排摆放,桌子的两边都设有座位,其上茶的方式是:将右腿伸入两把椅之间的空当半步远,身体稍侧,然后从托盘上端起茶杯,稳妥地放在位于宾客右手上侧的茶杯垫盘中。在往桌上端放茶杯时,不要端得过高,更不要在宾客肩部和头部上越过。

任务三 中、西餐宴会服务

宴会,是为了表示欢迎、答谢、祝贺、喜庆等举行的一种隆重的、正式的餐饮活动。宴会具有消费标准高,菜点品种全,气氛隆重热烈,就餐时间长,接待服务讲究等特点。宴会一般要求,格调要高雅。在环境布置及台面布置上既要舒适、干净,又要突出隆重、热烈的气氛。在菜点选配上,有一定格式和质量要求,即要按一定的顺序和礼节传递上台,讲究色、香、味、形、器;注重菜式的季节性,用拼图及雕刻等形式烘托喜庆、热烈的气氛。在接待服务上,强调周到细致,讲究礼节礼貌。

一、中式宴会服务

中餐宴会,即按照中式服务方式和传统礼节进行服务,供应我国富有民族色彩和地方特色的菜点,使用中式餐具,饮用中国名酒,是我国传统的民族特色的宴会。

宴会服务可分为四个环节,它们分别是宴会前的组织准备工作、宴会前的迎宾工作、宴会中的就餐服务和宴会结束工作。

1. 宴会前的组织准备工作

(1)召开会前会 宴会服务和餐厅服务一样,在服务前应召开服务前工作会议。接到宴会通知单后,餐厅管理人员和服务员应做到"八知"、"三了解"。

"八知"是知台数、知人数、知宴会标准、知开餐时间、知菜式品种及出菜顺序、知主办单位或房号、知收费办法、知邀请对象。

"三了解"是,了解宾客风俗习惯、了解宾客生活禁忌、了解宾客特殊需要。如果是外宾,还应了解国籍、宗教信仰、禁忌和口味特点。

管理人员根据了解的情况,按宴会厅的面积和形状设计好餐桌排列图,研究具体措施和注意事项,做好宴会的组织工作。

在人员分工方面,要根据宴会要求,对迎宾、值台等每一个岗位,都要有具体分工,将责任落实到人。当班主管要跟主厨商讨菜单内容,让主厨知晓宴会进行的程序,以便控制出菜时间。做好人力物力的充分准备，保证宴会善始善终。

为统一服务作业，必须事先就宴会服务工作充分协调，并且给予最精确的指示，所以服务前的会议不可省略。

(2) 布置场地　举行隆重大型的正式宴会时，一般在宴会厅周围摆放盆景花草，或在主台后面用花坛、画屏、大型青枝翠叶盆景装饰，并充分利用灯光，各种家具设备，及室内的温度、湿度、色调、背景音乐等进行恰到好处的组合，烘托隆重、热烈的宴会气氛。

正式宴会，设有致词台。致词台一般放在主台附近的后面或右侧，装有两个麦克风，台前用鲜花围住。扩音器应有专人负责。

国宴，要在宴会厅的正面并列悬挂两国国旗。正式宴会，应根据外交部规定决定是否悬挂国旗。国旗的悬挂按国际惯例，以右为上左为下。由我国政府宴请来宾时，我国的国旗挂左边，外方的国旗挂在右边。来访国举行答谢宴会时，则相互调换位置。

宴会台形布置，一般按"中心第一、先左后右、高远低近"的原则来设计。要求做到突出主台，排列整齐，间隔适当，方便宾客就餐和席间操作。重大宴会的主通道要适当宽敞一些，同时铺上红地毯，突出主通道。

(3) 熟悉菜单　服务员应了解每道菜点的服务程序，保证准确无误地进行上菜服务。熟悉宴会菜单和主要菜点的风味特色，能准确说出每道菜的名称、风味特色、配菜和配食作料、制作方法，能准确进行好每道菜肴服务。

(4) 物品准备　根据宴会通知单要求，准备好各种银器、瓷器、玻璃器皿等餐酒具；备好鲜花、酒水、香烟、水果等物品；根据菜肴的特色，准备好菜式跟配的佐料。

(5) 宴会摆台　宴会开始前一小时，根据宴会规格和要求铺好餐具和台上用品。同时，备好茶、饮料、香巾，上好调味品，将各类开餐用具摆放在规定的位置，保持厅内的干净整齐。摆台的原则是美观大方、主题鲜明、方便就餐和服务。

(6) 摆设冷盘　宴会开始前15分钟左右摆上冷盘。摆设冷盘时，根据菜点的品种和数量，注意菜点色调的分布、荤素的搭配、菜形的正反、刀口的顺逆、菜盘间的距离等，给宾客以赏心悦目的艺术享受，为宴会增添隆重而又欢乐的气氛。

(7) 全面检查　准备工作全部就绪后，宴会管理人员要作一次全面的检查。从安全、设施设备的动转、清洁卫生、摆台与物品准备、服务人员的仪表装束等方面入手，都要一一进行仔细的检查，做到有备无患，保证宴会按时举行。

2. 宴会开餐服务

(1) 迎宾服务

① 热情迎宾。宴会主管人员和迎宾员提前在宴会厅门口迎候宾客，值台服务员站在各自负责的餐桌旁准备侍候。宾客到达时，要热情迎接，微笑问好。

② 接挂衣帽。迎宾员应主动接拿客人的衣帽，妥善挂放，同时递给客人存衣牌，并请客人妥善保管。接挂衣帽时，应轻捏衣领，切勿倒提，以防衣袋内的物品倒出。贵重的衣服要用衣架，以防衣服走样。重要宾客的衣物，要凭记忆进行准确的服务。贵重物品请宾客自己保管。如宴会规模较大，则需设衣帽间存放衣帽。如宴会规模较小，可由迎宾员兼作此项工作。

③ 休息厅服务。宾客进入休息厅后，服务员应招呼入座并根据接待要求，递上香巾或热茶，应按先宾后主、先女后男的次序进行。

当主办方宣布宴会开始，宾客起身离座时，休息室的服务员要主动为其拉开座椅，要提醒宾客带齐携带物品。视具体情况目送或随送宾客至宴会厅门口。

(2) 入席服务

① 拉椅让座。值台服务员应按照国际礼仪（先主后次，先女后男），协助宾客入座。待客人全部就座后，服务员还要协助客人摊开餐巾，轻放于客人膝盖上。同时，帮助客人撤筷套、鲜花、台号、席位卡等。

② 奉茶递毛巾。当客人到达宴会场所时，服务员必须以圆托盘奉上热茶，俗话说"茶七酒八"，但是在会展宴会服务中，茶水也应倒八分满。随后并根据季节奉上热或冷毛巾。

3. 宴会就餐服务

宴会进行中，各桌服务员要分工协作，密切配合。服务出现漏洞，要立刻互相弥补，以高质量的服务和食品赢得宾客的赞赏。

(1) 酒水服务　客人就座后，服务人员必须上前询问客人想饮用的酒水，先倒好酒或饮料，以便宴会开始后宾客可以马上举杯敬酒。在席间，服务人员要随时注意每位宾客的酒杯，当杯中只有 1/3 酒水时或干杯前后，应及时添加。服务操作时，注意轻拿轻放，严防打碎餐具和碰翻酒瓶酒杯，从而影响场内气氛。如果不慎将酒水或菜汁洒在宾客身上，要表示歉意，并立即用毛巾或香巾帮助擦拭（如为女宾，男服务员不要动手帮助擦拭）。

斟酒的知识详见项目七的任务二内容。

(2) 菜肴服务　服务员从宴会规定的上菜口进行上菜。先将菜肴轻放于转盘边缘，转到主宾面前，将观赏面朝向主宾，报出菜名，就菜肴稍作简单的解说。然后从第一主宾开始按顺时针方向进行分菜服务。服务员分菜时，应使用服务叉及服务匙。

分菜时必须先估计每位客人的分量，做到不多不少，均匀分配。服务人员分菜时应留意客人对该菜肴的反应，比如是否有人忌食或对该菜肴有异议，并立即给予适当处理。菜肴分完第一次以后，盘内应该还留有两份的剩余，以便喜欢吃的客人再添加。

(3) 撤换骨碟、汤碗　一旦宾客食用完其骨碟上的菜肴，便可更换骨碟，尤其在贵宾式的宴会中，更要求每一道菜都必须更换骨碟和汤碗。服务员更换骨碟时，注意手法卫生，尊重宾客就餐习惯。一般宴会更换骨碟不应少于三次。如宴会上有几道汤菜，则上下一道汤菜前，要先把上一道汤菜所用的小汤碗换掉。

(4) 香巾服务　宴会中应根据客人及菜肴种类的需要，多次递送香巾。宴会香巾服务一般不少于 4 次，即客人刚到达宴会厅时，喝完汤羹后，吃完带壳、骨刺类的菜肴后，吃完水果后。

(5) 整理桌面　服务人员要及时收撤空菜盘，严禁盘子重叠。如有菜肴洒落在餐桌或转盘上，应用服务叉、勺夹取，进行及时的清理。

(6) 撤换烟灰缸　烟灰缸内有 2 个烟蒂或其他杂物时，要及时进行更换。

(7) 其他情况的处理　当宾主在席间讲话或举行国宴演奏国歌时，服务员要停止操作，在工作台两侧肃立，姿势要端正。餐厅内保持安静，切忌发出响声。

席间若有宾客突然身体不适，应立即请医务室协助并向领导汇报。将食物原样保存，留待化验。

4. 宴会结束工作

(1) 结账服务　上菜完毕后即可做结账准备。清点所有酒水、香烟、加菜等各种消费并累计总数，不能漏账。将所有消费单据送收银台准备账单。会议组织者示意结账后，按规定办理结账手续，并向客人致谢。

(2) 拉椅送客　主人宣布宴会结束时，服务员要提醒客人带齐自己的物品；为起身离座的客人拉椅，并主动征求客人的意见。视具体情况目送或送客人至门口；衣帽间的服务员根据取衣牌号码，及时、准确地将衣帽递给客人；迎宾员或引位员再次感谢客人，并礼貌道别。

(3) 收台检查 在客人离席后,服务员要检查台面上是否有没灭的烟头和客人遗留的物品;整理餐椅,清理台面,按顺序收台,将用过的餐酒用具送至洗涤间;贵重物品要当场清点;关闭不用的电器设备和门窗;收尾工作完成后,领班要做检查,检查完毕才可离开。

(4) 总结提高 大型宴会结束后,主管要召开总结会。认真总结经验教训有助于以后改进工作。同时,给宴会主办单位发一封征求意见和表示感谢的信件能巩固和加强双方的合作关系。

二、西式宴会服务

在各类会展活动中,有时为了适合国外客人的饮食习惯,要用西餐来招待客人。西餐宴会服务注重情调,节奏缓慢且价格昂贵,用餐时间较长,服务技术的要求较高。

1. 宴会的准备工作

(1) 了解情况 了解清楚外宾的国籍、身份、宗教信仰、生活特点,研究本次接待工作并作相应的准备。

(2) 熟悉菜单 根据宴会菜单,备齐各种餐具及其他物品;西餐中吃什么菜用什么餐具,饮什么酒水配什么样的酒杯;一切准备工作在开餐前半小时完成。

(3) 铺台 根据宴会的性质、参加宴会的人数、餐厅面积及设备情况,设计台形,可摆成一字形、T字形、山字形、方框形、马蹄形等。铺上台布,按列出的菜单摆放刀叉餐具,餐具摆放松紧得当,规格统一,按通知单的酒水要求摆放相应的酒水杯,台面中央放插花、烛台、胡椒盅、盐盅、牙签盅(3~4人一套)。

(4) 准备物品

① 准备大小托盘及服务布巾。

② 准备面包篮、夹子、冰水壶、咖啡壶等器具。

③ 准备晚宴所需使用的餐盘、底盘,并将咖啡杯保温。

④ 将冰桶准备妥当,放在各服务区,并将客人事先点好的酒打开,放置在冰桶中。

⑤ 准备红酒篮,并将红酒提前半个钟头打开,斜放在红酒篮,使其与空气接触,称之为"呼吸"。

⑥ 于客人入座前5分钟,事先倒好冰水。

⑦ 于客人入座前5分钟,事先将奶油摆放在餐桌上。

⑧ 于客人入座前3分钟,将桌上蜡烛点亮,并站在各自工作岗位上,协助客人入座。

2. 宴会期间的服务

(1) 引宾入席服务

① 离开宴5分钟左右,餐厅服务负责人应主动询问主人是否可以开席。

② 经主人同意后即通知厨房准备上菜,同时请宾客入座。

③ 值台服务员应精神饱满地站在餐台旁。

④ 当来宾走近座位时,服务员应面带笑容拉开座椅,按宾主次序引请来宾入座。

(2) 服务程序

① 安排就座后,先女后男,最后给主人斟上佐餐酒。

② 在宴会开始前几分钟摆上黄油,分派面包,面包作为佐餐食品可以在任何时候与任何菜肴搭配进行,所以要保证客人面包盘总是有面包,一旦盘子空了,应随时给客人续填。

③ 按上菜顺序上菜,顺序是:冷开胃品、酒、鱼类、副盘、主菜、甜食、水果、咖啡或茶。

④ 按菜单顺序撤盘上菜。每上一道菜之前，应先将用空的前一道菜的餐具撤下；如果客人将刀叉并拢放在餐盘左边或右边或横于餐盘上方，是表示不再吃了，可以撤盘；如果客人将刀叉呈"八"字形搭放在餐盘的两边，则表示暂时不需撤盘；西餐宴会要求等所有宾客都吃完一道菜后才一起撤盘。

⑤ 上肉菜的方法。肉的最佳部位对着客人放，而配菜自左向右按白、绿、红的顺序摆好；主菜后的色拉要立即跟汁，色拉盘应放在客人的左侧。

⑥ 上甜点水果。先撤下桌上酒杯以外的餐具，如主菜餐具、面包碟、黄油盅、胡椒盅、盐盅，换上干净的烟灰缸，摆好甜品叉匙，水果要摆在水果盘里，跟上洗手盅、水果刀叉。

⑦ 咖啡或红茶服务。上咖啡或茶前，应放好糖缸、淡奶壶，每位宾客右手边放咖啡或茶具。然后拿咖啡壶或茶壶依次斟上。有些高档宴会需推酒水车送餐后酒和雪茄。

点心上桌后，即可将咖啡杯事先摆上桌；上咖啡时，若客人面前还有点心盘，则咖啡杯可放在点心盘右侧；如果点心盘已收走，咖啡杯便可直接放在客人面前；倒咖啡时，服务人员左手应拿着服务巾，除方便随时擦掉壶口滴液外，亦可用来护住热壶，以免烫到客人；佐餐的咖啡或茶必须不断地供应，但添加前应先询问客人，以免造成浪费。

⑧ 饭后酒服务。服务完咖啡或茶后，即可让客人点用饭后酒，其方式跟饭前酒相同。通常宴会厅都备有装满各式饭后酒的推车，由服务人员推至客人面前推销。

(3) 席间服务注意事项

① 经常需增添的小餐具：上点心要跟上饼叉，上水果前要摆水果碟、水果刀。

② 递洗手盅和香巾。时机：宴会中在客人吃完剥蟹、剥虾、剥蚝后或在吃水果之前和餐毕时递洗手盅与香巾。方法：盅内盛凉开水，有时用花瓣或柠檬汁装饰。用托盘送至客位右上方，即酒杯上方。

3. 宴会结束工作

宴会结束后，要做好结账、送客、收尾、开总结会等工作。与中餐宴会结束工作大体相一致。

【案例】

太忙，没有人手

某日，一位住客用酒店的西餐早餐券到西餐厅，要求服务员将食物送到中餐厅，客人在中餐厅享用。西餐服务员答："现在很忙，没有人手。"拒绝送餐。虽然最终在客人的一再要求下还是将早餐送到了中餐厅，但西餐服务员的这种言行引起了客人的不悦，导致投诉。

【分析与提示】

在酒店行业有句话：酒店服务员没有选择客人服务的权利，而客人则有选择酒店的权利。客人到酒店消费，他就有权利提出合理的要求。如果他的合理要求得不到满足，他就可能不会再来光顾。因此让每一位客人满意是酒店的服务原则，我们的服务人员应该尽可能满足客人的要求，提供超值的服务，不能因为顾客的要求有些苛刻或与众不同而以各种理由拒绝为其服务。

西餐厅由于生意好，人手不够，不能为客人提供送餐，是有所不妥的。中餐厅和西餐厅只有一墙之隔，如果送餐也不过是10分钟的事情。客人这么小的要求，都向客人说"不"，是不符合星级酒店的要求的。种种推辞借口，只会让客人对酒店的印象下降，从而影响酒店的声誉。

任务四　其他宴会形式的服务

一、鸡尾酒会服务

鸡尾酒会是时下流行的社交、聚会、宴请方式。举办鸡尾酒会简单而实用，适用于热闹、欢愉、隆重、严肃或不拘礼节等各种场合。鸡尾酒会无需豪华设备，是一种简单且活泼的会客方式，通常中午、下午、晚上均可举行，以供应各种酒水饮料为主并附设各种小吃、点心和一定数量的冷热菜。

鸡尾酒会一般不摆台、不设座，只在边上为老年人或是愿意落坐者设少量桌椅，桌上放置餐巾纸、烟灰缸、花瓶等物品。

1. 准备工作

(1) **舞台的准备**　根据"宴会通知单"的具体要求安排台形、桌椅，准备所需的各种设备，如立式麦克风、横幅等。进行舞台设计，要求舞台布置得宜、主题明确，能让所有与会宾客在进场之后便留下深刻的第一印象。

(2) **餐桌的准备**　在小桌上或茶几上铺设台布，准备好餐巾纸、杯子、烟灰缸、牙签筒、鲜花等，全部餐桌摆放一致。

(3) **餐具的准备**

① 准备15.5厘米骨碟，平均放在餐桌各个角落，骨碟的设定数量为参加人数的2.5~3倍。

② 准备点心叉或餐叉，其数量为参加人数的2~2.5倍。

③ 将服务匙及服务叉放置在餐桌的服务盘上，供客人取用。

④ 所有盛装配料、调味料的器皿下方须放置底盘座，并垫上花边纸，同时将茶匙置于底盘座上，以方便宾客取用又不失美感。

⑤ 有些绕场服务类的食物必须准备迷你叉，供客人使用。

⑥ 杯子的数量约为参加人数的3倍，其中必须包括红葡萄酒杯、白葡萄酒杯、白兰地酒杯、果汁杯、啤酒杯、利口杯、雪利杯、鸡尾酒杯等。

(4) **酒台的准备**　根据酒会通知单备足各类酒品、饮料，布置好酒台。酒台要放在门口两边。

(5) **服务员的准备**　宴会厅主管根据酒会规模配备服务人员，一般一个服务员服务10~15人。应由专人负责托送酒水、菜点或调配鸡尾酒，并提供各种饮料。

(6) **菜肴的准备**　按照从冷到热、从素到荤、从淡到浓的原则将菜肴分类摆放，并在旁边摆上菜点的名称牌。

2. 服务工作

鸡尾酒会开始后，每个岗位的服务人员都应尽自己所能为客人提供优质服务。

(1) **迎宾服务**　服务人员着装整齐，站在岗位上准备迎接客人；酒会开始前3分钟，酒水员用托盘托着迎宾酒站在门口；宾客入宴会厅时，播放轻柔的背景音乐。

(2) **酒会中的服务**

① 客人抵达宴会厅，迎宾员要向客人表示热烈的欢迎，送上香巾，并设专人收走客人用过的香巾。

② 酒水员迅速给客人送上迎宾酒。

③ 服务员用托盘托送斟好酒水的杯子，自始至终在客人中间巡回，由客人自己选择托

盘上的酒水或另点鸡尾酒。巡回时，不得从正在交谈的客人中间穿过。客人放在小桌上的空杯子、空盘子，服务员要勤巡勤收，保持食品台、餐台的整洁卫生。

④ 宾主致辞时，服务员应停下手中的工作，站立一旁，减少走动；并有专人负责用托盘端两杯甜酒站在宾主身旁，以备宾主致辞、祝酒时取用；当客人起立干杯或敬酒时，应帮助客人拉椅，注意其杯中是否有酒，手持酒瓶，随时为客人添酒。

⑤ 客人取食时，值台员要给客人递送餐碟，帮客人取食品和分送食品，并向客人推荐和介绍食品；客人取食品后，要及时整理好盘内食品，保持形状美观。

(3) 结束收尾工作　酒会一般进行一个半小时左右，酒会临近结束时，经理或主管要清点客人所用的酒水，累计各种消费金额，待宴会结束，与会展主办方进行结算；酒会结束时，经理、主管、迎宾员要和会展主办方一起站立在门口欢送客人；及时清理现场，搞好环境卫生，布局还原；做好服务总结。

3. 注意事项

① 当鸡尾酒会的标准中不含酒水饮料，主办单位只负责酒水标准内的酒水费，超出标准的费用由客人自理时，服务人员结账时要多加仔细，以免出错。

② 餐点讲求精致、细腻，食物应切分成较小块，使客人能够方便取餐食入口，而不必再使用刀叉切割。

③ 酒会所提供的菜肴是限量供应，讲求精致、简单、方便，所以食物的分量有限。吃完了便不再提供，除非客人要求再另外增加分量。酒会菜单不提供沙拉和汤类食物，以符合简单、方便的原则。

④ 酒会一般是站立就餐，如主办方要求为贵宾、重要领导、年纪大的宾客设贵宾席，则要安排高级服务员按西餐服务方式为宾客服务。

二、冷餐会服务

冷餐会是当今流行的用餐方式，适用于会议用餐、团队用餐和各种大型活动。一般举行一个半到两个小时。冷餐会一般有设座式和立式两种就餐形式。不设座的立式就餐可以在有限的空间里容纳更多的宾客，客人采取自助形式就餐，气氛活跃，不拘泥于形式，这种形式一般适用于庆祝会等活动；设座式冷餐会的规格较立式高，宾客得到的个人照顾多，这种形式一般适用于招待会、欢迎会。

冷餐会的服务程序主要如下。

1. 准备工作

① 从"宴会通知单"上了解参加人数、酒会形式、台形设计、菜肴品种、布置主题等事项。食品台的摆设应方便宾客迅速选取菜肴，考虑宾客流动方向安排取菜顺序。餐桌在摆放时要突出主桌，预留通道。环境布置应围绕宴会主题，如元旦、周年庆典、圣诞节、婚礼等进行。

② 餐台的摆设形式多种多样，除了设完整的自助餐台外，也可将一些特色菜分立出来摆台，如沙拉台、甜品台、切割烧烤肉类的肉车等。

③ 致词台设在靠墙一边的中间，使主办方能关注到宴会厅的每一个角落，方便调动冷餐会的气氛。

④ 宾客盛菜用盘整齐地放在自助餐台最前端，立式自助餐台应有杯托架、餐刀、餐叉、餐巾等用具。餐台中央可布置冰雕、雕刻、鲜花、水果等装饰物点缀，以烘托气氛，增加立体感。

⑤ 沙拉、开胃品和其他冷菜放在人们首先能取到的一端，摆放时应做到图案新颖美观。接着摆热蔬菜、肉类菜、其他热主菜，菜肴的配汁与菜肴摆在一起。热菜通常要用自助餐炉保温。甜品、水果一般单独设台摆放，也可放在主菜的后面，即人们最后取到的一端。

⑥ 设座式冷餐会的服务，要摆好宾客用餐桌，桌上的餐具有餐刀、餐叉、汤勺、甜品叉勺、面包刀、餐巾、胡椒盅、盐盅。

⑦ 在立式冷餐会上，如主办方要求为贵宾、重要领导、年纪大的宾客设贵宾席，则要安排高级服务员按西餐服务方式为宾客服务。

2. 服务工作

（1）迎宾服务

① 在入口处留出主办方列队欢迎的空间，摆华丽屏风，铺线地毯。

② 客人入场，服务员列队站在门口欢迎客人，并不断地引领客人进入场内。

③ 在冷餐会开始前30分钟或15分钟，一般在宴会厅门外大厅或走廊为先到的宾客提供鸡尾酒、饮料和简单小吃，直到冷餐会时间将到，才请宾客进入宴会厅。

④ 入座就餐。除了主桌常设坐席卡外，其他客桌用桌花区别，由宾客自由选择入座，服务员为每位宾客斟冰水，询问是否需要饮料。

（2）就餐服务

① 调酒员要迅速调好鸡尾酒，当客人到酒吧取酒或饮料时要礼貌地询问客人的需要。

② 主人致词或祝酒时，事先安排一名服务人员为主人送酒，其他服务人员要保证每一位宾客在祝酒仪式中都有酒或饮料在手。

③ 服务员要随时接受宾客点用饮料，并负责送上餐桌或宾客手中。在现付酒吧则要负责收取饮料费。此外，还应巡视服务区域，换烟灰缸，撤送空盘。

（3）结束收尾工作　由餐厅主管或经理负责，检查所有账目，及时与主办方进行结账；冷餐会结束时，服务人员应检查会场有无宾客遗留物品，并有礼貌地向客人道谢，列队送客；服务人员及时清理现场；进行服务小结。

三、自助餐服务

自助餐是一种由宾客自行挑选、拿取或自烹自食的就餐形式。这种就餐形式活泼，宾客的挑选性强，不拘礼节，打破了传统的就餐形式，迎合了宾客心理，正被越来越多的人所接受。自助餐主要适用于会议用餐、团队用餐和各种大型活动的用餐。

1. 预备自助餐台

① 自助餐餐台要根据宴会规模、场地条件等来确定各种形状的布置。有些大饭店宴会部备有各种形状的台面，常用的有长方形、半圆形、圆形、弧形、1/4圆形、螺旋形、椭圆形等形状。用这些台面可以拼出多种多样、流畅美观的自助餐台。

② 自助餐台须设在客人入门便可容易看到且方便厨房补菜之处，另外，其摆设地点应为所有客人都容易到达而又不妨碍通道的地方。

③ 餐桌要根据餐厅的形状和大小来安排。椅子不可安排得太密，因客人取食品需在餐厅走动，太密就会影响客人。椅子的排列要美观整齐，使客人感到舒适。餐桌桌面中间摆鲜花和一组佐料瓶。

④ 餐台的灯光必须足够，否则摆设再漂亮的菜也无法显现其特色。尤其是冰雕部分更需要不同颜色的灯光来照射。

⑤ 托盘、餐巾、餐具要备足，餐具要排放整齐。餐台旁要留出较大的空余地方，使宾

客有迂回的余地，应尽量避免客人排队取食品的情况发生。

⑥ 准备好充足的食品，并将调料、调味品和事先包装的食品放在适当的地方；食品的装饰要有吸引力，能刺激起人们的食欲。

2. 自助餐的服务

① 宾客到餐厅时，迎宾员要迎接客人，引领客人入席，拉椅让座，并给客人送上茶水、毛巾。

② 饮料由客人自己服务或由服务员服务。由服务员服务时，值台服务员要征询客人需要什么饮料并为客人提供；客人自己服务时，冰块和饮料都必须放置在适当的位置。

③ 由宾客根据自己的口味前往大餐台，用空盘子挑选菜点，拿回餐桌食用，并可根据自己的食量，多次添加。值台服务员要及时收走用过的餐具。餐台上的空碟、饮料杯要及时撤走，撤碟、杯要从客人的左边。

④ 客人取一轮食品后，要增补食品或整理好餐台盘里零乱的食品，保持形状美观，并要注意热菜的保温。

⑤ 帮助年老或伤残的客人以及带小孩的客人入座；根据客人要求拿取一些调味品，如番茄酱、芥末、汤汁等；对客人单点的食品，如鸡蛋、牛排和煎饼等提供服务；从服务柜台那儿给客人附上增加项目的明确菜单；供应追加的菜点并保证账单的准确性；可以在顾客准备用甜点时移走主菜盘。

⑥ 宾客就餐完毕，值台服务员送上茶水、毛巾，并根据宾客要求结账；当顾客离开后，餐厅服务员应立即撤走脏盘等餐具，清扫桌椅，重新布置餐桌和烟灰缸，打扫桌子周围的地面并把椅子放回原处。

3. 补菜的注意事项

① 有些自助餐厅有专门服务员供应服务线上的食品，他们把柜台所需要的食品的信息通知厨师，再把厨房准备菜的信息通知柜台服务员，这样柜台服务员就不用离开服务线去增添所需要的食品项目了。负责补菜的服务人员必须妥善安排补菜的时间和分量，不可补得太慢让客人等待太久，也不要超量补菜造成浪费。

② 若摆设两个以上的餐台，当客人已吃得差不多时，就必须撤掉其中一个餐台，并把其余的菜全部集中到剩下的那个餐台，这样就可以控制菜量，减少不必要的浪费。不过必须事先告诉主人，让主人了解情形，以免结账时产生不必要的麻烦。

③ 添加食品的方法：不要把新鲜食品放在盛有剩余食品的盘子里；当客人取走色拉或甜点后，应及时予以补充；当食品从厨房端出来时，应把盘加满，因为客人都不乐意要最后的一份。

【工作任务】

实训一：北京《财富》论坛开幕式的宴会菜单

北京《财富》论坛的第一个高潮，也是最重要的一次高潮将出现在论坛举办的第一天，其地点将是天坛祈年殿。在开幕式上，祈年殿前的方形空地将被安排作为宴会场所所在，而开幕式上的讲话与演出则被安排在祈年殿前的丹陛桥上，整个开幕式大约进行 2 小时，其中就餐时间为半个小时。

开幕式上吃什么？此次开幕式的每人标准是 100 美元，如此高标准的宴会菜单成为世人关注的焦点。

每位与会嘉宾的菜肴将是西式菜品的三菜一汤，包括由蟹肉、鱼子酱等拼成的头盘冷菜，以鹅肝、牛排为主的主菜，汤是鸡汤加馄饨，另外还有一道甜点。

据了解,所有的这些佳肴将由凯宾斯基饭店等处烹制,然后再送至天坛祈年殿。开幕式晚宴的100张餐桌将环绕祈年殿摆放。届时,参加晚宴的人员将边观看演出,边品尝美酒佳肴。

实训要求:
1. 会议菜单的拟定要科学、合理。
2. 撰写一份餐饮服务方案。
3. 每个小组独立完成。

实训组织:
1. 组成工作小组。
2. 根据上述案例,拟定的餐饮服务方案要切实可行,以PPT陈述方式说明。
3. 以小组为单位,交流分享,互相点评。
4. 教师点评。

实训二:第五届北京国际电影节开幕,餐饮服务成最大亮点

2015年4月16日晚,第五届北京国际电影节在北控置业·北京雁栖湖国际会展中心盛大开幕,来自世界各地的知名电影节主席、驻华使节、电影人和电影制片机构、电影市场、论坛嘉宾代表以及新闻媒体等1500余人共襄盛举。除了星光璀璨的红毯仪式和开幕典礼,精心准备的特色美食成为了本届电影节开幕式上的最大亮点。

开幕式当天,北京雁栖湖国际会展中心的大厨们分别为明星嘉宾和工作人员准备了明星鸡尾酒会、茶歇、自助餐和工作人员餐,考虑到电影节的国际性,在菜品的准备上,融合中西方的特色美食,制作出了一系列独特的菜式,选取怀柔当地新鲜食材,制作出了一批怀柔风格的菜品,满足了来自世界各地明星嘉宾的不同口味;为配合场馆的建筑风格,在摆台的装饰上,独家定制的鸡尾酒台,可以配合场馆建筑特色变换不同种类的灯光造型,鸡尾酒台组成的6个小岛,方便了明星嘉宾的取餐和疏散,兼顾了方便性和安全性,老式的电影放映机、胶片、场记板、经典电影海报等频频出现在场景布置中,让明星嘉宾在品尝美食的同时,感受电影带来的快乐。

当晚餐饮上的重头戏——明星鸡尾酒会选择了优雅的蓝调风格,特别搭配了如橡子般穿梭在酒会区内的蓝色光束,与场馆建筑融为一体,身着华衣美服的明星嘉宾,或轻声细语,或谈笑风生,享受着典礼正式开始前的悠闲时光。细心的人还会发现,"天坛奖"造型的小金人也出现在了酒会之内,这在历届电影节的餐饮中尚属首例。为了更好地为本届电影节做好服务,打造出不一样的餐饮服务体验,运营团队坚持以高标准要求自己,开动脑筋想创意,以"天坛奖"奖杯为灵感,造型制作出了精致的模具,灌注焦糖后做成模型,之后经过巧克力喷粉,最终,让一个个栩栩如生的小金人在灯光的映衬下熠熠生辉。

实训要求:
1. 对该案例进行正确分析评价。
2. 针对宴请过程中出现的各种问题能够正确进行处理。
3. 每个小组独立完成。

实训组织:
1. 组成工作小组。
2. 教师拟设各种不同职业情景,要求学生按要求模拟演示在宴请过程中,出现不同情况时的处理方法。
3. 以小组为单位,交流分享,互相点评。
4. 教师点评。

实训三：会议宴请计划

为答谢公众、社会各界朋友一年来对公司事业发展的支持，远达公司定于 2016 年 1 月 1 日举办一个大型的联谊会，会后安排宴请。此次活动将邀请市工商局王局长、市税务局李局长、远大集团总裁肖先生等，此外还邀请了媒体记者和公众大约 180 人。

实训要求：

1. 列示出此次活动的宴请计划（如宾客名单、宴请规格、确定宴请时间和场所、确定菜单、确定座位、宴请开始至结束各服务环节的安排）。

2. 每个小组独立完成。

实训组织：

1. 组成工作小组。

2. 分析讨论该宴请计划中的各项安排，以 PPT 陈述方式说明，并试做简单点评。

3. 以小组为单位，交流分享。

4. 教师点评。

项目八　会展中的其他接待服务

职业能力目标

通过本章的学习，了解会展接待中其他服务包含的内容，熟悉会展交通服务、住宿服务、旅游娱乐服务的基本内容，掌握如何为参加会展的客人提供相关服务，培养学生的服务意识。

典型工作任务

会展交通服务
会展住宿服务
会展旅游娱乐服务

开篇案例

APEC会议交通服务精确到秒"北京速度"获赞

市内交通拥堵指数由6.9下降到2.1，国宾车队到达时间精确到秒，摆渡车循环发车精确到分……APEC期间"畅通北京"赢得市民好评，"北京速度""北京服务"被参会者盛赞。

"一个是会上的服务，一个是社会交通的服务，都要做好。"北京市交通委综合运输处相关负责人介绍，为了圆满完成这次会议的各项交通保障任务，北京市交通委专门成立了2014年北京APEC领导人非正式会议交通运输服务保障运行调度指挥中心，下设机场抵离、国家会议中心、水立方、雁栖湖四个分中心，专车服务、会议专线车、会议转场及重大活动、工商界等八个交通服务团队确保会议的交通需求。

与以往不同，这次上会保障车辆国产品牌达到60%，领导人专用车辆国产品牌也占到50%，一汽红旗、北京汽车绅宝、北京汽车蒙派克、欧辉客车等国产品牌一一亮相，车队主打"中国制造"。

为了让会议交通服务精确无误，与会人员体验"北京速度"，从机场到宾馆、从宾馆到会场的线路工作人员多次勘察；从出发地到目的地，有多少个路口、多少个转弯、红绿灯都要烂熟于心；摆渡车循环发车精确到分，有效保证参会人员准点出行。国宾服务车队到达时间精确到秒，驾驶员经过了从服务礼仪到安全驾驶各方面的三轮封闭训练。

这次会议交通服务还有一个亮点，那就是在雁栖湖会议中心出现的8辆电动公交"铛铛车"。见到这些古朴大方的复古车辆，大批境外媒体与各国代表团纷纷上车体验、拍照留念。据统计，截至11日16时，为会议服务车辆累计达到5794车次，安全行驶104186.8公里。

——《北京日报》2014年11月12日

【分析与提示】

大型会议与会人员的住地和会场不在一起的，要安排好会议期间的交通。会议的交通保证是项重要工作，应当尽力做好。会议交通管理是对会议车辆进行科学调配以保证会议用车的工作。它直接关系到与会人员的集体活动、会议组织的工作需要、特殊用车的批准使用，应引起会议工作人员的高度重视，否则就不能保证重点，满足需要，可能贻误会议的正常活动，甚至造成开不成会的严重后果。要根据会期长短、与会人员数量多少等实际情况，做好交通安排。

任务一　交通服务规范

对于会展策划人员来说，交通是一个很重要的考虑因素。与会者（参展商、参观者）通常使用的交通方式有空中和陆地两种。和会展的其他要素一样，交通问题也要事先计划，以便航空公司和陆地交通公司可以提供更多的选择和处理时间。另外，一旦确定某家航空公司，作为回报，航空公司也会帮助做一些公众宣传工作。有关促销的小册子通常会在会展召开前8～12个月就开始发送。总之，所有的交通问题都需要提前安排。

一、票务服务

票务服务主要是为与会者（参展商、参观者）离开会展所在地，或会展期间旅游所提供的方便服务。票务服务尽管很繁琐，但对会展组织者或承办者来说是不需要花费太多成本的，可安排专人与航空公司、火车站或旅行社联系。

票务工作通常由有在航空公司或旅行社订票经验的人来完成。根据会展大小，可设票务处，但多数情况下由登记处或问询处代办。票务服务首先要为与会者（参展商、参观者）提供准确无误的车船航班时刻表，包括离开或到达时间，便于与会者（参展商、参观者）选择交通工具和乘坐时间。此外，还应提供有关信息服务，包括车站、机场的位置，从会展场馆到车站、机场和港口所需要的乘车时间以及车船航班的价格表、季节性的价格变动和有关手续费等的说明。会展如果在一周以内完成，登记时就应订回程的票；如果在一周以上，应提前3～6天订票。订票时，通常要求与会者（参展商、参观者）填写一份订票表，订票表内容包括订票人姓名、性别、单位、所需交通工具种类、离开的日期和时间、航班或车次、座位种类、押金数额，另外还应包括所交证件名称和编号以及所住的房间号和电话号码等。

票务服务的主要程序如下。

（1）主动问候客人

（2）了解客人订票需求　礼貌询问客人的订票需求细节，包括航班、线路、日期、车次、座位选择及其他特殊要求等。

（3）查询票源情况　通过电脑进行快捷查询。如客人所期望的航班、车次已无票源时，应向客人致歉，并做委婉解释。同时应主动征询客人意见，是否延期或更改航班、车次等。

（4）办理订票手续　此时，票务员应注意下列服务细节：

① 双手持订票登记单上端和笔下端呈递给客人。

② 请客人填写登记单。若客人填写时有不清楚之处，应立即向客人解释并予以帮助。

③ 当客人递回已填写好的登记单时，应向客人致谢。

④ 迅速、仔细检查登记单上的全部项目，礼貌地请客人出示有效证件、相关证明，并注意与登记单内容进行核对。

⑤ 礼貌地交还客人所出示的所有证件，并向客人致谢。

(5) 出票与确认　此时,票务员应注意下列细节:
① 礼貌地请客人支付所需费用,并仔细清点核收。
② 认真填写好机票并及时将订位信息输入电脑。
③ 仔细检查所填写的机票,并连同票据、零钞等装袋呈交客人。
④ 请客人自己再进行检查确认,并提醒客人飞机起飞时间、乘车地点、发车时间及其他注意事项等。

(6) 致谢　向客人致谢,目送客人离去。

二、空中交通

关于空中交通,与会者(参展商、参观者)可以自己安排,也可以由会展组织方工作人员指定,通常,指定的航空公司会同意向与会者(参展商、参观者)提供折扣机票。如果选择后者,那么航空公司必须保证有合适的航班以及充足的运输能力把与会者(参展商、参观者)运送到会展举办地点。

有关交通问题的合同签订后,会展组织者可以选择一家旅游管理公司来协助管理一些细节上的问题,例如促销、预订、出票、线路等。指定航空公司的最大好处是与会者可以享受机票折扣。根据会展地点、日期和人员的数量,与会者(参展商、参观者)一般都可以享受票面价格百分之几的折扣。

指定一家正式航空公司可以带来很多好处:

① 他们能够提供乘客到达和离开的详细名单,会展组织者可以利用这些信息来研究与会者到达和离开的方式以及他们的来源地。这一点可以帮助会展策划者处理地面交通、饭店住宿以及其他一些服务方面的问题。

② 航空公司本身还可以提供饭店和出租车公司名单。现在,很多航空公司在乘客确认机票后可以为他们直接预订饭店和出租车。

③ 除提供名单信息外,航空公司还会给会展组织工作人员提供去会展举办地点的折扣机票。去会址考察的机票很可能由航空公司免费提供,或者先以折扣价购买,当日后预订人数达到合同规定人数时,航空公司再全额退还(例如,根据合同,每有40张订票就提供一张免费往返机票)。货运方面的折扣随航空公司的不同而略有差别。具体事项将由双方协商写入合同。

④ 有些航空公司还可以和会展组织者在广告方面协作,共同为所策划的会展出谋划策。许多航空公司有自己的机上杂志或定期刊物。精明的会展组织者可以通过谈判或交易的方式以较低的价格来获取广告空间。通过航空业的报纸杂志来向与会者和所在机构宣传所选定的航空公司,也是一种值得提倡的办法。

⑤ 指定航空公司除了可以享受免费会址考察机票、超额赠票的优惠外,还可以享受会展资料运输的折扣或免费服务。

会议组织人员在做计划时要留意航空公司提供的优惠,也要注意它的局限和限制。要给促销航空计划预留下足够的处理时间。

如果会议举办地点比较偏远,会展组织人员更应该注意交通问题,因为在这些地方,航班、火车或汽车都比较少或者根本没有。这种情况可以安排大巴往返机场或火车站;安排大型轿车接送或雇用出租车;对于大型团体,可以和当地地面交通调度合作,按照预先商定时间往返最近的交通港和会展地点。

三、地面交通

地面交通范围较广，包括当地铁路、机场接送巴士、饭店免费汽车、常规价和团体价出租车和私人大型轿车。与空中交通类似，地面交通可以由会展主办机构解决，也可以与当地汽车公司合作。

【补充资料】

大巴服务需要考虑的内容

对于大巴往返服务，会展组织者应向服务商弄清楚以下几点：

1. 最低收费是多少（包括司机费用）？
2. 超时收费的标准是什么？
3. 是否提供指示牌？
4. 非高峰期服务（可选择）如何安排？
5. 调度员是否有对讲机？调度员费用是多少？
6. 地面交通管理人员的费用是多少？
7. 收费是从车辆出库时起算还是以到达出发地点为准。
8. 车辆类型。
9. 每种车辆的载客数量，供乘客上下有几个门，放行李的空间有多大？
10. 有无安放伤残人士专用轮椅或其他器材的地方？
11. 车辆状况如何？
12. 每个接送站点是否都有调度员？
13. 调度员与司机之间、调度员与调度员之间如何联系等。
14. 是否有应付突发事件的准备，如：车辆抛锚怎么办？应该和谁联系？如果出现问题，白天或晚间的联系人是谁？标示牌也不应该忽视，如：每辆车是否都放置了线路标志？挡风玻璃处是否留有地方放置会展主办机构的名牌？
15. 交通公司是否办理了交通保险及司机人身保险？由于车辆运输的是与会者或会议的宝贵资料和货物，所以，会展组织者有必要了解和核实车辆公司是否购买了保险。
16. 是否需要支付一定的预付款？

所有这些问题都需要和交通公司协商并最终确定下来。鉴于以上原因，应该指派专人监督整个车辆营运情况，这对防止司机乱涨价可以起到一定的作用。在会展期间，会展组织者人员还应和车辆供应商密切合作，根据实际情况调整车辆的数量和时间表。由于路面交通情况千变万化，所以还要考虑不同时段的交通状况是否对运营线路产生很大影响。

1. 对会展用车及与会人员交通事项的管理的主要内容

（1）筹齐会展用车　如会展主办者车辆不够，必须调用其他单位车辆或租用车辆。会议车辆的调用（租用）应严格遵循必要和合理的原则。按照有关规定，大轿车的调用（租用）按参加会议人员平均40人一辆计算，小轿车根据会议的规格和实际需要从严掌握。做到既保证会议用车，又要符合节俭的原则。

（2）拟定会展用车制度和纪律　大会用车或大会工作机构用车要提前预订，并履行必要的审批手续。参加会展人员办理与会议无关的公务和私事，会议不供车；与会议无关的参观、游览，其交通费由个人自理。

（3）合理调度会展用车，确保会展进程按计划实施　要根据人员多少安排车辆，一般应配备轿车；如果人员较多，则应当换乘适合规模的旅行车，既要避免人员过挤，也要防止车辆过多。对所配车辆应严格检查。

会展秘书部门要会同行政后勤部门安排好会议交通用车，用车能固定的应尽可能予以固定，如某一小组乘坐几号大车，哪几个人合用一辆小轿车等，防止差错。交通车辆的安排应以节俭、方便为原则，既要保证与会人员按时到会，又要注意和保证行车安全。会展有关部门要印发车辆通行证，并应指定专人负责会场周围的交通指挥和管理工作，做到秩序井然，防止交通事故。行政后勤部门要注意听取与会人员对交通安排的意见，及时研究改进。

（4）对驾驶人员的管理　要把调度一览表发给每一位司机，并且调度人员应该在每天刚上班的时候向司机再宣布一次当日的用车情况，特别是在原有的安排出现变动的时候，一定要当面向司机交代清楚。

如果车上配备了接待人员，司机一般应该听从接待人员的安排。当然，有经验的司机也可以向接待人员提供一些好的建议。只有双方相互配合、相互尊重，才能圆满完成任务。

另外要注意，要合理安排司机的时间，不要任其疲劳驾驶，以免发生事故。如果是接待外宾，对未接待过外宾的司机还应进行适当的培训。会议租用汽车的随车司机由出租单位发给伙食补助费或夜餐费。

（5）对车辆的维修、保养及汽油供应　会议租车和主办者调用本单位车辆需支付汽油费。

此外，还要注意意外事故的应急处理措施等。

2. 会议交通安全的管理

会议交通安全的管理工作，任务繁重，责任重大，务必要配合保卫部门努力搞好。特别是大中型会议，停驶集中，交通管理复杂。为了保证交通安全，必须大力做好车辆管理、交通指挥、道路管理和各种人员的教育工作。会场、住地附近，要开设必要的停车场，大车、小车、自行车、摩托车都必须停放在指定地点，不得随处停车，必要时应设专人看管。进出车辆必须服从交通指挥人员的管理，必要时应配备交通警察，现场指挥。行车路线必须明确划分，要人车分离、各行其道，不能混行。对机动车驾驶人员，必须进行慢行礼让的教育，不要与行人、自行车争道；对所有人员都要进行交通法规的教育，不为一时争先而造成伤亡事故。

3. 会议车辆的停放管理

会议交通车辆的停放管理，主要任务是指挥到会车辆的集结与疏散，维护停车秩序，保证行车安全与畅通。秘书要协助相关领导或保安，从以下几个方面做好会议车辆的停放工作。

（1）控制好停车所需场地　执行任务之前，应根据会议的性质和规模，充分估计车辆情况，如车类、车型及数量，有哪些首长、外宾车辆等。预先控制所需要的场地，按照分类停放、保证重点、照顾一般的原则，划分停车区域，确定停车办法，制定来去的行驶路线。

（2）确定指挥停车办法　指挥停车，要因地制宜，一般可采取三种形式停车：一是会场门前停车场地宽阔，可指挥车辆进入停车场地停车，客人下车；二是停车场地狭窄，乘车人又需要在会场门前下车，就要指挥车辆在会场门前停车下客，待客人下车后，立即指挥车辆到指定地点停放；三是首长、外宾活动场所门前不便停车，应事先在附近选择临时停车场地，待首长、外宾下车后，指挥车辆到指定地方停放。

（3）车辆停放办法　车辆停放，应坚持五先五后的原则。先外宾，后内宾；先小车，后大车；先重点，后一般；先车队，后单车；先来停近，后来停远的原则。但要注意礼节和重点照顾的车辆安排。车辆停放排列，应根据停车场的具体情况，主要有以下五种排列方法。

一是头尾相衔接，纵列依次停放。适用于车辆集中来、集中去的各种会议代表乘坐的大车队和首长、外宾活动的小车队或宴会、欢迎会等，利用道路停车采用这种办法，能够保证车辆在散场时依次离开。

二是齐头平列，单横排停放。适用于集中来、分散走，分散来、分散走的各种晚会、展览会，这种会议活动因小车多应采取这种办法。它不仅便于随时调车，保证与会人员分散退场，停车也安全、迅速，便于集结和疏散。有条件的场地应首先考虑采用这种方法。

三是斜排停放。车头向着去的方向斜排停放。适用于停车场地狭长，又紧靠建筑物的场合或在道路两侧停放时使用这种排列方法。有时外宾车队为了美观也采用这种停车方法。

四是方阵停放。车辆横直竖排成行停放，适用于集中来、集中去的大型会议，在车辆多、场地小或场地短而宽的情况下，也采用这种停放方法。

五是主要首长和主宾车辆单排，与一般车辆停放分离，照顾重点、兼顾一般。

上述停车方法应根据情况灵活安排，目的是为了缩短停放时间，争取一次性停好，集结得快，疏散方便，安全畅通，符合礼仪。

四、观光旅游交通服务

不少与会者（参展商、参观者）有观光旅游的需要。会展组织者可以利用当地的汽车服务公司来为与会者提供观光旅游服务。也可以和旅行社联系，由他们来负责和管理往返旅游车服务事宜。

在和当地车辆服务公司合作时，要先向他们交一份服务申请书，列出自己的需要和要求，并同时要求对方在答复申请书中详细描述所提供旅游线路的类型和价格，并对各项收费做出详细解释。有些公司可能会报上一个很低的价位，但实际上门票、导游和餐饮费用都没有包含在内，结果只能支付更多的钱。因此，务必让汽车公司详细说明报价中包含的所有服务，并向他们落实每次旅游活动应达到的最少和最多人数。

有些观光旅游是与会者（参展商、参观者）自己选择的活动，有些人可能事先并没有打算参加，只是临时改变了主意，或者正好有亲朋好友同往。会展组织者应该有一个应急计划，以防实际参加人数超过报名人数。还需要了解清楚的是，万一有变化，取消预订的截止日期是哪一天；若需要添加备用车辆，需要提前多长时间通知汽车公司。最后一点也是很重要的一点，双方要明确各自的职责并落实到文字，这些职责包括促销、销售和票价等。如果旅游跨越国界（特别是在亚洲和欧洲某些国家，景点非常靠近国境），是否需要签证？如果需要签证，汽车公司是否可以代理？所有这些问题都需要在与汽车公司签订合同之前解决。

旅游是一个游览观光过程，不是简单地去某个目的地，所以一定要让与会者在整个过程中体验到旅游的乐趣。所以必须考虑以下问题：在去目的地路上应该做些什么？如果行程需要一个小时的时间，是否要在巴士上准备一些娱乐活动？哪种娱乐项目合适？车上是否提供点心等。

五、贵宾（VIP）的交通

会展组织方会指派一名员工专门负责接待所有的贵宾。第一印象非常重要，因此，去机场迎接发言人、董事会成员、会议策划机构负责人和其他重要客人并把他们送到下榻酒店的工作显得非常重要。一旦这些贵宾确定要参加会议或展览会，专门负责的员工就该开始为他们准备接待、住宿、餐饮和视听设备等。应该注意的事项有：

首先，了解贵宾的到达和离开的信息。工作人员或者司机应该知道在什么地方迎接他们,是否要准备明显的标示牌。

其次,如果贵宾来自国外,不熟悉会展举办国情况,工作人员应当告知入境规定和海关手续。会展组织方提供的信息越多,他们准备得就越充分。他们的舒适满意程度将直接影响他们在会议或展览会中的表现。热情周到的接待以及满足他们的需要是保证会议和展览会成功举办的重要因素。

任务二 住宿服务规范

一、选择住宿饭店应考虑的因素

对于饭店的住宿服务,会展组织者最关心的有以下问题。
——某个特定会展能够使用的房间总数是多少?
——客房管理水平?
——房间条件如何?
——是否所有的房间都有媒体设备?
——是否定期向每个客房发放报纸?
——饭店是否有为贵宾准备的房间?
——是否有客房送餐服务?
——登记入住的效率如何?
——何时退房?
——会展地点是否可以快速退房?

1. 房间总数和类别

客房数是衡量一家饭店规模的最常用的指标,也直接反映了饭店的总体接待能力。客房的种类通常包括单间、标准双人间和套间。由于饭店通常会为旅游团或出于其他原因预留一部分客房,因此在承接具体的会展时,会展组织者必须要弄清楚饭店能为该会展活动提供的客房的准确数量和类型。

参展商通常喜欢在会展主要饭店中预订一个套房作接待用,但是会展承办者也需要套房来安排会展,因此,会展饭店应准备相对充足的套房。

2. 客房管理水平

低水准的客房管理将使一个设计和经营都很出色的饭店顿时黯然失色。会展组织者一般都很看重客房管理水平,通过自己的观察和体验来判断一家饭店管理水平的高低,以确定今后是否可以继续合作。可以通过观察公共区域的客房管理来确定整个饭店的服务水平,例如烟灰缸是否定时清理?周围有没有垃圾?服务人员是否能够训练有素地进行清洁和整理工作,同时不打扰与会者?服务人员会不会在一场会议刚刚结束,与会者退场并涌入走廊的时候,清理走廊?

3. 房间条件如何

关于房间条件,会展组织者主要关心家具是否完好,有无现代化淋浴设备,有无足够的衣橱空间与衣架及冰箱和小酒吧等问题。

大部分饭店会免费提供通常的房间配置,如卫生间一次性用品、擦鞋布、针线包和防晒霜等。这些东西尽管都不起眼,但是没有它们与会者不得不外出购买,就难免分神,而且可能要占用会议时间。如果会展组织者或与会者需要饭店提供非常规物品,要事先与饭店说明,并就收费问题达成协议。还要与饭店方面明确的是,如果与会者带走了属于收费项目的物品，损失由谁来承担。通常，饭店可直接要求与会者进行赔偿，但是必要时需要与组织者协调。这些物品主要包括浴衣、电吹风、体重计、衣架、不会引起过敏的枕头、抽屉、书桌等，为避免不必要的麻烦，组织者应该在给与会者的资料袋中夹入这样的客房使用说明一份。

此外，饭店还可能将一部分或全部的房间规定为无烟区，为了方便有吸烟习惯的与会者，组织者应该将相关信息与饭店沟通，使饭店方面将一部分客房划为可吸烟客房，或者专门辟出吸烟区，所有这些注意事项应该事先通知与会者。

4. 是否所有的房间都有媒体设备

这里所说的媒体设备是指电视机、收音机、网络连接插口等。大部分饭店都提供闭路电视节目，包括会议通知、介绍当地名胜和其他类似信息等，这对与会者比较重要。通过闭路电视，还可以向与会者的房间直接发送一些会议实况。

还有很多与会者（参展商）随身携带笔记本电脑，需要网络连接插口，这对于忙碌的参展商遥控外地或外国生意、保持与外界的联络很重要。需要网络的还有大部分的媒体记者。

5. 是否定期向每个客房发放报纸

许多人都有在早上读报纸的习惯，如果缺少了这个环节，他们就会觉得一天不够完整。由于是在外地参加会议，与会者可能无法看到自己习惯阅读的报纸，但是他们一般希望在早上看一些当地的报纸。饭店可将定期向客房送报纸作为一项固定的服务，有些饭店对这种服务收取少量的费用。应该注意的是，一些特殊的会议策划认为报纸将对会议造成干扰，在这种情况下，饭店应按照组织者的要求取消送报服务。

6. 饭店是否有为贵宾准备的房间

贵宾通常包括主办会展组织中的管理人员、主办公司的高层管理者、作为发言人的公众热点人物和应邀列席会议的名流（一般情况下，会议承办者不属于贵宾，不过饭店也可以选择为其提供贵宾待遇）。贵宾使用的客房可以是套间或其他具有某些特别之处的房间。

7. 是否有客房送餐服务

大多数饭店都有客房送餐服务，关键是要保证服务质量。由于交通方面因素的影响，会展服务中经常出现的一个问题是，一些与会者抵达时间较晚，超出了送餐服务的正常时间范围。如果这些客人在要求送餐服务的时候，被告知当天的送餐服务已经停止或者只有一两道菜可以选，那么他们会对饭店的服务水平做出负面的评价。

8. 登记入住的效率如何

相当多的与会者对饭店登记入住的程序感到头痛，这一点在与会者经过长途旅行、遭遇严重的交通堵塞或飞机晚点等情况后表现得尤其明显。因此，组织者应该要求为与会者提供便捷的登记入住服务。有时候，部分与会者会比会议正常日程安排的时间提前到达。此时，如果有空房，饭店应尽可能安排其提早入住，但是如果房间紧张，应告知会展工作人员，请其通知与会者不能提前入住。同样，有些时候与会者会出现迟到的现象。在与会者入住时间的问题上，组织者应同饭店工作人员保持紧密协商的关系。如果入住时间与预定的与会者到达时间相冲突的话，组织方工作人员应该根据具体情况要求饭店采取一些应急措施，如为与会者安排稍事休整的地方，并将他们的行李安顿好。还可以要求饭店为这些与会者提供一些免费饮料或其他服务，这样可以表现出组织方及饭店在客房尚未准备好的时候对他们的关心。

9. 何时退房

会展工作人员应从饭店处获知明确的退房时间，并及时通知与会者退房的时间和手续。一般而言，退房时间应在中午 12 点之前。

如果会展的闭幕式时间与退房时间相冲突，组织者应该及时与饭店协商推迟退房。饭店可根据自身情况与其达成协议并做出书面的约定。

10. 是否可以快速退房

许多饭店都有快速退房系统。通常，客人在入住时提供给饭店一张信用卡，而退房时只要交还房间钥匙就可以了，账单会在日后寄给他们。或者饭店可以在客人退房的前一天为他们提供账单复印件。这样，客人就可以提前核对账单，在办理手续的时候节约每个人的时间。如果饭店提供这种服务，组织者应提早通知与会者，以便他们提前向前台索要账单复印件。公司会议通常先由主办者统一结账，之后再由秘书处对支出进行内部分配。

【补充资料】

宾馆饭店的类型

适合举办会议的饭店按类型可分为商务型饭店和度假型饭店两种。商务型饭店一般位于市区，交通便捷，无论在外部设计还是在内部装修，以及可提供的先进通信工具、适合会务的商用场地上（有特定的商务楼层），都体现了现代商务高效、快捷的特点。饭店24小时全天候办公，有一个或多个多功能厅，多个中、西式餐厅，各种商店、健身房、游泳池等设施，有较强的服务能力，既能接待小型会议，也能接待大型会议。

度假型饭店一般建在旅游胜地或海边，外部设计、园林规划、内部装修都很有特色，集休闲度假、娱乐健身于一体。随着社会的发展，度假型饭店也能提供相应的会议设施、美食和各种地方特色活动，这些无疑大大方便了会议单位。

二、客房安排的基本原则

1. 优先权

会展组织者事先提供给饭店一份VIP人员名单，有必要把某些客人编为一类，并说明给他们特别的膳宿安排。如协会董事会成员、行政人员。展览者、讲述人员及表演者可能会要求加入特殊招待名单。

应当为VIP安排环境较好的房间或套间。通常饭店服务经理的职责是监督这些准备是否井井有条，并建立一套程序，在客人到达前一天检查并确认哪一类房间分给了VIP。另外，饭店服务经理还应掌握VIP的抵达时间。

有些会展承办方的策略是让销售部监督VIP应得到的服务标准，会展组织方通常在优先名单上可以找到VIP名单，应做上记号，标明可能提供的水果、酒水饮料和鲜花。如果饭店只有有限的几间套房，承办方与饭店会议服务经理应协商讨论，做好房间的分配工作。有些会展组织者规定负责展出的人员可以拥有招待套间。此外，还要注意为晚到的优先人员准备一些条件优越的房间。

2. 房价结构

在预订时首先涉及的是与会者的房价问题。大部分会议或展览要提前几个月来很好地计划组织，饭店不会承诺任何不变的价格，这个策略通常在首轮谈判中就谈到，在最后的合同中也包括，并注明"所有的价格随时会改变"，这可以维护双方的利益。

价格在不同饭店之间，甚至在同一饭店本身会有差异。饭店价格通常根据旺季或淡季、团体大小、逗留天数、房间种类、使用房间天数、已知的出席情况及过去会议团体的困难等因素进行相应的变动。

客房价格的主要形式有：

(1) 公开价　所有价格像邮寄答复卡上讲的那样，没有任何折扣或优惠，这是饭店为便于簿记而采取的定价方法。

(2) 滚动式房价　把所有房间除套间外都定价在最低价和最高价之间，而不管楼层及地理位置。有些客人付多于平均的房价，有些却付少于正常的房价。这又叫做无差别定价。

(3) 折扣价　又叫优惠价。当这种定价会带来可观的回头生意时，有些饭店会采用这种方法，刺激现有商务客人或从饭店的竞争者那里招徕别的更好的团体生意。

小的团体要求使用无差别的价格，而大型会议会发现折扣价更适合他们，公开价很少用于会议，除非团体很小或饭店出租率很高。

折扣大概在公开价的 30% 内，饭店的目标是为了保证它可以赢得生意，并维持尽可能的高价。打折还要考虑会议团体有无鸡尾酒会、宴会，能否使用展览大厅，今后团体生意的机会是什么，团体是否愿意为保留预订而写下公司的财政状况等因素。

不管价格靠什么决定，会议组织者和饭店之间对价格界定清楚是很重要的。会议组织者应根据饭店价格尽可能低的原则确定一个双方能接受的折扣价。

3. 预订房间的准备

许多会展协议，需要对所有房间的总数予以保证。当会展临近，应知道有多少单人间、双人间和套间，同时要将饭店有关"套间"的概念予以明确，便于组织方安排客房。

4. 抵离方式

在安排房间时，对客人抵离时间要有一个大概的估计，保证足够的服务人员，为某一特定时期大量客人同时到达做准备。很多公司会议的与会者经常由于交通困难、落实私人旅行计划、被当地旅游娱乐设施吸引而提前几天到达或滞后几天离开，对于这些提前或会后滞留人员的收费标准及方式应有说明。

很多会展的客房很早就提前预订，房间数目只是一个估计值，这使会展接待饭店和会展组织方之间的沟通变得更为重要。协议书应说明一个会议或展览可以确定的截止日期，这种情况下，预订应逐个确定，然后把副本交给会展组织方。

会展临近，会展接待饭店和会展组织方应重新检查承诺书并重新确定数目。如果有必要，相互重新签订协议可以减少重复预订导致的饭店超额预订。

会展承办方应及时掌握与会者出席的信息，经常、及时地与饭店保持交流沟通，这样可以促进双方良好的合作，共同组织好会展，达到双赢的效果。

5. 免费赠送

会展组织方必须了解很多会展接待饭店应对会展团体提供的特殊优惠。通常饭店每 50 间一组用房提供一个免费用房，或每 100 个客房提供一个套间。

会展组织方提供详细的人员名单及房间安排，会展承办方的责任是详细解释给客人免费房的范围。很多会展接待饭店在大型会议期间，由于超额预订，往往需要附近饭店来解燃眉之急，可能为会议或宴会提供多功能厅或展厅等。如果会议需要安排在两个或两个以上饭店，包括设施的使用等，饭店之间的账目应统筹安排。另外，饭店房间内的供应品，如水果、鲜花等应根据协议中的规定给予准备。

6. 会展团体的记录

饭店对会展团体的接待，很大程度上取决于团体的信誉和良好的记录。尤其是会展团体能履约和守信，以及会展组织者能有组织控制会展的能力和经验。饭店会根据以往该团体的出席人数情况来安排房间或房间数目及日期。饭店对会展团体房间数目及会议室使用变化是非常敏感的。

三、会展开始前对住宿的检查内容

① 指派专人与饭店负责人接洽。
② 检查每张房卡是否都能正常使用,有时房卡会有问题,这时需要到前台换卡。
③ 确保每一个与会人员拥有一张房卡,尤其当房卡是在饭店餐厅用早餐的凭证时。
④ 派专人到前台领取房卡以及与会人员(参展企业人员)入住饭店的房间安排的名单。
⑤ 派专人到饭店统一办理住宿分发房卡时需要的押金(一张空白支票)。
⑥ 饭店在为与会人员(参展企业人员)办理住宿时还需要收取所有人员的身份证复印件。一般情况需要与会者(参展企业人员)提前将复印件寄到主办方(承办方)或以传真的方式发到主办方(承办方),接待单位再将复印件交给饭店,提前办理入住登记手续,这样一来就可以简化与会人员(参展企业人员)到达后的入住手续,尽快地安排客人进房休息。如果复印件在此前没有拿到,可以在与会人员报到时收取。
⑦ 还有一项重要的工作在检查住宿时要做,就是再次确认是否有与会人员(参展企业人员)临时决定不参加本次会展活动,如果有,应该及时将信息通报给饭店方面,以便他们可以尽快调整客房的安排,将空余客房继续出租给其他客人。如果没有及时将信息通报给饭店方面而使得对方仍然为其保留客房造成饭店方面的客房出租经济损失,饭店方面会认为我们不重视与他们的沟通协作而造成了他们损失,从而影响到下次合作。

四、会展贵宾(VIP)的接待程序

1. 贵宾(VIP)的等级

贵宾(VIP)的等级根据重要程度依次为 V1、V2、V3 级,V3 为最高级别。会展接待单位(饭店)根据会展组织者提供的资料确认 VIP 的姓名、房号、入住日期、入住时间和 VIP 等级,并按相应 VIP 级别标准准备所需要提供的服务事宜。

2. 贵宾(VIP)的接待内容

(1)酒店管家部的接待任务
① 客人入住以前 2 小时按等级标准摆设好鲜花和果篮。
② 根据客人国籍送当日该国语言报纸,如没有相应文字报纸,则送英文报纸。
③ 将电视调至该客人的母语频道。
④ 在 V3 级客人抵店前半小时铺红地毯于饭店正门。
⑤ 所有 VIP 房入住前 2 小时,饭店助理管家必须严格按查房程序检查房间。V3 级房间入住前 2 小时,行政管家必须检查房间。
⑥ 贵宾抵达楼层前 30 分钟,打开相关房门,开启房间所有照明灯。
⑦ V2 级贵宾由助理管家率领楼层服务员迎候。V3 级贵宾由行政管家率领楼层服务员在电梯口迎候。
⑧ 所有 VIP 入住 3 分钟内,根据客人人数送上欢迎茶。
⑨ 每天首先安排做 VIP 房卫生,V3 级贵宾每次外出均需打扫房间。
⑩ VIP 房的开床服务在晚上 7 时以后,尽量于客人不在房间时进行。
⑪ 为贵宾房赠送纪念品。如干果、鲜花、装饰漆盒(内装朱古力或其他类小吃)等,酒类赠品由餐饮部提供。
⑫ VIP 房所有洗衣均作加快处理,按普通洗衣收费。服务员收取待洗衣物时,在洗衣单上注明是 VIP,并立即送交洗衣房洗涤。

⑬ V2级贵宾离店前半小时由助理管家率领服务员到楼层电梯口恭送，V3级贵宾由行政管家带领服务员送客。

⑭ 客人离房后立即检查有无遗留物品，如有，需尽快在客人离店前交还。

⑮ 助理管家在贵宾退房时，应尽量获取客人对本饭店及此次入住的意见或建议，并反馈给上级。

（2）饭店洗衣房的接待任务

① 取回洗衣时，有注明VIP的洗衣，将洗衣单号登记在VIP记录簿上。

② V1级和V2级贵宾的洗衣，由洗衣房主管跟进检查，V3级贵宾的洗衣，必须由洗衣房经理全面跟进，确保洗衣质量。

③ 严格检查，按面料确定洗涤方式，确保不发生问题。

④ V3级贵宾的洗衣，单独洗涤。

⑤ 洗涤以后，交熨烫组领班或技术较强的烫工负责熨烫。

⑥ 洗衣经洗衣房经理检查质量，确保高标准、高质量。

⑦ 包装完毕后，立即送上楼层。

⑧ VIP客洗衣必须在客人要求的送回时间以前送回。

（3）鲜花、水果服务程序

① 依据确认的预计抵店客人名单准备好总经理欢迎卡、商务行政楼层欢迎卡。

② 将需要补充鲜花、水果的房间在住店客人名单上做标记。

③ 将鲜花、水果、刀叉和餐巾备好并装上手推车。

④ 将鲜花、水果、刀叉和餐巾送入客房，并按规定位置摆放。

⑤ 补充鲜花、水果时，要将不新鲜的花和水果全部撤出，用过的刀叉全部更换。

⑥ 做好记录，并根据次日预计抵店名单填写申请单，以备用。

（4）下午茶服务程序　16:00~17:00为客人提供免费下午茶服务，主要程序如下：

① 提前10分钟，按要求准备好下午茶台，包括茶、饮料和小点心等。

② 微笑，主动招呼客人。

③ 引台并为客人拉座，礼貌地询问其房号。

④ 请客人随意用茶。

⑤ 注意观察，当客人杯中的饮料还剩1/3时，应主动询问并及时倒满。

⑥ 将用过的杯、盘及时撤走。

⑦ 在17:00结束前5分钟应通知客人即将结束下午茶免费服务。

⑧ 客人离开时应向其表示感谢，并与客人道别。

⑨ 填写记录表。若客人消费超过了免费时间，费用记在客人账户上。

⑩ 欢迎客人带朋友来。账单由客人签字后，记在客人账户上。

会展组织方及承办方要根据以上饭店对贵宾（VIP）的接待程序对饭店所做的各项准备工作进行仔细的检查和监督，以避免由于饭店接待的疏忽而造成贵宾（VIP）的不满，从而影响对整个会展接待服务的不满，造成不良影响。

【案例】

小服务赢得大赞誉

亚行年会期间，有13个国家和地区的代表团入住上海国际会议中心，员工们从接待规格到房间布置全部体现了VIP服务。对入住会议中心的4名政府官员实行人盯人式的管家服务，处处细心关怀，无微不至。每天，客人的房间里都会出现精致的晚安点心，天天不重样。考虑到可能会有穆斯林客人做祷告，会议中心特意准备了一间祷告室，摆上指南针，撤走了皮制的物品，还专门培训了几名男服务员。其他一些服务，如提供残疾人车，为客人擦皮鞋、寄包，根据客人的习惯换枕头、做夜床等，这些小细节饭店都一一为客人想到了。客房部还经过测算，规定了服务员在饭店不同区域走路的时间和步伐。因为以这样的步速，人走起来才是最精神的，才能更好地展现上海这个活力之都的风采。小小的服务赢得了宾客们的赞誉。

来源：东方网

【分析与提示】

不同的会议，与会者的身份、年龄、信仰、生活习惯的个体有很大差异，对住宿的要求也不尽相同，会议选择的饭店，既要有完善的设备，又要提供高效而优质的服务，提供个性化的服务，注意细节服务，才能赢得客人的赞赏。

任务三　旅游娱乐服务规范

任何一个成功的会展都需要有休闲活动安排，一方面使会展有张有弛，促进会展成功；另一方面，为与会者增加沟通的机会，加强交流，因此旅游是很多会展活动密不可分的组成部分。在很多时候，组织会展结束后的旅游甚至成为会展组织者吸引人们与会的一个有效手段，因此，旅游的安排对于会展而言有着十分重要的意义。组织者在选择会展举办地时会很看重饭店所在地的旅游资源和设施。饭店应协助会议组织者安排合理而精彩的旅游活动。

一、目的地旅游活动的组织

首先，会展组织者应该就以下基本问题与旅行社达成一致：①旅游线路与报价；②旅游报价所包括的服务项目及标准；③每条旅游线路对人数的最低要求；④如果原定线路因故无法成行，用何种线路取代；⑤如果会展组织者取消旅游计划，那么在什么时间内取消不用交付违约金。

会展所在地旅游是最主要的会展休闲活动形式之一，要求承办者提供必要的服务。首先，提供当地旅游信息，包括当地历史名胜、风景点、音乐厅、购物中心等信息，还应该及时提供近日的天气状况等相关信息并提供当地旅游观光的小册子，为与会者的自由活动提供方便。

大多数中长期会展都要安排一次或两次统一的本地区旅游活动。旅游时间表应和会展时间表相衔接。有的旅游安排在会展期间，让与会者有休息时间，但多数安排在会展结束前。

团体旅游应做好宣传工作，保证最基本的人数。收费一般包含了导游服务、交通费、门票等一切费用。组织团体旅游，应该与旅行社协调，制定详细的时间安排和旅游项目的游览安排，尤其是每一站到达和离开的具体时间。另外还需要明确在何种情况下（如天气变化）取消旅游。

1. 导购旅游

到一个新的城市，总是要购买一些当地的特色产品作为纪念或馈赠亲友。组织者根据协定提供导购服务，一般是包租客车，并由饭店提供向导，分期分批将与会者送到各个不同地点，这时，告诉与会者遵守约定的乘车时间很重要。导购服务的基本信誉，就是保证公平、合理的价格，让客人放心满意。组织者应详细向与会者介绍有关商店的特色及购物注意事项。

2. 观光旅游

观光旅游的组织应由组织者与旅行社协调、联系，根据旅游目的，针对参加者的兴趣爱好、年龄特点、旅游时间的长短、交通食宿条件等，制订出切实可行的旅游计划，并签订必要的旅游合同，要求旅行社依据合同规定提供相应的导游服务。观光旅游地点一般都是历史古迹、风景区、公园、大学校园、民俗住宅区等，还可以根据会展的性质、特点组织有专业特色的专项旅游。

二、会展期间文娱活动的组织

根据会展的一般规律，会展在 3 天左右的，文娱活动一般不少于 1 次；4～7 天的会展，文娱活动一般不少于 2 次。会展期间的文娱活动一般安排在下午或晚上，组织方一般将文娱活动作为固定日程安排在会展日程表中。文娱活动安排应发挥与会者下榻酒店的康乐设施的作用，充分利用现有场地和节日。如果主办方有特殊要求，可以从外面聘请专业人员进行演出。当然也要组织与会者到文娱场所去观赏一个城市有特色的戏剧等文娱活动。

会展期间文娱活动形式有交际舞会、化装舞会、卡拉 OK 演唱、观看时装表演、联欢会等。为与会者家属提供娱乐服务有家庭旅游、参加各类文化活动（具有民俗风情和乡土气息的旅游、球类比赛等活动）、儿童活动项目等。

1. 制定旅游活动的组织日程

旅游是会展期间的一种休息，日程安排不能太紧，但又不能太松，活动要有节奏，把高潮放在后面，或是一个高潮接一个高潮，这都要计划好。旅游的日程安排、行程路线的确定，需考虑到会展活动的情况。为与会者家属安排活动时应注意：安排半天的活动比安排整天的好；活动安排应在会展前期或中期，不应安排在会展结束的日期前后，以免耽误与会者的回程；如果晚上有会，下午的活动应尽可能安排得短一些。

（1）首先要确定旅游目的地　会展期间的旅游是休闲放松，选择旅游目的地一是要选择当地具有知名度和影响力的景区或文娱场所，让与会者增加阅历和知识；二是要考虑这次旅游时间的长短，一般会展常安排半天或一天的游览活动。

（2）其次要掌握好旅游中的时间　把握好时间是文娱活动安排中一个十分重要的问题。能否合理把握时间的分析，可以说是衡量一个文娱计划是否成功的标志。掌握时间的前提，是要有周密的计划，制订周密计划的目的是合理地分配时间。分配时间的基本原则是有张有弛，先张后弛。

（3）必要的准备

① 备用药品。如清凉油、仁丹、防感冒药、止泻药、通便药、防晕车药及专用药品。

② 其他。摄影爱好者带上照相机，喜欢绘画者带上画夹，爱好文艺创作或文物研究者可带上必要的资料、笔记本，如有望远镜也不妨带上，另外，还可带些杂志或书籍在路上看。

③ 旅游目的地的资料。事先了解目的地的资料有助于增加旅游效果。

2. 娱乐活动安排

社交娱乐活动是会展文娱活动的补充，丰富多彩的晚间活动安排有助于与会者消除疲劳，使一天的活动更加充实、圆满。所以我们应该努力为与会者安排健康活泼、多姿多彩的晚间活动，要统筹安排，避免重复；避免格调低下的文娱活动；在观看文娱演出前，要作简单的介绍，演出结束后可帮助与会者回顾并回答他们的问题；注意安全，在大型娱乐场所，应提醒与会者不要走散并注意他们的动向和周围环境的变化,以防不测。

与会者(参展商)入住的饭店通常也会提供很多的康乐项目,这些项目主要包括运动、娱乐和保健三大类。运动类设施包括健身房、室内(外)游泳池、网球场、保龄球馆、攀岩练习室、壁球室、台球室、高尔夫球场、赛车场、跑马场、射击场、乒乓球室、溜冰场等。娱乐类设施主要有歌舞厅、卡拉OK厅、KTV房、棋牌室、影剧场、公园等。保健类设施主要有按摩室、桑拿浴室、美容美发室等。对于会展日程紧张的与会者(参展商)来说,就近选择这些康乐项目,既节约了时间又释放了精神压力,不失为比较好的选择。

三、旅游娱乐活动的协调

会展组织者和承办方在安排文娱休闲活动的同时,还应该主动争取各方的配合;尊重各方的权限和利益,在平等的前提下本着互利的原则进行合作,切忌干预对方的活动,侵害他方的利益;注意建立友好合作关系;主动交流信息和沟通思想;敢于承担责任。出现事故或矛盾,应分明责任,各方要勇于承担相应的约定责任,不得相互推诿。

1. 与娱乐部门的协调合作

娱乐部门指美术馆、博物馆、大剧院等场所,娱乐是会展活动的艺术内涵之一,在现代会展活动中了解旅游目的地的文化艺术知识已成为与会者日益普遍的要求。组织好与会者的晚间文化娱乐活动,不仅可以消除与会者白天的紧张情绪,而且可以丰富、充实会展活动,起到文化交流、锦上添花的作用。这就要求会展组织者与承办方与娱乐部门建立必要的合作关系。一方面要保证及时获得必要数量的入场券,另一方面要获得团队的折扣,以保证会展支出的最小化。

2. 与旅游景点的协调合作

旅游资源是旅游活动的客体,参观游览是与会者在会展期间旅游活动最基本和最重要的内容。因此,与游览单位的合作关系也就显得特别重要,包括对景点门票、导游、交通方面的落实。通常承办方要考虑并与旅行社进行交涉的问题有:

① 景点是否在会展地点或下榻酒店附近?
② 与会者是否对这些景点感兴趣?
③ 会展地点的管理部门是否与附近的景点有互惠合作?
④ 是否需要交纳押金?
⑤ 应采取什么措施防止客人迟到?
⑥ 会展地点使用并接受哪些货币?
⑦ 是否可以用信用卡消费?
⑧ 会展地点是否提供旅游娱乐活动的预订服务?
⑨ 对取消预订有什么措施?
⑩ 是否已经预订过多?
⑪ 是否要求保险?
⑫ 谁对财产损失负责?
⑬ 是否对某些设施进行特别收费?
⑭ 对附加收费有哪些规定?
⑮ 哪些费用可以延期支付?
⑯ 可能还有哪些附加收费?

3. 与餐饮部门的协调合作

用餐既是需要又是旅游中莫大的享受,会展休闲活动安排要涉及在旅游景点及其附近用餐安排。餐馆的环境、卫生,饭菜的色、味、形,服务人员的举止与装束,餐饮的品种以及符合客人口味的程度等,都会影响与会者对会展活动的最终评价。必须事先与有关餐饮企业建立合作的关系。

4. 与旅行社的合作

如果将会展团队交给旅行社来组织活动,就需要根据会展团队的特点,有针对性地选择信誉好、价格合理的旅行社。

【工作任务】

请为某省为期三天的旅游职业教育会议安排设计旅游娱乐活动。

实训要求:

1. 小组成员讨论,撰写活动方案。
2. 每个小组独立完成。

实训组织:

1. 组成工作小组。
2. 活动方案以 PPT 陈述方式说明,并试做简单点评。
3. 以小组为单位,交流分享。
4. 教师点评。

参 考 文 献

[1] 谢浩萍. 会议服务. 上海：格致出版社. 上海人民出版社，2008.
[2] 许传宏. 会展服务与现场管理. 北京：中国人民大学出版社，2008.
[3] 丁萍萍. 会展实务. 北京：高等教育出版社，2004.
[4] 丁萍萍. 会展营销与服务. 北京：高等教育出版社，2006.
[5] 杨劲祥. 会展实务. 大连：东北财经大学出版社，2008.
[6] 陈家栋. 会展接待实务. 北京：旅游教育出版社，2006.
[7] 葛红岩. 施剑南. 会议组织与服务. 上海：上海财经大学出版社，2007.
[8] 丁霞. 会展策划与管理. 北京：高等教育出版社，2006.
[9] 丁萍萍. 会展营销与服务. 北京：高等教育出版社，2015.
[10] 黎春红. 会展案例分析. 大连：大连理工大学出版社，2010.